Ibrahim Abouleish • Die Sekem Vision

*Für die vielen tausend Sekem- und
SCD-Mitarbeiter, deren Ideen und deren Einsatz
dieses Buch möglich machten.*

Ibrahim Abouleish

Die Sekem Vision

Eine Begegnung
von Orient und Okzident
verändert Ägypten

MAYER

Aufgezeichnet von Barbara Scheffler
Schlussredaktion Jens Heisterkamp

Der Autor stiftet sein Honorar der Society for
Cultural Development (SCD).

Bibliografische Information Der Deutschen Bibliothek
Die Deutsche Bibliothek verzeichnet diese Publikation in der
Deutschen Nationalbibliografie; detaillierte bibliografische Daten
sind im Internet über http://dnb.ddb.de abrufbar

ISBN 3-932386-77-9
Zweite Auflage 2004
Dritte Auflage 2005
© 2004 Verlag Johannes M. Mayer & Co. GmbH, Stuttgart · Berlin
Umschlag: Thorsten Lemme, Berlin
Satz: projektpartner, Stuttgart
Druck und buchbinderische Verarbeitung:
Druckhaus »Thomas Müntzer«, Bad Langensalza

Inhalt	**Vorwort**	7
	Die Vision	9
	Erster Teil	
	Lebensgang	
	Kindheit	11
	Kairo	14
	Sommer auf dem Land	22
	Jugendjahre in Ägypten	24
	Abschied von Ägypten	29
	Studienjahre in Europa	32
	Die 99 Namen Allahs	34
	Familiengründung	37
	Studentenzeit	41
	Begegnung mit Präsident Sadat	48
	Berufsleben	51
	Ein Vortrag in St. Johann	52
	Aufbruch	
	Eine Reise nach Ägypten	56
	Das Herz versucht zu verstehen	62
	Abschied von Europa	67
	Heimfahrt	69
	Zweiter Teil	
	Der Beginn	
	Wüstenland	72
	Das Wasser	80
	Schattenspendende Bäume	84
	Menschen der Wüste	87
	Energieversorgung	88
	Das Rundhaus	90
	Wirtschaftlicher Beginn	92
	Familiäre Veränderungen	98
	Wachsende Aufgaben	99
	Widerstand	103
	Begegnungen	109
	Atemholen	115

Dritter Teil
1. SEKEM - Wirtschaftliche Gründungen
  Assoziation zwischen Ägypten und Europa   118
  Ein Besuch aus Zypern   120
  LIBRA muss leben   123
  Baumwolle – Gift im weißen Gold   131
  Die »Anbeter der Sonne«   138
  Pharmaunternehmen in der Wüste   144
  Die Heilmittelfirma ATOS   149
  Das Medizinische Zentrum   153
2. SEKEM – Bildung und Kultur
  »SEKEM ist eine große Schule«   158
  Die Berufsschule   175
  Die Universität   177
  Der Kunstimpuls   181
  Feste feiern   187
  Islamforschung   191
3. SEKEM - Soziale Prozesse
  Neue Formen der Zusammenarbeit   193
  Das SEKEM-Gewebe   197
  Die Holding   198
  Das Leitbild von SEKEM   200
  Ausblick: Der Hügel   202
  »Man ist nicht tüchtig, allein!«   205

Epilog   208

Lebensdaten   212

Namens-, Orts- und Sachregister   214

Vorwort

SEKEM ist heute eine weitverzweigte Initiative in Ägypten. 1977 wurde mit der Landwirtschaft begonnen, und nach und nach kamen verschiedene Wirtschaftszweige, Ausbildungsstätten und medizinische Einrichtungen hinzu. Viele Menschen, die heute von SEKEM hören, sprechen von einem »Wunder in der Wüste«, von einem »Traum, der zu schön ist, um wahr zu sein«.

Im Juni 2003 bekam ich Besuch von einer Journalistin, die mir viele Fragen über SEKEM stellte, und dies führte dazu, dass ich von der Schwab Foundation mit dem »Social Entrepreneur des Jahres« ausgezeichnet wurde. Im Oktober bekam SEKEM dann den »alternativen Nobelpreis«, den Right Livelihood Award, zugesprochen. Die Öffentlichkeit anerkennt die Aktivitäten SEKEMS als eine Antwort auf die aktuellen Fragen unserer Zeit. Wie können eine effiziente Wirtschaft, ein gesundes soziales Gewebe und eine lebendige Kultur sich miteinander entwickeln? Solche und ähnliche Fragen werden oft gestellt.

Die komplexen Zusammenhänge genauer aufzuzeigen und die Hintergründe zu beleuchten, die Geschichte der Initiative mit der Geschichte der vielen mutigen Menschen, die daran mitgewirkt haben, in Zusammenhang zu bringen, das »Wunder der Wüste« zu erzählen, das soll Ziel dieses Buches sein. Die Gesetzmäßigkeiten des Lebens begleiteten und formten SEKEM, und daher möchte ich anhand meines Lebenslaufes, hineingewachsen in die Geschichte SEKEMS, von dem Weg dieser Initiative erzählen. Dabei ist es mir ein inneres Anliegen, all jenen zu danken, die an der Entstehung dieses Buches beteiligt waren.

Als erstes möchte ich meiner Frau Gudrun für ihre unendliche Geduld, Fürsorge und Liebe danken. Sie ist mit mir nach Ägypten gekommen und hat SEKEM von Anbeginn an tatkräftig unterstützt. Sie hat es verstanden, mir die Alltagssorgen abzunehmen, und hat mir so Raum zur Verwirklichung der SEKEM-Ideen geschaffen. Ihre Arbeit am Manuskript hat wesentlich zu der hier vorliegenden Form beigetragen.

Auch bei meinem Sohn Helmy möchte ich mich bedanken. Er hat die Wirtschaft SEKEMS durch die vielen Höhen und Tiefen ständig mit enormer Sicherheit und strategischem Weitblick geführt. Durch seinen Humor und seine Positivität hat er viele Menschen für die Idee begeistern können, was schließlich den Inhalt dieses Buches entscheidend beeinflusste.

Mein ganz besonderer Dank gilt Barbara Scheffler, die es mir durch ihre geduldige Ausdauer ermöglichte, meine Erinnerungen wachzurufen. Ihr gelang es, die gesamten Informationen zu überarbeiten und somit die Grundlage für diesen Lebensbericht zu schaffen.

Jens Heisterkamp danke ich für seine spontane Bereitschaft, die Lektoratstätigkeit zu übernehmen. Die Zusammenarbeit mit ihm half mir, Ordnung in meine Ideen und Gedanken zu bringen.

Dank gilt auch Konstanze Abuleish und Hans Werner, die mir wertvolle Anregungen und Einblicke lieferten und die Entstehung dieses Buches liebevoll begleitet haben.

Mein Leben lang hatte ich das Glück, Menschen an meiner Seite zu haben, die mich förderten, unterstützten und liebten. Sie erfüllten mein Leben mit Freude und halfen mir, mich zu entwickeln. Leider ist es nicht möglich, alle Menschen zu erwähnen, denen ich Dank schulde – und trotzdem ist meine Dankbarkeit gegenüber all denen, die mich begleitet haben und die die Grundlage für diesen Lebensbericht schufen, unendlich groß.

Sekem, Januar 2004   Ibrahim Abouleish

Die Vision

Tief in meinem Innern lebt ein Bild: Mitten in Wüste und Sand sehe ich mich aus einem Brunnen Wasser schöpfen. Achtsam pflanze ich Bäume, Kräuter und Blumen und tränke ihre Wurzeln mit dem kostbaren Nass. Das kühle Brunnenwasser lockt Tiere und Menschen an, die sich erquicken und laben. Bäume spenden Schatten, das Land wird grün, Blumen verströmen ihren Duft, Insekten, Vögel und Schmetterlinge zeigen ihre Hingebung an Gott, den Schöpfer, als sprächen sie die erste Sure des Koran. Die Menschen, das geheime Gotteslob vernehmend, pflegen und achten alles Geschaffene als Abglanz des Paradiesgartens auf Erden.

Dieses Bild einer Oase inmitten einer lebensfeindlichen Umgebung ist für mich wie ein Auferstehungsmotiv in der Frühe nach einer langen Wanderung durch die nächtliche Wüste. Es stand modellhaft vor mir, noch bevor die konkrete Arbeit in Ägypten begann. Und doch wollte ich eigentlich mehr: Ich wollte, dass sich die ganze Welt entwickelt.

Lange hatte ich darüber nachgedacht, wie die Initiative, die ich aufgrund meiner Vision verwirklichen wollte, heißen sollte. Aus meiner Beschäftigung mit der alten ägyptischen Hochkultur wusste ich, dass man zur Zeit der Pharaonen zwei unterschiedliche Namen für das Licht und für die Wärme der Sonne verwendet hat. Und noch eine weitere, dritte Kraft hatte man der Sonne zugesprochen: SEKEM, die Lebenskraft der Sonne, mit der sie die Welt erweckt und begabt. Diesen Namen sollte die Initiative tragen, die ich am Rand der Wüste zu gründen begann. Dieses Buch erzählt davon, wie sich alles entwickelt hat.

Erster Teil
Lebensgang
Kindheit

Immer, wenn mein Großvater zu uns kam, war das ein Fest. Auf seinem Gang in die nahe Moschee zum Gebet durfte ich ihn begleiten. Wir traten aus dem Haus. Ein leichter Dunst lag über den Gärten und Feldern, durch den eine weiße Sonne strahlte, so weiß wie das Gewand meines Großvaters. Er nahm meine Hand, ich spürte, wie seine Wärme und Geborgenheit mich aufnahmen, und ging schweigend neben ihm durch die Stille des Morgens. Er hatte Zeit für mich. Wenn wir so gingen, war keine Eile. Wir blieben an reichfruchtenden Orangenbäumen stehen, sogen den Duft von Rosen ein und freuten uns daran, wie ein Schmetterling selbstvergessen auf einer Margarite Nektar sog. Mein Großvater ging auf all meine kindlichen Fragen ein und fand ausführliche Antworten, die mich tief befriedigten. Er hockte sich vor die weiß leuchtende Blüte mit dem tanzenden Schmetterling und nahm mich auf seine Knie. Ich schmiegte mich, seine Milde genießend, an ihn. Der Schmetterling entfaltete seine bunten Flügel, hob sich von der weißen Blüte in den blauen Himmel und wir beide, mein Großvater und ich, sahen ihm lange nach.

Ibrahims Großvater mütterlicherseits

Nach dem Besuch der Moschee begleitete ich meinen Großvater zum Bäcker und wir holten Fladen für die ganze Familie. Ich tauchte tief in den Duft und die Wärme dieses Ortes ein, nahm von einem freundlich blickenden Mann die großen runden »Fetier« in meine Arme und trug sie wie Heiligtümer nach Hause. Meine Mutter kam uns durch den Garten entgegen und ich

Kindheit 11

reichte ihr die zuckerglänzenden Brote. Dann sprang ich davon, kletterte auf den riesigen Sykomorenbaum und wiegte mich in seinen Zweigen.

Mit dem Großvater war auch die Großmutter gekommen und half meiner Mutter beim Nähen. Gegen Abend legte sie ihre Nähsachen aus der Hand, faltete die Hände und entspannte sich. Darauf hatte ich nur gewartet, kroch auf ihren Schoß und bat um eine Geschichte, von denen ich nie genug bekommen konnte. Ich wusste, sie kannte die schönsten der Welt und konnte sie spannend erzählen. Es mussten gar nicht immer neue sein, ich hätte hundert Mal dieselbe hören können. Gerne erzählte sie mir vom Großvater, der aus Marokko stammte und in Kairo Textilhändler war. Meine Großmutter hatte früher in Menja gelebt, der Stadt Echnatons. Die Religiosität des Großvaters und die stille Freundlichkeit der Großmutter prägten die Kindheit und das Leben meiner Mutter. Meine Großmutter erzählte mir, dass meiner Mutter nach meiner Geburt die Milch gefehlt habe und dass ihr, als älterer Frau, Milch gekommen sei und sie mich damit genährt hatte. Da schmiegte ich mich an sie und genoss die warme Lebenskraft, die von ihr ausströmte. – Der Großvater meines Vaters, der aus Galiläa stammte, war ein reicher Baumwollhändler in Ägypten gewesen. Die Mutter meines Vaters kam ursprünglich aus Syrien. Für meine Großeltern war ich das erste Enkelkind, das sie mit all ihrer Liebe verwöhnten. Obwohl zwei Jahre später meine Schwester Kausar zur Welt kam und danach alle zwei Jahre vier weitere Geschwister, Mohammed, Hoda, Nahed und Mona geboren wurden, lebte in mir die Empfindung, dass ich meine Großeltern und besonders meine Großmutter allein für mich hatte.

Ibrahims Großmutter mütterlicherseits

Ich habe zwei Geburtstage: den Tag, an dem ich in Mashtul das Licht der Welt erblickte, und den, der noch immer in meinem Pass verzeichnet ist – der 27. April – und den ich bis in meine Jugendzeit hinein als meinen Geburtstag kannte. Mein Vater hielt täglich sorgfältig alle Geschehnisse in seinem Notizbuch wie in einem Tagebuch fest. Als ich ihn einmal bei seinen Eintragungen erlebte, fragte ich ihn spontan: »Hast du auch meinen Geburtstag aufgeschrieben?« Er holte das Notizbuch des Jahres 1937 und las mir eine Eintragung zu meiner Geburt vor, die er am 23. März verzeichnet hatte, der islamischen Zeitrechnung nach am 10. Moharram 1356. Auf meine Frage, warum mir bisher ein anderes, rund einen Monat später liegendes Datum bekannt sei, erklärte er mir, dass es üblich sei, erst Wochen oder manchmal sogar Monate später die Ankunft eines Kindes bei den Behörden zu melden. Dieser Tag wurde dann im Pass als Geburtsdatum vermerkt.

Meine Tante Aziza hatte einen herrlichen Garten mit Guaven, Mango, Orangen und Granatapfelbäumen, mit Bougainvillia, Rosen und Hibiskus. Immer, wenn ich sie einige Tage besuchen durfte, beschenkte sie mich mit Früchten und gab mir frische Honigwaben zum Aussaugen. Lächelnd stand sie dabei und freute sich, wie es mir schmeckte. In der Frühe standen wir beide auf und gingen in die Milchkammer, wohin die Milch von den Kühen gebracht wurde. Von der Decke hing an zwei Seilen eine Ziegenhaut. Dort leerte sie den Rahm hinein und begann die Haut zu schütteln, wobei ich ihr kräftig half. Wir beobachteten, wie die Milch allmählich flockiger wurde und zu Butter zusammenklumpte. Dann sprang ich wieder in ihren Garten. Immer war jemand um mich, der auf mich acht gab und mich behütete.

In diesem Garten stand ein Brunnen. Wenn ich mich ihm näherte, bekamen meine Wärterinnen ängstliche Gesichter. Einmal in der Hitze des Tages war niemand da. Ich befand mich in der Nähe des Brunnens, beugte mich herab und blickte in die feuchte, schwarze Tiefe. Da verlor ich den Halt und fiel hinein, fiel nach meinem Erleben tausend Meter tief, so lang währte das Fallen, dabei waren es höchstens drei bis vier Meter. Auf dem Grund gab es kein Wasser, aber ganz trocken war er zum Glück auch nicht. Dumpf traf ich unten auf und blieb liegen. Sogleich eilte eine Frau herzu und ließ mich aus dem finsteren Brunnenschacht herausholen. Aber für mich hatte sich etwas verändert. Ich sah die Welt mit anderen Augen und ich erkannte, dass sie auch Gefahren barg.

Kairo

Die Familie Sabet, deutsche Juden, die aus der Nähe von Stuttgart übergesiedelt waren, führten in Ägypten den Kunstdünger ein. Mein Großvater wurde damals einer der größten Kunstdüngerhändler Ägyptens. Mein Vater, der zunächst mit meinem Großvater geschäftlich zusammen gearbeitet hatte, machte sich mit eigenen Firmengründungen selbstständig, von denen ich noch ausführlicher erzählen möchte. So zogen wir, als ich vier Jahre alt war, in die Stadt. Meine Eltern führten mich durch ein geräumiges

Vater von Ibrahim, geboren 1916, hier etwa 50 Jahre alt

Mutter von Ibrahim, geboren 1920, hier etwa 35 Jahre alt

helles Haus mit vielen Zimmern und unendlich zahlreichen riesigen Kartons mit kostbarem Geschirr. Fremde Leute brachten schöne Möbel, die glänzend lackiert waren und fein rochen, denn meine Eltern richteten sich ganz neu nach europäischem Stil ein. In einem prächtigen Salon empfing meine Mutter Gäste zum Tee. Besonders Berta Sabet, die Frau eines Geschäftspartners meines Vaters, besuchte uns oft. Sie trug vornehme Hüte und rauchte mit einer langen Zigarettenspitze. Meine Mutter liebte diese Eleganz.

Wir zogen in dieser Zeit mehrmals um und bewohnten, als ich sechs Jahre alt war, eine Wohnung im dritten Stock eines hellen, wunderschön verzierten alten Hauses mit riesigen, unendlich vielen und, wie mir schien, hohen Zimmern. Um uns herum wohnten viele Juden. Rachel, unsere Nachbarin, sah es nicht gern, wenn meine Schwester und ich morgens die Treppen herunter sprangen und in den christlichen Kindergarten Sankt Anna eilten: »Pfui«, meinte sie dann, »dass ihr in so eine schreckliche Schule geht, verstehe ich nicht!« – Samstags kamen die Nachbarn öfter zu uns Kindern und baten uns, für sie das Licht anzuzünden, weil sie am Sabbat keine Arbeit verrichten durften. Wir bekamen zum Dank für unsere kleinen Gefälligkeiten Kekse.

Einmal, als ich allein zu Hause war, läutete es an der Tür. Als ich öffnete, stand ich einen Moment lang wie erstarrt. Dann raste ich entsetzt auf unseren Balkon und schrie aus Leibeskräften. Ich konnte mich erst ein wenig beruhigen, als Hausbewohner begütigend auf mich einredeten und meine Mutter mich schließlich in ihre Arme nahm. »Ibrahim«, flüsterte sie, »was hast du? Das war doch der alte Mohammed!« – Mohammed, der Wächter des Hauses, lebte mit seiner Frau im Untergeschoss. Ich hatte ihn aber noch nie bewusst gesehen, weil er bisher immer im Keller beschäftigt war. Mohammed war ein äußerst hässlicher, buckliger alter Mann mit struppigem Haar, roten Augen und großen, braungelben Zähnen. Er war mir wie der leibhaftige Teufel erschienen, wie er da vor unserer Tür stand. Obwohl meine Mutter mit mir später zu ihm ging und ich ihn mir, eng an sie gedrückt, in Ruhe ansehen konnte, verlor ich lange nicht meine Scheu vor ihm und gab ihm erst später zögernd die Hand.

Ramadan – ein herrlicher Monat, die schönste Zeit des Jahres begann und wir Kinder bekamen kleine Laternen, Fanouz genannt.

Wir öffneten an diesen wunderschön geformten, farbigen Glasgefäßen ein kleines Türchen und zündeten das Licht an: wie verzaubert der Raum von dem herrlichen Farbenspiel war! Meine Schwester Kausar und ich trugen die Lichter durch die Straßen und sangen vor fremden Türen Lieder. Ich sang laut und inbrünstig, denn ich erhielt dafür Kuchen und andere schöne Sachen.

Ramadan bedeutete, dass viele Menschen uns besuchten. Es gab nach Sonnenuntergang reich gedeckte Tische mit leckeren Süßigkeiten und abends kam ein Geschichtenerzähler mit einer Rababa. Er brachte dieses Instrument mit, das mit zwei Saiten bespannt war und gestrichen wurde. Ich saß ihm zu Füßen und sog die Bilder der Mythen und Epen in mich ein: zum Beispiel die Geschichte vom tapferen Reiter, der mit seinem Pferd durch die Wüste ritt, um seinen Freund zu retten. Innerlich bebte ich mit, ob er bei den vielen Hindernissen noch rechtzeitig ankommen würde.

Ramadan – das waren aber auch die abendlichen Geschichten, die meine Mutter vom Propheten erzählte. Andächtig lauschten wir und bewunderten, was der Prophet alles ertragen und ausgehalten hatte, wie klug er die Fragen, die an ihn gerichtet wurden, beantwortete, wie viel Freiheit er den Mitmenschen zutraute. Es entstand das Bild eines bewundernswerten Mannes in meiner Seele: sehr zart und sehr weise, sehr stark und sehr bestimmt. Meine Mutter oder meine Großmutter erzählten uns auch Geschichten von den Jüngern des Propheten. Wir ließen sie nicht gehen. Bis tief in die Nacht hinein saßen sie bei uns. Auch schon bekannte Erzählungen erlebten wir immer wieder neu und mit Spannung.

Am Ende des Monats Ramadan liegt ein großes Fest, Bairam genannt. Dazu wurden wir neu eingekleidet, bekamen neue Schuhe und ein neues Gewand. Es roch alles so gut. Meine Mutter legte die herrlichen Sachen in einen Schrank und wir durften sie erst zum Festtag anziehen, der dann voller weiterer Überraschungen war. Die Frauen buken riesige Mengen puderzuckerbestreuter Kekse. Wir Kinder hockten um den großen Küchentisch und halfen meiner Mutter eifrig mit, kleine Törtchen auszustechen, die mit Dattelmus gefüllt wurden. Wir legten sie auf große Bleche, die übereinander gestapelt, nummeriert und von einem Dienstmädchen auf dem Kopf zum Bäcker getragen wurden. Wenn das Gebäck zurückgebracht wurde, war die Küche von einem herrlichen Duft erfüllt. Meine Mutter sortierte es in kleine Schachteln, und meine Aufgabe bestand darin, sie zu den Armen zu bringen. Das gefiel mir. »Meine Mutter grüßt euch!«, sagte ich nur. Die Menschen freuten sich und ließen ihr Dank ausrichten.

In Kairo gab es türkische Bäder, die mit herrlichen farbig glasierten Kacheln verziert waren. Mich interessierte als Fünfjähriger, was sich in diesen märchenhaften Gebäuden versteckte. Meine Eltern gingen nicht dorthin. Auf mein Betteln hin nahm mich eines Tages eine Nachbarin mit. Wir mussten uns entkleiden und betraten einen Raum voller Dampf und triefender Nässe, in dem lauter nackte Frauen saßen. Mir verschlug es den Atem, ich verspürte eine entsetzliche Enge und rannte, so rasch ich konnte, nach Hause.

Einmal war ich ganz allein in unserem großen Haus, lehnte mich aus dem Fenster im ersten Stockwerk und sah den Jungen unten auf der Straße beim Fußballspielen zu. Sie kickten geschickt den Ball bis zu einem Tor zwischen zwei Markierungen und schossen dann mit gewaltiger Kraft drauflos. Voller Bewunderung beobachtete ich ihr Können. Da ging ein Schuss fehl und der Ball landete statt im Tor auf unserem Hausdach, das, wie alle Häuser in Kairo, flach gebaut war. Nun kamen die Jungs zu mir ans Fenster und bettelten: »Ibrahim, bitte hol uns den Ball vom Dach!« Ich stieg hinauf und fand den Ball, wollte ihn aber nicht einfach mit der Hand herunterwerfen – das erschien mir zu wenig ehrenvoll – sondern ich gedachte es ihnen gleich zu tun und wollte versuchen, ihn mit dem Fuß zu schießen. Dazu legte ich ihn an die Dachkante, nahm Anlauf – und flog mitsamt dem Ball in hohem Bogen hinunter. Hart traf ich auf der Erde auf. Alles schmerzte. Die Jungen lie-

Ibrahim im Alter von 12 Jahren

fen erschrocken davon und holten aus dem Nachbarhaus den dicken Schneider Ali, der mich auf seinen starken Armen ins Krankenhaus trug. Ich war übel zugerichtet und hatte den Fuß gebrochen. Nie mehr Fußball, das schwor ich mir!

Mein Vater brachte mich in eine französische Schule, wo ich drei Jahre lang die französische Sprache erlernte. Meine Schwester Kausar wurde auch dort eingeschult. Wir beide merkten nun in einem stillen Übereinkommen, dass wir eine Art Geheimsprache kannten, die niemand zu Hause verstand. Meine Mutter litt sehr darunter und kämpfte mit Erfolg darum, dass ich in eine ägyptische Schule kam, während Kausar bis zu ihrem Abitur bleiben durfte. Jeder von uns Kindern hatte in unserem großen Haus sein eigenes Zimmer. Kausars Raum war sehr ordentlich und schön eingerichtet und auch mir war es stets ein Anliegen, dass alles um mich gepflegt aussah. Deshalb begannen wir unsere Räume vor unserem kleinen Bruder Mohammed abzuschließen.

Mein Vater gründete ein selbstständiges Handelsunternehmen und begann sich, als ich ungefähr neun Jahre alt war, für die Industrie zu interessieren. Er baute eine Seifenfabrik und eine Süßwarenfabrikation auf, in der das berühmte, aus Honig und Mandeln bestehende Halwa hergestellt wurde. Die Art, wie mein Vater den Standort für sein Unternehmen wählte, ist bezeichnend für ihn. Kurze Zeit vor der Firmengründung ereignete sich in dem von vielen Juden bewohnten Viertel ein schrecklicher Anschlag. In einer Straße war ein Wagen mit »Gelati«, mit Eis, abgestellt worden. Gerade als der Eiswagen von Kindern umringt war, ging eine Bombe hoch, die von Extremisten versteckt worden war. Genau an der Stelle, wo die Wucht der Explosion einen Ort der Zerstörung hinterließ, baute mein Vater seine Fabrik als ein Zeichen, dass so etwas nie geduldet werden dürfe.

Es entstanden zwei große Betriebe mit vielen Mitarbeitern. Wenn ich aus der Schule kam, zog ich mich um und lief in die Fabrik. In der großen Halle umfing mich der Geruch von in Riesenkesseln kochender Seifenlauge. Die Arbeiter winkten mich freundlich heran, drückten mir eine der überlangen Stangen in die Hand und ließen mich von oben in der dicken Suppe rühren. Spannend war der Moment, wenn die heiße Lauge in die mit Pergamentpapier beschichteten Rahmen gegossen wurde, um dort über Nacht zu trocknen. Dabei wurden nach einem Geheimrezept die Öle zugesetzt, die die Seife zum Duften brachten: echtes Rosenöl, Öl von Zitronen und Orangenöl – herrlich! Am nächsten Tag wurden diese zweimal zwei Meter großen Kuchen mit Messern und einer Schnur in kleinere Stücke von 60 mal 60 Zentimetern geschnitten, die auf einen Tisch gehoben werden konnten. Dort stand ich und schob die Seifenstücke durch die Edelstahldrähte, die im rechten Winkel am Tisch befestigt waren. So wurden sie erst zu Stangen und beim zweiten Durchschieben zu Seifenstücken gesägt. Wehe, wenn ich nicht acht gab! Mancher Finger erhielt eine Wunde, in der dann die Seifenlauge brannte. Die fertigen Seifenstücke wurden noch einmal getrocknet und dabei mit einem Stempel versehen. Der Name der Seife lautete übersetzt »Al Doktor«, der in einem Halbmond geprägt stand. Ich ließ sie gern durch die Finger gleiten und genoss das seidige Gefühl.

Neben der Fabrik befand sich eine Schreinerei, in der die Holzkisten für die Seifenstücke angefertigt wurden. Dort arbeitete ich gern und lernte viel im Umgang mit Holz. Ein wirklich genussvoller Augenblick war dann das Verpacken. Farbiges Seidenpapier, Schleifen und vor allem die schöne Beschriftung mit dem Handelsnamen »Al Doktor« machten das Produkt vollkommen. Am liebsten hätte ich alle diese edlen Päckchen selbst behalten, um sie zu verschenken. Genauso ging es mir mit den Produkten der anderen Fabrik meines Vaters, wo die Süßigkeiten entstanden. Ganz praktisch lernte ich am Verpacken, wie die farbigglänzenden Papiere auf den Geschmack und den Duft der einzelnen Bonbons abgestimmt werden mussten.

Dann gab es, an die Fabrik angeschlossen, ein Fuhrunternehmen. Das waren Hand- oder Eselskarren, die die Ware auf den Markt, ins Lager oder in die Läden brachten. Die Gegend um die Fabrik war ein Judenviertel und neben unserer Fabrik stand die Synagoge. Wir waren die einzigen Nicht-Juden in dieser Gegend. Durch diese Umstände wuchs ich mit selbstverständlicher Toleranz auf. Jude bedeutete für mich: Freund. Wenn ich abends aus der Fabrik auf die Straße trat, rief es laut aus einer Ecke: »Ibrahim! Komm und fahr mich bitte!« Dudu war ein behinderter jüdischer Junge, der eigentlich David hieß. Er wartete geduldig, bis ich erschien. Dann setzte ich ihn auf einen dieser Handkarren und fuhr ihn durch die Gassen, und der kleine Dudu jubelte. Wie leicht ließ sich dieser Mensch durch einen Scherz, eine kleine Neckerei erfreuen! Er wollte mich gar nicht mehr loslassen. Andere Leute beobachteten unser kleines Spiel, erzählten es weiter und die Eltern brachten mir immer wieder ihre behinderten Kinder, damit ich sie auf dem Karren spazieren fuhr und mit ihnen spaßte. Als sie mit der Zeit zu schwer wurden, begann ich einen Esel vorzuspannen, der sie durch die Gassen zog.

Unser Hausschneider, der die perfektesten Moden zuschnitt und mit der Hand nähte, war auch ein Jude. Wie stolz war ich, wenn ich wieder einmal mit einem neuen Anzug von ihm auf die Straße trat. Damit konnte ich mich sehen lassen! Natürlich wollte ich den Anzug auch meinem Vater zeigen. Auf dem Weg dorthin rief mich ein Junge an: »Ibrahim!« Ich sah mich um. Da kam der Junge auf mich zu, aber ich kannte ihn nicht. Woher wusste er meinen Namen? Mit treuherzigem Blick erzählte er mir, er sei von meinem Vater beauftragt, mir auszurichten, dass er mich in der Bank erwarte. Nun schlug ich eine andere Richtung ein und er begleitete mich, lobte meinen neuen Anzug und sagte plötzlich ganz traurig: »Weißt du, dass dein schöner Anzug einen Fleck an der Schulter hat? Ich will ihn abputzen!« Er fing an zu reiben und zu wischen. »Ich schaff es nicht. Zieh ihn aus, ich lauf geschwind ins Haus und versuche es mit etwas Wasser. Ich bin gleich zurück!« Ich gab ihm meine Jacke – er aber kam nicht wieder und ich stand lange auf der Straße, bis ich merkte, was geschehen war.

In der ägyptischen Schule hatte ich einen hervorragenden Arabischlehrer, den ich sehr verehrte. Er war ein richtiger Lehrertyp, sauber und pedantisch bis ins Letzte. Seine ordentliche Kleidung, sein Tafelanschrieb, seine gehobene Sprache begeisterten mich und prägten sich tief als Bild eines edlen Menschen in meine Seele ein. Abdu Affifi war mein Idol, und wenn ich zu ihm kommen sollte, wagte ich fast nicht, in sein Zimmer zu treten. In der Oberstufe hatten wir einen Französischlehrer, mit dem ich mich richtig anfreundete. Er war Marokkaner, sprach perfekt französisch und nur gebrochen ägyptisch. Ich frischte meine Sprachkenntnisse aus den ersten beiden Schuljahren auf und redete mit ihm in seiner Sprache. Das freute ihn sehr. – Mein Lehrer im Kunstturnen war Landesmeister, der uns über Jahre an den Geräten und im Bodenturnen hervorragend trainierte. Ich übte begeistert für die Teilnahme an Wettbewerben. Zu Hause lief ich im Handstand durch die Wohnung und auch die Treppen erstieg ich unter dem Lachen meiner ganzen Familie auf diese Weise.

Mein vollständiger Name lautet Ibrahim Ahmed Abouleish. Da im Arabischen zwischen I und A nicht unterschieden wird, bedeutet dies »AAA«. Wir wurden in der Schule nach dem Alphabet gesetzt und aufgerufen. Deshalb kam ich immer als Erster dran und wurde als Erster gefragt. Viel lieber hätte ich in der Mitte gesessen, um bei schwierigen Fragen erst einmal hören zu können, was die anderen vor mir dazu zu sagen gehabt hätten. So aber waren diese dreifachen »A« für mich nicht immer ein leichtes Schicksal.

Leider hatte ich in den oberen Klassen keinen guten Arabischlehrer mehr und die Stunden und Arbeiten verliefen manchmal qualvoll. Die arabische Grammatik ist sehr schwer. Oft hieß es in meinen Aufsätzen: »Inhalt gut; die Schrift könnte besser sein.« Auch konnte und wollte ich nicht frei vortragen. Das machten die Kinder vom Land viel besser als ich, weil sie sich unbefangener gaben. Deshalb verlegte ich mein Interesse schon recht früh auf die Naturwissenschaften. Bei den Laborversuchen in Physik und Chemie konnte ich vor lauter Faszination über das, was ich sah und erlebte, nie nah genug an dem Geschehen sein und saß den experimentierenden Lehrern fast auf dem Tisch. Ich wollte nicht nur auswendig lernen, sondern verstehen, was ich sah und erlebte. Mathematik fiel mir zu, weil der Lehrer die Inhalte gut vermitteln konnte.

Zum Lernen zog ich mich in mein Zimmer zurück, denn neben einem Schlafzimmer hatte ich noch ein schönes, ordentliches Arbeitszimmer. Wenn ich am Abend mit dem Lernen fertig war und aus meinem Zimmer trat, saß meine Mutter im Wohnzimmer mit einer Näharbeit. Sie ließ die Arbeit sinken und sah mich mit einem feinen Lächeln an: »Magst du mir ein wenig erzählen von dem, was du gelernt hast?« Sie kannte weder die englische noch die französische Sprache, noch wusste sie etwas von physikalischen und chemischen Versuchen oder höherer Mathematik. So setzte ich mich zu ihr und begann ihr alles, was ich vorher gelernt hatte, zu erzählen und auf diese Weise zu vertiefen. Sie hörte gespannt zu, fragte nach und ging ganz auf mich ein. Obwohl sie ja viele Kinder hatte, sparte sie diese besondere Zeit für mich auf. In dieser Sphäre inniger Zuneigung, die uns beide verband, entwickelte sich früh meine Fähigkeit, anderen etwas beizubringen.

Sommer auf dem Land

Die Sommerferien verbrachte ich stets auf dem Land in meinem Heimatdorf Mashtul im Nildelta, rund fünfzig Kilometer nördlich von Kairo. Dort wohnten zwei meiner Tanten in weit auseinanderliegenden Häusern. Um von der einen zur anderen zu gelangen, brauchte ich Stunden, weil ich auf dem Weg vielen Freunden begegnete. »Ibrahim ist wieder da!«, hieß es dann. »Erzähl uns aus der Stadt! Hast du wieder etwas Neues geschrieben? Lies es uns vor!« Die Jugend des Dorfes versammelte sich um mich, wir lachten und scherzten, ich gab die neuesten Geschichten zum Besten oder trug meine selbst geschriebenen Gedichte vor. Einmal berichteten sie mir, es gäbe zu wenig Wasser im Kanal und sie müssten mit einer Spirale das Wasser auf die Felder hochdrehen. Da sah ich dieses Gerät und seine Bedienung zum ersten Mal, war ich doch früher, als ich klein war, von der Bauernarbeit fern gehalten worden. Wir hatten ja Angestellte, die alle einfachen Arbeiten für uns machten. Nun empfand ich es wie ein Wunder, wie das Wasser von ganz tief unten allmählich heraufgeschafft wurde, sich in die Gräben ergoss, langsam weiterrieselte und durch einen Erdwall umgelenkt auf das Feld floss. »Lasst mich auch mal!« Stundenlang hätte ich drehen können, immer von neuem staunend, dass es so etwas gab. – Sie nahmen mich auch mit zum Korndreschen mit dem Norak, einem Brett mit Eisenscheiben, das über das Korn gelegt wurde. Ein Büffel zog es nun langsam über das Stroh und zerhackte es, sodass die Körner herausfielen. Ich sah zu, redete mit den Arbeitern, erfuhr von ihrer Lebensweise. Mit der Zeit erzählten sie mir auch ihre Nöte und Wünsche, die ich in ein kleines Heftchen aufschrieb, mit den Namen dahinter und einer Notiz, was sie gebrauchen könnten. Die Menschen interessierten mich, und sicher spürten sie meine Zuneigung. Ich kam sehr schnell in Kontakt mit ihnen, besonders auch mit den Armen und Kranken. In Kairo lag das Heft dann immer auf meinem Schreibtisch und ich überlegte, was ich beim nächsten Besuch mitbringen könnte, um ihnen eine Freude zu machen: Seife, aber auch Stoffe, Kleidung, Schuhe und Süßigkeiten. Das alles wurde schön verpackt und in meinem Koffer gut vor den Augen der Eltern und Geschwister verborgen gehalten, denn es war mein Geheimnis. Ich hatte aber eine Scheu, diese Geschenke den Menschen direkt zu geben. Spätabends schlenderte ich durch das Dorf von Haus zu Haus und warf die Päckchen durch die geöffneten Fenster hinein. Dann versteckte ich mich und beobachtete, was geschah. Das war meine stille Freude.

Bis auf meine Mutter wusste niemand davon und sie unterstützte mich bei der Beschaffung der Geschenke. Nur als ich sie einmal um ein schönes Kleid von ihr für jemanden fragte, sagte sie sanft: »Ibrahim, ist das nicht etwas zu viel?« Meine Großmutter erfuhr von meinen Aktivitäten, als sie mich einmal bei meinem geöffneten Koffer überraschte und ganz schlicht fragte: »Hast du auch etwas für mich?« Da erzählte ich ihr alles. Wie war ich beiden dankbar, dass sie mein Geheimnis nicht weitererzählten, denn sie kannten mich gut. Ich war ein außerordentlich fröhliches und humorvolles Kind, daneben aber auch sehr stolz, gefährlich stolz, wie meine Mutter meinte. Gewisse Dinge durfte man mir nicht sagen, weil sie diesen Stolz verletzten. Wenn ich verletzt war, zog ich mich zurück und sprach nicht mehr. Das ist bis heute so.

Ein Bewohner des Dorfes musste nach Kairo zum Arzt, weil er im Dorf nicht behandelt werden konnte. Nun erkundigte ich mich, wie viel das kostete, um Geld für seinen Arztbesuch und den Krankenhausaufenthalt zu organisieren. Ich selbst hatte bis dahin kaum eine Beziehung zum Geld. Manchmal griff ich auf selbst Gespartes zurück. Es hatte sich aber auch herumgesprochen, was ich mit meinem Geld tat. Eine der fünf Grundsäulen des Islam ist das Almosengeben, Zakat genannt. So kamen meine Verwandten und brachten mir ihre Almosengelder, damit ich sie an die Bedürftigen weitergab. Mit diesem Geld ging ich sehr verantwortungsvoll um und führte Buch darüber, was ich von wem erhalten und an wen weitergegeben hatte. So kam es, dass ich von Kindheit an zu meinem Vornamen Ibrahim Beinamen wie Ibrahim Effendi oder Ibrahim Bey bekam, die einen Respekt ausdrückten, den die Menschen mir gegenüber empfanden.

Jugendjahre in Ägypten

Die Jahre 1952 bis 1956 waren für die politische Zukunft Ägyptens von großer Bedeutung und von Unruhen in der Bevölkerung sowie zahlreichen Demonstrationen in den Straßen von Kairo begleitet. 1952 stürzten oppositionelle Offiziere den ägyptischen König Faruk. Ein Jahr später wurde die Republik ausgerufen und 1954 wurde Oberst Abdel Nasser Staatspräsident. Die junge Republik blieb aber unter starkem Einfluss der Briten, die ihre Truppen beiderseits des Suezkanals konzentriert hatten. Im gleichen Jahr erreichte Nasser die vertragliche Zusicherung Großbritanniens, sich vom Suezkanal und damit aus ganz Ägypten zurückzuziehen, was aber erst 1956 wirklich geschah. Bis dahin wehrten sich die Ägypter gegen die zunehmende Korruption und die Ungerechtigkeiten seitens der britischen Herrscher. Diese politisch unruhige Zeit erlebte ich in Kairo hautnah mit, hörte vom Zusammenprall der ägyptischen Polizei mit dem englischen Militär, als hundert Polizisten am Suezkanal erschossen wurden und die Menschen anschließend empört auf die Straße gingen. 1952 brannte Kairo, weil aus Protest viele ausländische und insbesondere britische Geschäfte angezündet wurden. Die Schüler der Oberstufen bekamen schulfrei, um an den Demonstrationen teilnehmen zu können.

Mit zwei, drei engeren Freunden verbanden mich soziale und kulturelle Interessen und eine Begeisterung für sportliche Betätigungen. Wenn also die Schule ausfiel, gingen wir an den Nil zum Rudern. Mit diesen Freunden unternahm ich auch viele Reisen mit dem Fahrrad, die mich durch ganz Ägypten führten. Dabei lernte ich mit ihnen zusammen mein Land intensiv kennen. Wenn es nur irgendein freies Wochenende gab, fuhren wir nach El Faiyum, Port Said oder Alexandria. Einmal organisierte ich für fünf Jugendliche eine Tour nach Faiyum. Es muss in den Ferien gewesen sein. Zuvor hatte ich alles studiert und die Reise vorbereitet. Wir wollten einen Tag hinfahren, am anderen alles ansehen, in der Jugendherberge schlafen und dann zurückkehren. Es wurde ein herrlicher Tag, denn die Oase El Faiyum ist ein Traum. Am Jussufkanal, der vom Nil zum Karunsee führt, sahen wir uns die gewaltigen Wasserräder an. Unter hohen Dattelpalmen fuhren wir kilometerlang durch Baumwoll-

und Zuckerrohrfelder. Auch den als Labyrinth gestalteten Totentempel von Amenemhet III. besichtigten wir. Mit diesen Freunden konnte ich auch meinen kulturellen Interessen für Altägypten nachgehen, denn wir waren uns sehr ähnlich: Wir rauchten und tranken nicht und saßen auch nie in den Kaffeehäusern. – Auf der Rückfahrt gerieten wir mit unseren Fahrrädern in einen fürchterlichen Sandsturm. Wir breiteten unsere Decken über uns, hielten sie am Lenker fest und dann schob uns der Sturm mit enormer Geschwindigkeit die Straße entlang. Plötzlich hörten wir einen Schrei. Sofort bremste ich. Einer der Freunde war gestürzt und sein Fahrrad war kaputt. Es war unmöglich, in dem Sturm das Fahrrad zu reparieren. Der Sand peitschte uns wie feine Nadelstiche gegen die nackten Arme und Beine und die Augen brannten. Da die anderen schon vorgefahren waren, ließ ich ihn auf meiner Fahrradstange vor mir sitzen, hielt mit einer Hand sein Fahrrad fest, mit der anderen lenkte ich mein eigenes. So brausten wir, vom Sturm getrieben, stundenlang zurück bis nach Kairo. Heute noch erzählt mir dieser Freund, wie er auf dieser halsbrecherischen Fahrt zitterte.

Es gab damals noch viele ähnliche Erlebnisse, die mich über meine Kräfte hinaus forderten. Die Erprobung von Willenskraft und Ausdauer verdanke ich dem Rudern auf dem Nil. Im Sinai erstieg ich die schneebedeckten Berge. Es waren Herausforderungen, die ich mir selbst wählte. Zwar wollte ich diese Berge kennen lernen, betrachtete diese Touren aber auch als Gratwanderungen auf der Suche nach Grenzerlebnissen.

In meiner Verwandtschaft gab es Persönlichkeiten, die sehr viel Einfluss auf mich hatten. Zum einen war das mein Vater durch sein Geschäft, dann meine Mutter und Großmutter, aber auch drei Onkel: Onkel Kamel, der Bruder meiner Mutter, führte ein Transportunternehmen und nahm mich in weit entfernt liegende Gegenden und Dörfer mit. Durch ihn lernte ich Menschen kennen, die ganz anders sprachen, sich anders kleideten und ernährten als in Kairo. Onkel Mohammed, der Bruder meines Vaters, ein außerordentlich fröhlicher Mensch, war durch eine Erbschaft reich geworden, hatte daraus aber nie etwas gemacht. Sieben oder acht Mal hat er geheiratet und hielt sich gern in den Opernhäusern und Theatern auf. Weil er ein lebenslustiger Mensch war, wussten wir, dass immer, wenn Onkel Mohammed kam, irgendetwas Interessantes und Schönes präsentiert werden würde. Damals trugen wir in Ägypten, auch zur Schule, den Fez, »Tarbusch« genannt. Das sind rote, hohe türkische Hüte mit Kordel. Wenn mein Onkel kam, um mich abzuholen, und hupte, dann rief ich: »Ich komme. Ich muss nur meinen Fez aufsetzen.« Dann rief er immer von unten: »Komm, nimm meinen Fez und lass deinen Tarbusch!«

In Kairo gab es damals Straßen voller Kunst und Kunsthandwerk. Wir schlenderten diese Gassen genießerisch hinauf und hinab und er fragte mich dann: »Gefällt dir das? Sieh mal, diese Frau, wie schön sie ist! Wie anmutig sie sich bewegt!« Manchmal kritisierte er auch, was ihm nicht gefiel, und ich lernte durch seinen Blick und durch seine Urteile ein neues Lebensgebiet sehen. Später entdeckte ich, dass er nicht unbedingt Geschmack hatte, aber für mich war er damals jemand, der bewirkte, dass ich mich für Musik und Theater zu interessieren begann.

Großvater väterlicherseits, mit Onkel Essat, um 1950

Ein weiterer Onkel, der auch Mohammed hieß, war Hochschulprofessor, der eine Bibliothek in seinem Hause besaß. Ihm begegnete ich mit großer Achtung und wagte nicht, mit ihm so frei zu sprechen wie mit den anderen. Sein Haus betrat ich voller Ehrfurcht. Er stellte mir hoch geistige Fragen, bei denen ich mir meine Antworten gut überlegte, um keinen Unsinn zu reden. Zu diesem Onkel kamen Freunde, die mit ihm Gespräche über philosophische, religiöse und historische Themen führten. Sie unterhielten sich dabei in einer gewählten hocharabischen Sprachform. Ich saß etwas abseits, verfolgte staunend ihre Gelehrsamkeit und bewunderte, was diese Menschen für Gedanken fassen konnten. Immer hoffte ich darauf, dass Onkel Mohammed mich beauftragen würde, Tee oder Wasser zu holen. Keiner meiner Freunde konnte verstehen, warum es mich dorthin zog und wie ich diese endlosen Dialoge aushielt, denn andere Familienmitglieder mieden diesen Gelehrtenkreis und schimpften sogar über dieses »Geschwafel«, das mich faszinierte.

Aus seiner Bibliothek gab er mir hin und wieder ein Buch oder ich durfte mir eines aussuchen. Dabei stieß ich eines Tages auf ein Buch mit dem Titel »Die Leiden des jungen Werthers« auf Arabisch, das ich mir mitnehmen wollte. Er war von meiner Wahl nicht sehr begeistert. In mir aber löste die Lektüre starke Seelenregungen aus. Ich war zu Tränen gerührt und stark ergriffen. Das hatte seinen Grund nicht in der Lektüre allein: Ich war zu dieser Zeit über beide Ohren verliebt in Awatef, die Tochter einer Nachbarin. Awatef hatte eine wunderschöne Stimme und schrieb Gedichte. Wenn sie ihre Verse vortrug, sog ich jeden Laut, den Tonfall ihrer Stimme, jede Bewegung ihrer Augen und Hände tief in mich ein. Nach den Treffen mit ihr lag ich lange mit klopfendem Herzen in meinem Zimmer und versuchte durch eigene Gedichte, meine Liebe auszudrücken. Awatef war zwei Jahre älter als ich. Da es in Ägypten nicht als schicklich gilt, sich in eine ältere Frau zu verlieben, behielt ich mein Geheimnis für mich. Ich glaube aber, dass meine Mutter wusste, wie sehr ich dieses Mädchen verehrte. Deshalb lud sie die Nachbarin immer wieder mit Awatef zu uns ein. Dann saßen wir beim Tee und sie erzählte etwas. Es war der Himmel auf Erden! Wenn ich sie eine Woche lang nicht gesehen hatte, veranstaltete ich alles Mögliche, damit entweder ihre Mutter uns einlud oder meine Mutter sie. Awatef begann

Jugendjahre in Ägypten

zwei Jahre eher mit ihrem Studium als ich und wählte Naturwissenschaften. Ich war richtig eifersüchtig, dass sie etwas tat, was ich noch nicht durfte.

Goethe wird auf arabisch »Gota« ausgesprochen, weil es in der arabischen Sprache keine Umlaute gibt. Einmal hatte mein Vater Besuch aus Deutschland. Es war ein hochgewachsener älterer Herr. Ich sprach ihn an: »Ich kenne einen deutschen Schriftsteller, der heißt Gota.« – »So? Den Namen habe ich noch nie gehört. Weißt du noch Weiteres über ihn?« Und ich erzählte, was ich von ihm gelesen hatte. Überrascht rief er aus: »Das ist Goethe! Goethe heißt das!« Von ihm lernte ich nun, diesen Umlaut auszusprechen. Der gebildete Herr erzählte auch von Schiller und der Freundschaft zwischen beiden Dichtern. Begierig lauschte ich seinen Worten und wollte nach diesem Treffen unbedingt dieses Volk und diese Dichter näher kennen lernen. Anderes, was ich über dieses Land und über Europa auffing, verstärkte meine Sehnsucht nach der europäischen Kultur. Kunst und Wissenschaft, das Wirtschaftsleben, die Rechte der Bürger und ihre Möglichkeiten – alles das bewunderte ich zutiefst. In Filmen hatte ich außerdem Ausschnitte der Landschaften Europas gesehen, die herrlich auf mich wirkten.

Je näher das Abitur rückte, desto ernsthafter beschäftigte ich mich mit dem Gedanken, zum Studium nach Deutschland zu gehen. Ich sprach mit meinem Vater darüber, ob er diesen Wunsch unterstützen würde, doch er lehnte vehement ab. Jedes Mal, wenn ich kam, wurde er ungehalten. Einmal hörte ich ihn mit meinem Onkel über diesen Jungen sprechen, der es nicht lassen wollte, in einem fremden Land zu studieren; ich wüsste gar nicht, dass er für seine Fabrik einen Nachfolger brauchte und dass man dazu keine universitäre Ausbildung benötigte. Ich sei verlässlich und tüchtig und dürfe ihn nicht verlassen, so meinte er. Mit meinem Vater konnte ich also nicht rechnen.

Meiner Mutter kamen immer wieder die Tränen, wenn ich dieses Thema berührte. »Das Land, wo du hinwillst, ist so weit weg, Ibrahim; wie lange kann ich dich dann nicht sehen – und was würde aus Vater und dem Betrieb werden? Bitte, tu mir das nicht an. Denk nicht mehr daran!« Ich kam trotzdem immer wieder auf das Thema zurück, denn ich wollte sie nicht betrüben, sondern hoffte, sie würde mich verstehen, wenn ich ging – denn tief in meiner Seele war der Entschluss bereits gefasst. Einige Male sagte sie, dass sie sich darüber freue, dass ich täte, was ich wirklich wollte. Das bestärkte mich. Dann wieder bat sie mich inständig, es nicht zu tun.

Meinem Herzen fiel es schwer, Ägypten zu verlassen. Auch meine geliebte Awatef würde ich ja dann nicht mehr sehen. Wie konnte ich meine Liebe vergessen? Es waren erste Übungen für mein Herz, nicht an etwas zu klammern. Vielleicht ahnte ich bereits, dass noch ganz anderes kommen würde!

Ich hatte Geld gespart, das für eine einfache Hinfahrt reichen musste, und hoffte im Stillen, wenn ich erst einmal in Deutschland wäre, würden meine Eltern mir weiteres nachschicken. In Bezug auf das Familienverständnis, wie es in arabischen Ländern immer noch herrscht und wonach der Vater als Oberhaupt die Geschicke aller Familienmitglieder führt, war mein Vorgehen ungeheuer gewagt. Meiner Mutter drückte ich durch mein Fortgehen eine doppelte Last auf. Zusätzlich zu ihrem Trennungsschmerz, denn uns verband ja eine tiefe Liebe, setzte ich sie in die Rolle der Vermittlerin meinem Vater gegenüber und hoffte mit jugendlicher Unbekümmertheit, sie würde ihn schon beruhigen und zu der nötigen finanziellen Unterstützung überreden. Ich schulde ihr im Nachhinein innigsten Dank, da sie meinen Vater durch ihre Sanftmut tatsächlich umstimmen konnte und mir dadurch die Wege ebnete, die ich von meinem Schicksal her zu gehen gewillt war.

Abschied von Ägypten

Die Universitäten in Europa, die ich angeschrieben hatte, antworteten mir, dass ich kommen könnte. Jeder junge Mensch, der im Ausland studieren will, muss dies der Regierung melden und einen Pass beantragen. Bei einer Verwaltungsstelle sollte mein Vater Geld hinterlegen, das dann von dieser Stelle aus an mich ins Ausland weitergeleitet würde. Da ich noch nicht volljährig war, brauchte ich für alle Ausreiseformalitäten die Unterschrift des Vaters. Ohne sie würde es nicht gehen, aber wie sollte ich sie bekommen? Wochenlang grübelte ich. Da sagte ein Beamter der Ausreisebehörde, der gesehen hatte, wie ich litt, beiläufig zu mir: »Das ist doch ganz einfach!« – »Wie?« – »Die Ausreisebehörde kennt doch die Unterschrift deines Vaters nicht!« – »Ja aber, was ist, wenn sie ihn fragen?« – Für mich war das eine kriminelle Handlung. Drei Monate habe ich mit mir gekämpft und gerungen und war verzweifelt, bis ich den Mut fasste, seine Unterschrift nachzumachen. Die Beamten akzeptierten die Unterschrift; eigentlich hätte mein Vater vor ihren Augen unterschreiben müssen.

Auf einem Behördengang war ich jemandem begegnet, den sein Vater einige Monate zuvor zum Studium nach Graz in Österreich geschickt hatte. Er erzählte mir, dass das Leben dort sehr schön sei, und gab mir seine Adresse. So kannte ich das Ziel, das ich allerdings erst einmal auf einer Karte suchen musste, denn ich wusste nicht, wo diese Stadt überhaupt liegt.

Mein Freund Shauky, der auch gern in Deutschland studiert hätte, begleitete mich nach Alexandria. Es war Winter und es regnete. Frühmorgens, meine Mutter schlief noch, öffnete ich leise die Tür, gab ihr einen Kuss auf die Stirn und sagte: »Ich gehe jetzt!« und schlich mich aus dem Haus. Später schrieb sie mir, dass sie bei meinen Worten gedacht hätte, ich wollte nur in die Stadt. Wenn sie gewusst hätte, dass ich fortginge, hätte sie mich geküsst und gedrückt.

An meinen Vater richtete ich folgende Abschiedsworte, durch die ich hoffte, ihn wenigstens etwas für meinen Entschluss einzunehmen. Ich stand, als ich den Brief schrieb, mit meinen achtzehn Jahren in einer inneren Notsituation, mich gegen die Familienbande, die in der arabischen Welt immer noch viel enger sind als im Westen, ganz für meinen eigenen Weg zu entscheiden. Vielleicht ist daraus die Klarheit der Zukunftsvision zu verstehen, die aus diesen Zeilen spricht und die mir mein Vater 25 Jahre später wieder zeigte:

»Mein lieber Vater!

Der Friede und der Gruß seien mit Dir.

Wenn ich zurückkomme, wenn Gott es will, werde ich nach Mashtul gehen, zu dem Dorf, das ich immer geliebt habe und wo ich die schönsten Zeiten meiner Kindheit verbracht habe. Ich werde Fabriken aufbauen, worin viele Menschen arbeiten werden, Arbeiten, die anders sind als das, was sie von der Landwirtschaft gut kennen.

Und ich werde Werkstätten für Mädchen und Frauen bauen, wo sie Kleider und Teppiche und Haushaltsartikel und alles, was die Menschen sonst brauchen, erzeugen können. Ich weiß, dass dazu Verkehrs- und Kommunikationsmittel sehr wichtig sind. So werde ich die Straße vom Bahnhof bis zum Dorf asphaltieren und rechts und links Zierbäume pflanzen. Dahinter werden die Telefonmasten stehen. Ich werde Geschäfte aufbauen, die alles, was die Menschen brauchen, verkaufen, sogar ein Casino, wie ein großer Markt, aber sehr ordentlich und sauber.

Auf deinem Grund werde ich ein großes Theater bauen, wo die großen Künstler die schönsten Darstellungen für die Bürger meines Dorfes geben werden.

In der Nähe der Hauptstraße, die nach Aesbet el Barkauwi und Minia el Kamah führt, werde ich ein Spital errichten, wo alle Spezialisten vertreten sind. In Dorfnähe werde ich ein kleines Viertel errichten, wo die Ärzte und deren Mitarbeiter und die Lehrer wohnen werden. Denn ich habe vor, Schulen zu bauen für die Kinder, vom Kindergarten an bis zur Oberschule.

Zu deiner Information: Mashtul hat Männer und Jugendliche, die auf einer höheren Stufe des Wissens stehen, zum Beispiel Dr. Schuman (Arzt), Ustaz Orabi (Anwalt), Ustaz Afifi (Lehrer), Ustaz el Gohari (Scheich), Ustaz Umara (Ingenieur) und viele andere, bei denen ich sicher bin, dass sie mit Begeisterung beim Aufbau helfen werden, sodass dieses Dorf Mashtul ein leuchtendes Zentrum in Ägypten wird.

Friede sei mit Dir.«

In Alexandria kaufte ich für 30 Pfund eine Fahrkarte nach Neapel auf einem türkischen Schiff. Von dort wollte ich mit dem Zug nach Rom und weiter nach Graz.

Als sich das Schiff langsam vom Ufer entfernte, dachte ich: »Was hast du da gemacht!«, und mein Herz zerriss. Der Freund winkte vom Kai, das große Schiff glitt langsam auf das offene Meer hinaus und ich fühlte, je weiter es sich vom Land entfernte, in mir die Verbindung zu Mutter und Vater, zu allen Verwandten und Freunden und zu dem Land meiner Geburt schmerzhaft zerschneiden. Alles, was mir bekannt und vertraut war, gab ich auf für eine ungewisse Zukunft in einem Land, von dem ich nichts wusste und dessen Sprache ich nicht einmal beherrschte. Ich hatte auch nicht viel Geld dabei, nur eben für die Fahrt.

Schmerzvolle Tage durchlitt ich, bis ich mich mit den anderen Menschen auf dem Schiff anfreundete und allmählich ruhiger wurde.

In Europa angekommen, bewunderte ich in Rom die Bauten und Kunstwerke. Dann ging es über Florenz und die Alpen nach Graz. Nördlich von Florenz begann es zu schneien. Da merkte ich erst, was Kälte war und wie unvorbereitet ich in meine Unternehmung ging. Ich kaufte einen Pullover, den die Italiener im Zug nach Graz anboten.

Studienjahre in Europa

In Graz angekommen, suchte ich den Freund auf, der mir in Kairo seine Adresse gegeben hatte, und wurde begeistert von ihm empfangen. Er bemühte sich gleich um ein Zimmer für mich, das in einer sehr schönen Gegend etwas außerhalb der Stadt lag. Meine Vermieterin war Krankenschwester in England gewesen und konnte Englisch. Gleich schrieb ich meinen Eltern, dass ich angekommen sei, und vergaß nicht zu erwähnen, dass sie das Geld an die Verwaltungsstelle zahlen könnten. Aus Briefen meiner Mutter erfuhr ich, was sie durchlitten hatte, seit ich fort war, wie ihr die Trennung schwer fiel und sie nur in Tränen sei. Und immer, wenn ich das las, flossen auch bei mir die Tränen. Trotzdem war sie diejenige, die das Geld zur Behörde brachte und alles für mich regelte.

In den nächsten Tagen entdeckte ich, wie viele Fakultäten es an der Universität gab. Natürlich wollte ich Naturwissenschaften studieren. Wenn es nach mir gegangen wäre, hätte ich Medizin gewählt, aber das konnte ich meinem Vater nicht antun. Es musste in seinen Augen etwas »Vernünftiges« sein, etwas, das er in seinem Betrieb einsetzen konnte. Und ich wollte ihm dabei ja auch helfen und ihm entgegen kommen. Deshalb stellte ich meinen eigenen Berufswunsch vorerst zurück.

Ich kam in Kontakt mit dem Club der ausländischen Studenten. Als sie erfuhren, dass ich kein Wort Deutsch konnte – ich besaß nur ein Handbuch mit dem Titel: »Teach yourself german« – drängten sie mich, erst einmal Deutsch zu lernen. Die Studenten im Club waren überwiegend Kinder reicher Eltern mit viel Geld, die sich mit Kartenspielen, Rauchen und Mädchen die Zeit vertrieben. Zielstrebig begann ich mit dem Erlernen der fremden Sprache nach einem eigenen Plan. Ich nahm mir eine feste Anzahl an Vokabeln vor, die ich jeden Tag lernen wollte. Meine Kommilitonen klagten über ihre Schwierigkeiten beim Erarbeiten der deutschen Sprache. Sie konnten auch nach Jahren die Professoren in den Vorlesungen immer noch nicht richtig verstehen. Ein Mitstudent im Club, der nach fünf Semestern noch keine Prüfung gemacht hatte, forderte mich heraus. Er meinte, ich würde es auch nicht schaffen, und wir wetteten vor vielen Zeugen, dass ich mit dem Studium eher fertig sein würde als er. Dabei erfuhr ich seine Fachrichtung: Technische Chemie, von der ich das erste Mal hörte.

Am nächsten Tag schrieb ich mich in diesem Fach ein und begann konzentriert, alles aufzunehmen. Aber das war kein Studium, das war ein Horror! Ich stand von morgens acht bis abends acht in den Laboratorien und studierte neben meinem Fachgebiet auch noch Physik, Mathematik, Kristallographie, Geologie und vieles mehr. Meine Kommilitonen brauchten durchweg acht bis neun Jahre für dieses Studium. Ich war nach drei Semestern soweit, dass ich die ausländischen Studenten unterrichten konnte, half ihnen beim Übersetzen und bereitete sie auf Prüfungen vor, die ich bereits absolviert hatte. An der Hochschule wurden zur damaligen Zeit keine offiziellen Prüfungen angesetzt, sondern jeder Student holte sich, wenn er sich vorbereitet hatte, seine Termine selbst bei seinen Professoren. Aber wer ging schon freiwillig in eine Prüfung! Alle schoben es vor sich her.

In der Zeit des Studienbeginns fuhr ich noch einmal kurz auf Wunsch meiner Mutter nach Hause, mit einem Schiff von Genua nach Alexandria. In Ägypten wurde ich mit offenen Armen empfangen. Als der Abschied wieder nahte und ich meinen Koffer packte, brachte mir meine Mutter ein weiteres Gepäckstück, das schwerer war als mein Kleiderkoffer, voller herrlicher Süßigkeiten, die sie für mich gebacken hatte. Da stritten wir uns über die Menge, aber dann meinte sie, dass ich die Sachen ja auch verteilen könnte, und ich nahm sie mit.

Der Vater von Adel, dem Jungen, der mir seine Adresse in Graz gegeben hatte, bat mich um eine kleine Gefälligkeit, und ich sagte zu. Bei meiner Abfahrt in Alexandria, kam er, von zwei Soldaten begleitet, an den Quai und brachte mir zwei riesige, schwere Blechkanister. »Was ist denn darin?«, fragte ich entsetzt. – »Alter Käse und schwarzer Honig, das ist Zuckerrohrmelasse«, sagte er und meinte, dass sein Sohn im fernen Österreich das sicher sehr vermissen würde, weil er es doch früher so gern gegessen hätte. Ich wuchtete das Gepäck in meine Kajüte, wo der Käse jedoch schon nach einigen Stunden einen so penetranten Geruch verbreitete, dass ich ihn an Deck befördern musste. Da standen dann die schrecklichen Kästen und ich kämpfte mit mir: Das sollte ich alles vom Schiff zum Zug, vom Zug nach Hause tragen? – Nein! – Ich gab den Kästen einen Tritt mit dem Fuß und versenkte sie im Mittelmeer. Mein Freund lachte, als ich ihm die Begebenheit erzählte, und ich gab ihm dafür etwas von den Süßigkeiten meiner Mutter ab.

Die 99 Namen Allahs

In den ersten Studienjahren fühlte ich mich oft recht einsam in der fremden Stadt. Meine Heimat hatte ich aufgegeben, und das Leben im Club entsprach nicht meinen Idealen. So tauchte ich mit meiner ganzen Kraft in das Studium ein. Ich hatte zwar einige Freunde, die sich ebenso wie ich für Musik interessierten, mit denen ich ein bis zweimal in der Woche die Oper oder ein Konzert in dem wunderschönen Stephaniensaal in Graz besuchte. Etwas aus meiner Kindheit und Jugendzeit war mir jedoch geblieben und erfüllte mich in einsamen Stunden mit Kraft, die mich wie ein starker Strom aus der Vergangenheit trug: meine Religion. Der Koran begleitete mich in täglichen Meditationen und die Gebetszeiten, von Kindheit an vertraut, hielt ich weiterhin ein.

In der Sure »Die Kuh« wird Allah mit den Worten gepriesen: »Allah, es gibt keinen Gott außer Ihm, dem Lebendigen, dem Beständigen.« Auf diese Beständigkeit Allahs vertraute ich jetzt. »Nicht überkommt IHN Schlummer und Schlaf. IHM gehört, was in den Himmeln ist und was auf der Erde ist. ... ER weiß, was vor ihnen und was hinter ihnen liegt, während sie nichts von seinem Wesen erfassen, außer was ER will. Sein Thron umfasst die Himmel und die Erde, und es fällt IHM nicht schwer, sie zu bewahren. ER ist der Höchste, der Großartige.« [...] »Allah, es gibt keinen Gott außer IHM. Sein sind die schönsten Namen« (Sure 20,8).

Der Islam anerkennt als monotheistische Religion Allah als den alleinigen Gott. Aber Er erhält Namen, 99 Namen, die der Moslem meditieren kann. Diese 99 Namen hängen auf schönem Leder gedruckt in meinem Arbeitszimmer gegenüber dem Schreibtisch und begleiten mich bis heute. In einem Spruch sagt der Prophet, dass wir uns die Eigenschaften Allahs aneignen sollen: »Allahs sind die höchsten Ideale im Himmel und auf Erden.« Ich meditierte diese Ideale, die in diesen Grazer Studienjahren mein stärkster Halt waren, und ging mit diesen 99 Namen Allahs auf meine eigene Art sinnend um. Ich dachte: »Er wird der Geduldige genannt. – Ich möchte Geduld üben. – ER ist der Wissende. – Ich möchte wissend werden. – ER ist der Erfahrene. – ER ist der Eine. – ER ist der Starke. – ER ist der Barmherzige – ER ist der Verzeihende.« – Und immer wieder, wenn ich ein solches Ideal meditierte, ergaben sich Situationen, in denen ich diese Eigenschaften üben konnte, zum Beispiel, zu verzeihen, anstatt aufzubrausen, wie es sonst aus meinem Temperament heraus vielleicht geschehen wäre. Und wie oft erlebte ich Situationen, in denen ich an die Eigenschaft Allahs dachte: »ER ist der Geduldige.« – Und ich übte Geduld. So waren diese Jahre Übungsjahre, wobei ich gestehen muss, dass ich mich mein ganzes Leben lang als ein Übender verstand und erlebte. Nichts von dem, was mir an Schwerem begegnete, betrachtete ich als Angriff auf mich. Immer wurde es Grund für eine Übung.

Hier zeigt sich etwas, was mich schon damals von der Art der Religionsausübung, die viele meiner Mitmenschen pflegen, unterschied. Heute lebe ich bewusst und versuche weiter zu vermitteln, was ganz selbstverständlich aus mir selbst kam: Allah war für mich nicht ein Gott, der einsam und unerreichbar hoch im Himmel thronte und mit seinen Geschöpfen nicht korrespondierte. Ich versuchte eine Beziehung zu Ihm aufzubauen, indem ich übte. Deswegen mag ich nicht ein »frommer« Mensch, sondern ein übender genannt werden. Ich hatte ein Ziel, ein Ideal – das waren die Eigenschaften Allahs, seine 99 Namen. Wenn eine Situation für mich außerordentlich schwer wurde, dann sah ich, im Vergleich zu Seinen Namen, wie klein ich war. Auf diese Weise wurden meine Schwierigkeiten für mich erträglicher.

Während meines Aufenthaltes in Europa lernte ich die christliche Religion und ihre Lehre von der Trinität kennen, die für die gläubigen Moslems unakzeptabel ist, weil sie meinen, dass die Christen darin eine Personifizierung des alleinigen Gottes in drei Götter sähen. Allah verbietet aber weitere Götter neben sich. In Sure 4,116 heißt es: »Allah vergibt nicht, wenn ihm etwas beigesellt wird. Er vergibt alles andere, wenn er will; wer aber Allah etwas zugesellt, der ist weit abgeirrt.« Die Christen sehen aber in Wirklichkeit im Trinitätsprinzip keine weiteren Personifizierungen Gottes, sondern weisen auf eine Verwirklichung des einen Gotteswesens in drei verschiedenen Seinsbereichen hin. Mir wurde bald deutlich, welch eine Quelle von Missverständnissen sich hier zwischen den beiden Religionen öffnet. In späteren Jahren entdeckte ich auch in den 99 Namen Allahs das Trinitätsprinzip. Der alleinige Gott Allah umfasst drei Qualitätsbereiche mit jeweils 33 Namen. Wir Moslems sollen uns diese Namen zum Vorbild nehmen. »SEIN sind die höchsten Ideale.« Da diese Ideale für mein Leben eine so hohe Bedeutung hatten und haben, möchte ich sie an dieser Stelle in der Aufteilung dieser drei Qualitäten niederschreiben:

Die 99 Namen Allahs

Der Eine	Der Schöpfer	Der Barmherzige
Dessen Sein Eins ist	Der Regent	Der Friede
Der Heilige	Der Segensspender	Die Liebe
Der Erste	Der Beginnende	Der Initiator
Der Letzte	Der Wiederholende	Der ewige Erbe
Der Sichtbare	Der Gestaltende	Der Wunderschöne
Der übersinnlich Erkennende	Der Seinsschaffende	Der Herzerkennende
Der Hörende	Der Erhörende	Der Sehende
Der Weise	Der das Unheil Verhindernde	Der Dankende
Der Herrliche	Der Hebende	Der Zärtliche
Der sich Erhebende	Der Senkende	Der Beständige
Das Licht	Der Lebensspender	Die Wahrheit
Der Allwachende	Der sterben lässt	Der Lebendige

Der Weite	Der Weitende	Der Verzeihende
Der Allwissende	Der Zusammenziehende	Der Geduldige
Der König	Der, der vorwärts bringt	Der Schenkende
Der weise Ratgeber	Der Rückwärtsbringende	Der Gelassene
Der Glorreiche	Der Wohlbringende	Der Preisende
Der Bewahrer	Der Zerstörer	Der Anteilnehmende
Der Würdige	Der Würdeschenkende	Der Mitleidende
Der ewig Bleibende	Der Demütigende	Der die Auferstehung Bewirkende
Der Repräsentant	Der Könner	Der treue Freund
Der Richter	Der angemessen zuteilt	Die Gerechtigkeit
Der, der alles beinhaltet	Der Bewirker	Der Gutartige
Der jede Einzelheit sorgfältig bedenkt	Der Schaffende	Der Liebe Pflegende
Der Zeuge	Der Registrierende	Der die Verantwortung fühlt
Der Höchste	Der Allmächtige	Die Verzeihung
Der Großartige	Der Schutzgebende	Der Großzügige
Der Erfahrene	Der Feste	Der Rechtleitende
Der Große	Der Rächer	Der Überhebliche
Der Reiche	Der Reichmachende	Der Beistand, der verhindert ein Vergehen zu wiederholen
Der Verfüger des Schicksals	Der Starke	Der Vergebende
Herr der Schöpfung	Der Obsiegende	Der Würdevolle und Großherzige

Familiengründung

Wenn ich manchmal spät abends vom Opernhaus nach Hause ging, wurde ich öfter von einem älteren Herrn begleitet, der einen Frack unter seinem Mantel und einen Hornkoffer in der Hand trug. Kajetan Erdinger war Professor für Horn an der Musikhochschule in Graz. Wir unterhielten uns, und eines Tages lud er mich ein, seine Frau und seine drei Töchter kennen zu lernen, die mich alle freundlich aufnahmen. Frau Erdinger, die, obwohl sie aus Niederösterreich stammte, auf die Pflege der hochdeutschen Sprache sehr viel Wert legte, bemerkte mein gebrochenes Deutsch und bot sich an, mir einige Sprachstunden zu geben. Kajetan Erdinger war ein sehr naturverbundener Mensch. Er hatte in seinem Garten eine Voliere mit den buntesten Vogelarten aus der ganzen Welt. Mit dem Mund oder mit Hilfe von Steinchen ahmte er die verschiedenen Vogelstimmen nach und gespannt warteten wir auf ihre Antwort. Dann führte er mich zum Schäferhundzwinger und zeigte mir seine Zuchthunde. Zuletzt suchten wir seine Brieftauben auf und er erklärte mir, wie sie zu behandeln seien. An Wochenenden verabredeten wir uns zu längeren Ausflügen in die Wälder um Graz. Wir hatten beide einen Rucksack auf dem Rücken und wanderten schweigend nebeneinander durch die Stille. Hin und wieder blieben wir stehen. Er suchte Kräuter und Heilpflanzen für seine Frau, die sie zu Tees trocknete. Kajetan Erdinger kannte alle Pflanzennamen und ihre Heilwirkungen und ich konnte über sein Wissen nur stau-

Kajetan Erdinger

Margarete Erdinger

nen. Er öffnete mir auf eine Weise, die es so in Ägypten nicht gab, die Augen für die Natur, den Sinn für ihre Zusammenhänge und ihre Rätsel.

Die älteste Tochter des Hauses hieß Gretel. Gudrun und Erika waren Zwillinge. Gudrun, als die Ältere von beiden, war ein schönes, lebendiges Mädchen mit starkem Willen und wuchs fast wie der Sohn des Vaters auf. Er nannte sie Gundel. Sie half ihm viel bei seinen Beschäftigungen rund um das Haus. Sie war damals 16 Jahre alt, von allen die aktivste und sozialste. Ich verliebte mich in sie. Vom Fenster meiner Studentenwohnung aus beobachtete ich oft, wie sie mit ihrer Zwillingsschwester die Straße hinab zum Bus ging. Ihr Gang ließ im Vergleich zu dem mehr schwebenden Schreiten ihrer Schwester eine starke, feste Persönlichkeit ahnen. Beide Schwestern gingen auf das Lehrerinnenseminar bei den Ursulinen. Als wir uns näher kamen, besuchte sie mich öfter in meinem Labor und brachte mir manchmal ein belegtes Brötchen vorbei. Das war für mich immer ein Festmahl. – Manchmal kam sie und sagte: »Ich gehe jetzt nicht in die Klavierstunde. Du kannst mir etwas diktieren, was du schreiben musst.« – was ich natürlich liebend gern tat.

Einmal, im Sommer, durfte ich die Mutter und ihre drei Töchter auf eine Reise nach Niederösterreich begleiten. Was waren das für wunderbare Wochen in dieser herrlichen Weinberglandschaft! Wir wanderten über grüne, blühende Wiesen, bestiegen Berge und besichtigten die schöne Kirche von Krems. Es wurde viel gelacht und auch gesungen, denn Frau Erdinger hatte als Chorsängerin eine wunderbare Stimme. Das ganze Haus Erdinger war erfüllt und durchklungen von Musik. Immer, wenn ich kam, ertönte von irgendwoher ein Instrument oder Gesang. Gudrun spielte Klavier und ihre Schwester Geige. Alle hatten schöne Stimmen. Frau Erdinger zündete abends oder sonntagnachmittags einige Kerzen an, und dann versammelte sich die Familie zum gemeinsamen Musizieren um den großen Flügel im Wohnzimmer. Die Fröhlichkeit und Beschwingtheit, die in diesem Hause lebte, genoss ich in vollen Zügen.

Auf seinen Waldspaziergängen nahm Kajetan Erdinger öfter auch Gudrun mit. So kamen wir uns in unterschiedlichen Situationen immer näher. Ich erkannte in ihr die zuverlässige, starke Frau und wünschte mir nur eines: dass sie mir ewig zur Seite stünde. En-

Familiengründung

de des Jahres hielt ich bei ihren Eltern um ihre Hand an. Beide schlugen daraufhin die Hände über dem Kopf zusammen: »Du bist doch noch Student!«, riefen sie, »wovon willst du eine Familie unterhalten?« – »Aber ich werde bald fertig sein und Karriere machen. Ihr kennt mich doch als strebsamen Menschen!« Und hundert andere Gründe führte ich an, um sie zu überreden, in eine baldige Hochzeit einzuwilligen. Als sie endlich zusagten, knüpften sie nur die Bedingung einer kirchlichen Trauung daran, denn sie waren Katholiken. Ich hatte nichts dagegen, wenn die Hochzeit nur möglichst bald stattfinden würde. Vor der Trauung führte ich mit dem Priester mehrere ausgiebige und interessante Gespräche. Dieser außerordentlich fröhliche und unkomplizierte Mann war in seiner Glaubensrichtung überhaupt nicht fanatisch. Meinen ausdrücklichen Wunsch, Moslem zu bleiben, akzeptierte er, und benutzte die Gelegenheit der Gespräche mit mir, um sich über den Islam zu informieren. Auch ich erfuhr Wichtiges über den katholischen Glauben. Ich erinnere mich, dass wir während der Gespräche viel gelacht haben. Als ich beispielsweise meinte, dass unsere Kinder selbstverständlich Moslems werden würden, fragte er: »Und wer, meinen Sie, macht aus ihren Kindern denn Moslems? Sie als Vater oder Ihre Frau, die doch vom Islam so gut wie gar nichts weiß? Sie wird sie zu Katholiken erziehen!«

Im November gaben wir uns in Graz das Ja-Wort und feierten ein großes Fest. Anschließend ging unsere Hochzeitsreise in die Wachau nach Niederösterreich. Meine Eltern und Geschwister konnten leider an der Hochzeit nicht teilnehmen. Sie waren aber zuvor mehrmals aus Ägypten zu Besuch gekommen. Auch als später unsere Kinder zur Welt kamen, ergaben sich immer zwischen den beiden so unterschiedlichen Familien schöne, herzliche Begegnungen. Meine Eltern hatten mit meiner Entscheidung keine Schwierigkeiten. Mein Vater schloss in seiner außerordentlich toleranten Art Gudrun und später auch seine beiden Enkelkinder gleich in sein Herz.

Bald zogen wir in eine schöne neue Wohnung. Gudrun beendete das Lehrerinnenseminar bei den Ursulinen und erwartete bald ein Kind. Als unser Sohn Helmy im Eggenberger Sanatorium in Graz zur Welt kam, erreichte mich die Nachricht kurz nach meiner Staatsprüfung, die am selben Tag stattfand. Ich eilte, ohne mich umzuziehen, voller Freude im schwarzen Anzug von der Universität direkt in die Klinik und nahm meinen Sohn in den Arm. Ich weiß noch, wie die Ärzte und Schwestern sich über mich lustig machten, weil sie meinten, dass ich mich so würdig angezogen hätte, um meinen Sohn zu empfangen. Zwei Jahre später wurde unsere Tochter Mona geboren und auch sie empfing ich im schwarzen Anzug, weil ich wieder direkt von einer Prüfung kam. Danach war ich in dem Sanatorium als »ehrenvoller Vater« bekannt.

Gudrun erzog die Kinder mit viel Liebe und umsorgte sie Tag und Nacht. Über mich beklagte sie sich oft, weil ich zu wenig Zeit für sie hatte und bis in die Nächte mit meinen Studien beschäftigt war. Als Helmy vier und Mona zwei Jahre alt waren, fuhren wir mit dem Auto nach Athen und setzten von dort mit einer Fähre nach Alexandria über, um zum ersten Mal gemeinsam meine Familie in Ägypten zu besuchen. Wir wurden von allen herzlich empfangen.

Studentenzeit

Das Studienfach der technischen Chemie besteht aus vielen verschiedenen Fächern, die jedes für sich ein ganzes Studium gewesen wären. Von diesen vielen Fächern gab es keines, das mich nicht interessiert hätte. Alles begeisterte mich. Ich hatte das Gefühl: Der Professor weiß so viel, wovon ich erst einen Bruchteil erfahren habe – wenn ich nur erst so viel wüsste wie er! Wenn ich einen Assistenten fragte, kam eine solche Fülle an Wissen als Antwort zurück, dass ich wie überwältigt davor stand und dachte: Wenn ich nur so viel wüsste wie der Assistent! Das war für mich ein ständiger, starker Ansporn, mich weiterzubilden, mir durch Bücher das fehlende Wissen anzueignen und mit Hilfe meiner Aufzeichnungen aus den Vorlesungen die Stoffgebiete durchzuarbeiten. Ich begleitete die Vorträge so konzentriert, dass ich mich hinterher an jedes Wort des Professors erinnern konnte. Danach ging ich alles von Anfang bis Ende noch einmal durch. Was meinte er genau? Wie war der Gedankengang? – Ganz aus freien Stücken unterwarf ich mich einer Denkschulung. Die gedanklichen Anstrengungen, die ich unternahm, wurden noch dadurch gesteigert, dass ich in einer fremden Sprache lernte, die ich erst kurze Zeit kannte, noch dazu Deutsch, die Sprache der berühmten Dichter und Denker. Ganze Hefte füllte ich mit dem, was ich lernte, um den roten Faden, die Idee nachvollziehen zu können, und wenn sie in mir aufleuchtete, war ich glücklich und zufrieden. Ich verstand die Probleme nicht auf Anhieb, sondern musste mit ihnen ringen und trug oft tagelang eine Frage mit mir herum. Deshalb würde ich mich als einen eher langsamen Menschen bezeichnen, der vieles erst verdauen und sich mit allem allmählich auseinander setzen muss.

An meinen Kommilitonen, denen ich Unterricht gab, erlebte ich hingegen, dass sie einen ganz anderen Zugang im Erfassen des Stoffes hatten. Ihnen fiel das wirkliche Begreifen außerordentlich schwer und sie lernten deswegen vieles nur auswendig. Ich aber fragte mich, wie man ein Stoffgebiet auswendig lernen konnte, ohne es wirklich verstanden zu haben. Würde derart angeeignetes Wissen nicht schnell wieder vergessen werden und deshalb gar nicht praktisch anzuwenden sein? Nun versuchte ich den Studenten zu vermitteln, dass es hinter allem Einzelwissen eine Idee, ein Denken gibt. Aber sie winkten ab. Die Art und Weise, wie die deutschen Professoren vortrugen, schätzte ich sehr. Sie vermittelten ihre Inhalte so humorvoll und vollkommen realitätsbezogen, dass alles durchschaubar wurde und nichts im Nebulösen und Phantastischen verblieb. Für mich ein Genuss! Wenn ich jemandem von diesem Gefühl erzählen wollte, erklärte er mich für verrückt. Das sei doch kein Genuss, sondern eine Qual!

Von vielen Assistenten und Professoren wurde ich gefördert, weil ich durch meine Fragen zeigte, wie ich mich mit dem Wissen beschäftigte. Sie nahmen sich immer wieder Zeit, um mit mir die Gedankengänge durchzugehen. Was für eine Hilfsbereitschaft! Ich hätte sie alle dafür umarmen können. Viele Kommilitonen fanden den einen oder anderen Assistenten oder Professor arrogant. Ich erlebte im Gegenteil, dass ich die besten Assistenten und Professoren der Welt hatte! Wenn ich zu ihnen in die Prüfungen kam, wohl an die Hunderte, und sie mir eine Frage stellten, dann interessierte mich: »Was wollen sie mit dieser Frage?« In den Prüfungen baute ich immer eine menschliche Beziehung auf und bereitete mich darauf vor. Meine Zeugnisse waren sehr gut, oft mit Auszeichnung. Besonders ein Professor setzte sich für mich ein. Auf seine Empfehlung hin erhielt ich die österreichische Staatsbürgerschaft, eine Voraussetzung dafür, dass ich eine Assistentenstelle bekommen konnte.

Zu allen Räumen der Hochschule hatte ich mit einem Generalschlüssel Zugang. So konnte ich jederzeit in den Laboratorien die Versuche nacharbeiten, bis ich sie gedanklich durchdrungen hatte. Wenn ein Experiment schief ging, baute ich es wieder auf. Dadurch eignete ich mir eine große Fertigkeit im Umgang mit den Geräten und den chemischen Prozessen an. Oft ging ich erst weit nach Mitternacht nach Hause. Das Studium der technischen Chemie beendete ich später mit einer Promotion über ein neues Verfahren in der Zellstoffherstellung, das in der österreichischen Papierindustrie Anwendung fand.

Das Studieren und Experimentieren liebte ich, sodass keine Zeit mehr für etwas anderes außer Musik, Kunst und Wandern blieb. Alle sportlichen Betätigungen gab ich während meiner Studienzeit vollkommen auf. Erst später kamen Skifahren und Schwimmen wieder dazu. Meine beiden Kinder wuchsen in dieser Zeit unter der liebevollen Sorge von Gudrun heran. Es gab keine schweren Krankheiten oder Katastrophen und sie erlebten eine schöne Kindheit in einer umhüllenden, geordneten Umgebung. Meine Frau musste sehr tapfer und selbstständig sein, denn sie sah mich nur selten. Sie meisterte alles, Haus und Schule, sodass ich mich ganz meiner Liebe zum Studieren widmen konnte. Ein Ausspruch von Helmy ist mir bis heute unvergesslich: Als er einmal gefragt wurde, wer ich sei, antwortete er einmal: »Das ist der Mann, der mit uns am Sonntag isst!«

Und doch erinnere ich mich an manche wunderschönen Urlaubstage in den Semesterferien, die ich mit meiner Familie an der Adria verbrachte. Ich spielte gern mit meinen Kindern am Strand und suchte immer etwas Lustiges, das sie erfreute und ihnen und mir Spaß bereitete. So kam es auch einmal zu einem Erlebnis, das als Vergnügen gemeint war, sich aber leider dramatisch wendete: Die Kinder waren noch sehr klein und wir spielten im Sand und im seichten Wasser. Ich hatte mir nie Gedanken darüber gemacht, dass ich nicht Schwimmen gelernt hatte, wohl deshalb, weil meine Mutter mich früher, als ich mit meinen Freunden zum Rudern an den

Nil ging, immer ausdrücklich gemahnt hatte, wegen der Infektionsgefahr nicht ins Wasser zu gehen. Als ich nun mit meinen Kindern am Strand spielte, kam ein Freund mit einem Boot vorbei und lud uns zu einer Fahrt aufs Meer ein. Mona, Helmy und ich setzten uns hinein und er ruderte mit uns weit hinaus. Dann hielt er an und begann mit uns Spaß zu treiben, indem er das Boot hin und her schaukelte. Die Kinder jauchzten vor Vergnügen. Plötzlich verlor Helmy das Gleichgewicht und purzelte kopfüber ins Wasser. Ich sprang ohne Nachzudenken hinterher und sank sofort unter. Durch das heftige Schaukeln war nun auch Mona noch hinein gefallen – ich spürte nur noch, wie ich plötzlich von den beiden an einem Fuß und meiner Badehose gepackt wurde, arbeitete mich mit heftigen Bewegungen an die Wasseroberfläche und versuchte das Boot zu greifen. Mein Freund half die Kinder zu bergen und zog sie ins Boot zurück. Als ich auftauchte, sah ich meine Kinder wie leblos liegen

Ibrahim Abouleish feiert mit seiner Familie seine Promotion, 1967

und wir begannen sie wiederzubeleben. – Diese hochdramatische Begebenheit nahm ich zum Anlass, dass wir alle drei schnellstens Schwimmen lernten.

In Österreich lernte ich auch das Skifahren kennen, als mich Kommilitonen einmal für ein Wochenende mit auf eine Hütte nahmen. Eines Tages fuhr ich mit einer Seilbahn bis auf den Gipfel eines Berges und da oben ritt mich der Teufel. Ich musste unbedingt mit voller Geschwindigkeit im Schuss zu Tal rasen. Bei dieser Schussfahrt kam es zu einer Kollision mit einem älteren Ehepaar, das gemütlich wedelnd talwärts fuhr. Zum Glück passierte ihnen nichts. Ich aber hatte mir meinen Fuß verrenkt, wurde ins nächste Spital transportiert und musste am Miniskus operiert werden. – Auch Segelfliegen lernte ich zusammen mit Helmy, bis es Gudrun merkte und uns bat, es aus Sicherheitsgründen zu unterlassen. Von meiner zeitweiligen Leidenschaft für waghalsige Autorallyes auf den Alpenpassstraßen schweige ich lieber.

Nach meiner Promotion in technischer Chemie war es eigentlich mein Ziel gewesen, nach Ägypten zurückzukehren, um meinem Vater bei der Weiterführung seiner Fabriken zu helfen. Während ich in Graz studierte, verfolgte ich immer wieder die politischen Umwälzungen in Ägypten mit. Präsident Nasser führte fortwährend Krieg. Er schickte seine Soldaten in den Jemen und nach Nordafrika, um die Menschen dort von ihren »bösen Königen« zu befreien, was ihm auch gelang. Afrika wurde durch Nasser verändert. In der Folge verließen viele Europäer den afrikanischen Kontinent und auch Ägypten. Nasser strebte eine sozialistische Umwälzung an, die verheerende soziale Folgen haben sollte. Für die Menschen in Ägypten waren die Landreformen, die Veränderungen, die sich aus dem Bau des Assuan Staudammes ergaben und die neuen sozialen Verhältnisse fast nicht zu ertragen. Auch meine Eltern bekamen dies zu spüren. Mein Vater wurde enteignet und erlitt einen enormen finanziellen Einbruch. Er hat es nur schwer verkraftet, dabei zusehen zu müssen, wie seine einst blühenden, mühsam aufgebauten Betriebe nach der Enteignung heruntergewirtschaftet wurden. Auch für mich persönlich war diese Entwicklung folgenschwer: Da es nun keine Fabrik mehr gab, an der ich mitarbeiten und die ich weiterentwickeln konnte, entschloss ich mich, in Graz zu bleiben.

Als Assistent gab ich den Medizinstudenten Chemieunterricht, denn für viele war dieses Fach eine Last. Da ich schon immer gern selber Medizin studiert hätte und es nur wegen meines Vaters unterlassen hatte, schrieb ich mich nun mit Unterstützung von Professor Spitz in der medizinischen Fakultät ein. Ich assistierte in Biochemie, studierte Medizin und war durch meine chemischen Kenntnisse den Assistenten und Professoren eine willkommene Stütze. Meine Richtung in dem neuen Studienfach war nicht so sehr die klinische, sondern die pharmakologisch forschende. Trotzdem durchlief ich alle Praktika an verschiedenen Kliniken und übernahm auch Nachtdienste. Am Ende dieses Studiums in Pharmakologie promovierte ich mit einer Arbeit über die Schilddrüse.

Graz begegnete mir zu der Zeit, als ich dort studierte, als eine ganz besondere Universitätsstadt mit einer Musikhochschule, einer technischen Hochschule und einer Universität mit allen Fakultäten. Graz war eine richtige Studentenstadt. Es war auch eine Stadt voller Kultur, mit einem Opernhaus, mehreren Theatern und Museen und Kunstausstellungen, philosophischen Kreisen und Dichterlesungen. Hier erlebte ich eine der schönsten Zeiten meines Lebens. Ich wohnte in der Schillerstraße, deren Verlängerung die Goethestraße war – was für ein herrlicher Zufall! Natürlich interessierte mich Goethe weiter, hatten doch seine Werke mit den Anstoß dazu gegeben, zum Studium nach Deutschland gehen zu wollen. Doch die weitere Arbeit an der Literatur Goethes wurde für mich zunächst zu einer Enttäuschung. Ich dachte mir, dass ich den großen Dichter nun, da ich seine Sprache einigermaßen beherrsche, besser verstehen würde und seine Werke genießen könnte. Aber das traf nicht zu. Vieles in seinen Gedichten oder Dramen verstand ich auch jetzt überhaupt nicht. Nun schrieb ich mich in Philosophie ein und hoffte, Goethe dadurch besser kennen zu lernen. Auch das war ein Irrtum. Doch es gab in Graz eine Goethe-Gesellschaft, die meine Rettung wurde. Dort beschäftigten sich die Teilnehmer gerade mit Goethes Faust. Die Abende begannen mit erklärenden Vorträgen zu einer bestimmten Szene des Goethedramas. Dadurch verstand ich die anschließende Rezitation besser und versöhnte mich wieder mit dem großen Dichter. In dieser Vereinigung lernte ich auch die Werke von Schiller und Herder kennen. In meiner Begeisterung zitierte ich immer wieder daraus.

Ein Philosophiestudium hatte mich auch interessiert. Am Nachvollziehen der Gedankenentwicklung von der griechischen Zeit bis zur Moderne lernte ich, wie das Denken allmählich in der menschlichen Seele erwachte. Ich bewunderte die intelligenten Fragen, die die Philosophen wie Sokrates, Plato, Thomas von Aquin ihr Leben lang verfolgt hatten. Die Idee der Entwicklung als solche faszinierte mich und ich habe mich gern mit meinen Kommilitonen ausführlich gedanklich ausgetauscht, besonders mit einem Freund, der als »ewiger Student« und Versager im praktischen Leben galt. Aber es war ein Genuss, sich mit ihm zu unterhalten.

Während der Studienzeit in Graz ging noch etwas anderes in mir vor. Ich hatte begonnen, mich ganz in die europäische Kultur zu vertiefen, die Musik kennen gelernt, die Dichtkunst und Philosophie studiert. Wenn jemand damals in meiner Seele hätte lesen können, wäre ihm nichts »Ägyptisches« mehr begegnet, so sehr hatte ich alles Neue aufgesogen. Trotzdem fühlte ich mich von meiner Kindheit und Jugend her in den ägyptischen Traditionen verwurzelt. Ich lebte in zwei von mir als gegensätzlich erlebten Welten, im geistigen Strom des Orients von Geburt her und in demjenigen Europas, dem ich mich wahlverwandt empfand. Nun erlebte ich zunehmend Augenblicke, in denen sich diese zwei Strömungen in meiner Seele verbanden und in denen ich weder Europäer, noch Ägypter war. Besonders gelang mir das im Erleben der Kunst. So begann ich beispielsweise, den wunderbaren »Messias« von Händel oder Mozarts »Requiem« mit muslimischen Ohren als Lob Allahs zu hören. Die beiden grundverschiedenen Kulturen begannen sich in mir in ihrer Gegensätzlichkeit aufzulösen und zu einem Neuen, Dritten zu verschmelzen, sodass ich weder ganz das eine noch das andere war. Ich konnte sowohl in der einen wie in der anderen Geistesart leben. Aber was ich erlebte, war keineswegs ein billiger Kompromiss, auch nicht nur Toleranz, sondern eine Synthese, ich glaube sogar sagen zu dürfen, eine Steigerung im Goetheschen Sinne, eine echte Vereinigung von zwei Kulturen in mir. Ich erlebte dies als herrliches Freiheitsgefühl und diese Augenblicke bedeuteten für mich höchstes Glück und größte Freude.

In Bezug auf meine Familie vermied ich es, zu sehr in eine europäische Form gepresst zu werden. Ich wollte Ägypter bleiben, ob-

Studentenzeit 47

wohl ich mich zu den Ägyptern in Graz auch nicht recht zugehörig fühlte. Für mein Empfinden waren sie zu sehr Ägypter geblieben. Ich war ein Dritter geworden und dieser Dritte wollte ich bleiben – auch in meiner Religionszugehörigkeit. Von meiner Erziehung her war ich Moslem, trank keinen Alkohol, aß kein Schweinefleisch und führte auch in Europa regelmäßig meine Gebete weiter. In Graz lebte ich in einer streng katholischen Umgebung, aber es bereitete mir keine Schwierigkeiten, eine katholische Messe zu besuchen und die Religiosität dieses Glaubens tief mitzuerleben. Als der beschriebene Dritte konnte ich in beiden Religionen leben; es gab Augenblicke, da entdeckte ich überall in der europäischen Kultur Elemente wieder, die mir wie Verwirklichungen der islamischen Ideale erschienen. In meiner Kindheit war durch die Moralität der Koransprüche eine Art islamisches Gewissen entstanden, durch das ich mich vor vielen widrigen Einflüssen beschützt fühlte. Bei den Europäern erlebte ich nun, dass sie meine Andersartigkeit auch in der Religionsausübung akzeptierten. Vor meiner katholischen Trauung hatte ich ja dem Priester gegenüber ausgesprochen, dass ich Moslem bleiben würde. Aber eigentlich noch mehr – auch in der Religion wollte ich dieser Dritte sein, der in beidem lebt und sich zu einer übergeordneten Anschauung erhebt.

Begegnung mit Präsident Sadat

Kurz vor Ausbruch des ersten ägyptisch-israelischen Krieges hatte Nasser repräsentative Ägypter im Ausland durch die Botschaften zu einer Beratungskonferenz nach Alexandria einladen lassen. So kamen dort Ende der sechziger Jahre aus der ganzen Welt rund 500 Menschen zusammen. Ich hatte Österreich zu vertreten. Präsident Nasser, sein Stellvertreter Anwar el Sadat und viele hohe Minister bildeten das Präsidium an einem langen Konferenztisch. Da uns die Plätze nach dem Alphabet zugewiesen wurden, was für mich, wie ich bereits erzählt habe, »AAA« bedeutete, bekam ich einen der ersten Plätze, wie damals in der Schule. Aus meiner Jugendzeit in Ägypten kannte ich Sadat persönlich. Bevor ich Ägypten verließ, hatte er die islamische Jugendkonferenz geleitet, die mehr oder weniger ein Jugendclub war. Dort spielte ich Tischtennis und hin und wieder wurden Vorträge über den Islam gehalten. Sadat war unser Betreuer gewesen und wir waren uns mehrfach freundschaftlich begegnet. So hatten wir im Rahmen der islamischen Jugendkonferenz eine Woche lang zusammen China bereist und viel im Flugzeug miteinander gesprochen. 1966 war er in die Regierung gekommen und Nassers Stellvertreter geworden.

Auf dieser Beratungskonferenz stellte Nasser den im Ausland lebenden Ägyptern auch die Frage, wie sich Ägypten Israel gegenüber verhalten sollte. Einer nach dem anderen erhob sich und sprach sich für einen Krieg gegen Israel und die Vertreibung der Juden aus. Ich verhielt mich still, bis ich von Nasser persönlich zu einer Stellungnahme aufgefordert wurde. Daraufhin sagte ich nach einer kurzen Einleitung: »Ich trete für Frieden mit Israel ein und halte allein schon den Gedanken an einen Krieg für schädlich. Er zerstört beide Länder und ihre Menschen.« Ein Tumult erhob sich im ganzen Raum. Alles rief durcheinander und ich hörte Worte wie »Verräter!« – Nasser beruhigte alle und forderte mich auf, weiter zu sprechen. Nun erzählte ich von einer Vision, die ich schon lange in mir bewegte: Wenn Israel und Ägypten Frieden halten würden, so sagte ich, dann könnten mit der Kraft und dem Geld, mit dem sonst Krieg geführt wird, eine funktionierende Wirtschaft und kulturelles Leben für beide Länder aufgebaut werden.

Sadat hatte mich die ganze Zeit über ruhig beobachtet. Als ich endete und aufblickte, sah ich ihm direkt in die Augen und wir erkannten uns wieder. Nach der Konferenz, auf dem Weg zum Fototermin, nahm mich Sadat auf die Seite, drückte mir die Hand und sagte: »Hervorragend, was du gesagt hast!« und nickte mir zu. Später auf der Treppe, fragte mich Sadat, ob ich noch eine Woche bleiben könnte für ein Jugendtreffen, zu dem er mich als Sprecher einladen wollte. Wir tauschten unsere Gedanken aus und dabei fragte er mich, ob ich einer bestimmten Partei angehören würde. Ich verneinte. Später habe ich oft gegrübelt, woher diese Vision und mein Mut gekommen waren, sie so öffentlich auszusprechen. Dann fragte mich Sadat, was ich denn unter kulturellem Aufbau verstünde. Nun erzählte ich ihm von europäischen Opernhäusern, Universitäten, von Museen, Kunst und Philosophie, auch vom Leben der Wissenschaften und sagte: »Kämst du einmal nach München oder nach

Wien, dann könntest du erleben, wie schön die Europäer ihr Leben gestalten. Aber das alles braucht viel Geld, und wir können es uns nicht leisten, es für Maschinengewehre und Waffen zu vergeuden.« Sadat hörte mir aufmerksam zu, während alle anderen mir kindische Fragen stellten oder mich angriffen, weil ich Palästina den Juden überlassen wollte.

Ein Jahr später brach der Krieg aus, der für Ägypten zur Katastrophe wurde. Tausende von Menschen starben und Ägypten erlitt einschneidende Gebietsverluste. All dies bedeutete für viele einen entsetzlichen Schock und verhärtete die Fronten noch weiter. Nach dem Tod Nassers im Jahre 1970 setzte Sadat als Nachfolger und Staatspräsident zunächst dessen Politik fort. Im Jahr 1973 griff er zusammen mit Syrien Israel an, musste aber nach anfänglichen Erfolgen in einen Waffenstillstand einwilligen. Doch er hatte erreicht, was er wollte: Verhandlungen. Allmählich löste er die engen Verbindungen zur UdSSR und leitete eine Zusammenarbeit Ägyptens mit den westlichen Industriestaaten ein. 1976 kündigte er den ägyptisch-sowjetischen Freundschaftsvertrag. Mit seinem historischen Besuch in Jerusalem im Jahr 1977 leitete er eine Friedensinitiative gegenüber Israel ein, die 1979 gegen heftigen Widerstand Syriens, Libyens, Algeriens, des Irak und der PLO mit der Unterzeichnung eines ägyptisch-israelischen Friedensvertrages besiegelt wurde. Aufgrund des Friedensabkommens erhielt Ägypten die Halbinsel Sinai bis 1982 ganz zurück.

Sadat wurde bei einer Militärparade im Oktober 1981 von Fanatikern ermordet, die nicht ertrugen, dass er Frieden und kulturellen Aufbau anstelle von Konfrontation wollte. Ich denke an diesen großartigen Politiker mit Hochachtung und in Verbundenheit zurück. Meiner Vision bin ich all die Jahre über treu geblieben. Auch weiterhin vertrete ich den Standpunkt, dass Krieg viel einfacher ist als Frieden. Im Frieden muss man zusammenarbeiten und sich zusammenfinden, um etwas Gutes zu tun. Sadats Nachfolger, Staatspräsident Mubarak, setzt diesen Kurs fort und geht hart gegen jede Art von Fanatismus und Terrorismus vor. Eine nachhaltige Lösung würde jedoch darin bestehen, den Menschen Bildung und Arbeit zu geben. Hier liegt ein starkes Motiv für meine spätere Rückkehr nach Ägypten.

Berufsleben

Nach meiner Promotion schlug mir mein Pharmakologie-Professor eine Hochschulkarriere vor. Eine Universitätslaufbahn hätte aber noch weitere Verpflichtungen zur Folge gehabt, nämlich die Zugehörigkeit zu einer Partei, die Mitgliedschaft in Vereinen oder die Pflege von Bekanntschaften auf Clubabenden. Auch sehr viel politisches Engagement wäre mit dieser Stellung verbunden gewesen, was mir gar nicht zusagte. So verließ ich die Universität ganz bewusst.

Ich wechselte als Forschungsleiter in die pharmazeutische Industrie und hatte das Gefühl, damit den wohl schönsten und reichsten Abschnitt meines Lebens zu verlassen. Während der folgenden Zeit in der Industrie musste ich in Bezug auf meine künstlerischen und philosophischen Interessen viele Abstriche machen. Die Menschen um mich herum waren größtenteils nur an Geld interessiert. Deshalb bedeutete der Eintritt ins berufliche Leben für mich eine herbe Enttäuschung. Wie oft habe ich diese Entscheidung bereut und wäre gern an die Universität zurückgekehrt, denn ich merkte, ohne etwas dagegen tun zu können, wie meine Seele verarmte.

Meine erste Anstellung erhielt ich in Lannach bei einem Heilmittelbetrieb, der von einem Arzt jüdischer Abstammung gegründet worden und in einem wunderschönen Schloss untergebracht war. Später wurde die Firma von einem neuen Geschäftsführer geleitet. Der Betrieb lief mit seinen zugelassenen Produkten gut, hatte aber seit Jahrzehnten die Entwicklung und Erforschung neuer Heilmittel vernachlässigt. Ich wurde als Forschungsleiter eingestellt und sollte diese Abteilung ganz neu aufbauen. Man hatte mir ein sehr lukratives Angebot gemacht, durch das ich später unter anderem auch am Umsatz der Firma beteiligt war. Ich erarbeitete nun Pläne für die Entwicklung innovativer Arzneimittel und stellte Anträge bei Forschungsförderungsfonds. Dadurch erhielt die Firma auch Gelder vom Staat, die ich verwalten musste. Nach drei Jahren wurde ich in den geschäftsführenden Kreis aufgenommen. Alles lief gut und ich konnte vieles verändern.

Aber ein noch größeres Arzneimittelunternehmen in St. Johann hatte mich schon lange umworben, bis ich 1972 mit meiner Familie dorthin umzog. Auch jetzt bekam ich die Aufgabe, die Forschungs- und Entwicklungsabteilung neu aufzubauen, und durchlief in kurzer Zeit eine steile Karriere. Ich übte das Verhandeln mit Fonds und Forschungszentren und trug meine Projekte so überzeugend vor, dass ich die nötigen Gelder immer bekam. Dem Staat und dem Betrieb gegenüber musste ich mit dem Budget verantwortungsvoll umgehen und baute einen großen Mitarbeiterstab auf. An Kliniken und Forschungsinstitute in der ganzen Welt vergab ich Projekte und Unteraufträge, besuchte Kongresse, auch in Amerika und Japan, pflegte Kontakte zu vielen deutschen und europäischen Universitäten und entwickelte neue Arzneimittel, vor allem auf dem Gebiet der Osteoporose und der Arteriosklerose. Dafür erhielt ich Patente, die auf meinen Namen lauteten.

In meiner Freizeit widmete ich mich meiner Familie. Wir hatten auf dem Land ein großes Haus mit Garten gekauft, gingen im Winter Skifahren und spielten das Jahr über Tennis. Mit einem Wort: Ich war ein sehr intellektueller, gestandener, erfolgreicher Mann geworden. Vor einem aber bewahrte ich mich stets: Das waren die Gelage an den vielen Clubabenden. Dagegen beschäftigte ich mich neben diesem bürgerlichen Dasein weiterhin mit philosophischen Fragen und studierte zum Beispiel die mehrbändige Kulturgeschichte von Durant und ging den Fragen der Entwicklung der Menschheit nach.

Ein Vortrag in St. Johann

Im Rahmen eines Städtedialoges in St. Johann wurde ich 1972 gefragt, ob ich als Ägypter zum Thema des israelisch-ägyptischen Konfliktes, der damals bei den Menschen große Betroffenheit ausgelöst hatte, etwas beitragen könnte. Gern sagte ich zu. In meinem Vortrag versuchte ich deutlich zu machen, was mich schon lange innerlich bewegte und was ich bereits Jahre zuvor an der ägyptischen Konferenz in Alexandria vor Nasser und Sadat ausgesprochen hatte. Ich sagte etwa: »Für Emotionen wie Nationalstolz, Rechthaberei und Gebietsansprüche lassen sich Menschen aufputschen und opfern, ohne zu überlegen, ihr eigenes Leben und das vieler Frauen und Kinder. Die Berechtigung solch kriegerischer Vorgehens ließe sich jedoch nur von einem übergeordneten Gesichtspunkt aus betrachten, nämlich durch ein Denken, das Zusammenhänge überschauen kann. Diese Fähigkeit des überschauenden Denkens spreche ich vielen meiner Zeitgenossen im Vorderen Orient, auch den Politikern, ab. Die den Konflikten zugrunde liegenden gegenseitigen Probleme sind nicht durch Krieg zu lösen, sondern nur durch Bildung. Menschen müssen gebildet werden, damit sie erkennen, dass ihr Leben nicht ausschließlich an äußeren Werten hängt, und nicht daran, dieses oder jenes Stück Land zu besitzen. Sie müssen lernen, an sich selbst zu arbeiten und auch ihren Kindern die Möglichkeit dazu geben. Wenn Menschen nicht fähig sind, zu denken, wer denkt dann für sie? – Der Teufel, der sie reitet! Sowohl Nasser wie auch die Israelis handeln nicht aus übergeordneten Gesichtspunkten, nicht aus einem Denken heraus, sondern aus Emotionen. Solange aber aus bloßen Gefühlen gehandelt wird, irren die Menschen. Sie gehorchen teuflischen Inspirationen, die sie zu Krieg und Zerstörung anstiften. – Wenn Sie mich fragen, was ich an die Stelle setzen würde, dann vertrete ich: Alle Kraft, alles Geld in Schulen, in Bildung, in den Aufbau der Infrastruktur und die Schaffung von Arbeitsplätzen zu stecken und mit den Gegnern über Fragen des Kulturaustausches und der Forschung zu kommunizieren und nicht über das Thema, das entzweit. Lasst das, möchte ich ausrufen, entscheidet erst, wenn ihr reif dazu seid!«

In der vordersten Reihe saß eine würdige alte Dame, die mir schon während meiner Ausführungen durch ihr intensives Zuhören aufgefallen war. Nach meinem Beitrag war ich lange von Zuhörern umlagert, doch die alte Dame wartete, bis alle gegangen waren. Dann kam sie auf mich zu und fragte mich, ob ich die Anthroposophie kenne. Ich sah sie erstaunt an und schüttelte den Kopf. Sie fragte weiter, ob ich den Namen Rudolf Steiner schon einmal gehört hätte. Auch das verneinte ich. – »Haben Sie Interesse, davon etwas kennen zu lernen?« Als ich bejahte, lud sie mich zu sich nach Hause ein.

Martha Werth hatte in einem alten Haus zwei Zimmer, ein rotes und ein blaues, voller Bücher, und in der Mitte jedes Zimmers stand ein Flügel. Sie war Klavierlehrerin und erteilte noch einigen Privatschülern Unterricht. Bei meinem Besuch schlug mir der herbe Duft von Rosmarin entgegen. An der Wand hingen seltsame Bilder, die ich noch nie gesehen hatte. Sie bat mich, Platz zu nehmen, holte aus dem Regal ein Buch und zeigte es mir. Es hieß »Die Philosophie der Freiheit«. Ob ich Werke der Philosophie kennen würde? – Selbstverständlich, während meines Studiums hatte ich mich schon viel damit beschäftigt. Nun forderte sie mich auf, zu lesen. Ich schlug die erste Seite auf und begann mit der Einführung. Ich las ihr eine Seite laut vor. Sie hörte konzentriert zu und sagte, nachdem ich geendet hatte: »Können Sie das jetzt wiedergeben?« – Warum nicht, und ich referierte ihr, was ich meinte gelesen zu haben. Als ich geendet hatte, sah sie mich sehr ernsthaft und erstaunt an und sagte sanft: »Aber, Herr Doktor, das steht doch gar nicht drinnen, was Sie da sagen!« Nun war ich irritiert. Ich hatte tatsächlich nur meine persönliche Interpretation des Textes wiedergegeben und nicht den Inhalt der Seite. Ihre Äußerung empfand ich als Kritik und Zurechtweisung. Das konnte ein gestandener, selbstbewusster Mann wie ich nicht einfach hinnehmen. Ich las also noch einmal, diesmal jedoch mit größter Aufmerksamkeit, jeden Satz mit Bewusstsein und Konzentration, und entdeckte dabei, dass ich eine enorme geistige Anstrengung aufbringen musste, um das Gelesene wirklich aufzufassen und wiederzugeben. Nach meinem zweiten Versuch war sie zufrieden. Ich fragte sie, wer das geschrieben habe, und sie zeigte mir ein Bild von Rudolf Steiner. Dann erzählte sie noch kurz etwas über den Charakter des Buches, aus dem ich gelesen hatte. Ich verabschiedete mich von diesem Höflichkeitsbesuch und dachte, als ich die Treppe herunterging: »Das war's – nie wieder!«

Aber die ganze Situation und auch der Text, den ich gelesen hatte, beschäftigten mich weiter. Die Dame hatte mir ihre Telefonnummer mitgegeben. Und zwei Tage später sah ich mich zum Telefon greifen, sie anrufen und um einen neuen Termin bitten. Sie empfing mich strahlend. Ich saß auf demselben Stuhl und wieder gab sie mir die »Philosophie der Freiheit« zum Weiterlesen in die Hand. Nach jedem Abschnitt unterbrach sie mich und forderte mich auf, den Inhalt zu wiederholen. Ich ließ alles über mich ergehen – denn ich merkte, dass etwas mit mir geschah.

Von da an ging ich fast jeden zweiten Tag zu ihr. Sie selbst beteiligte sich nicht an der Übung, sondern ließ mich allein arbeiten, den Inhalt aufnehmen und mit eigenen Worten wiedergeben. In knapper Form stellte sie für mich diese Übung in einen Zusammenhang zum Gesamtwerk des Autors. Das entscheidende biographische Erlebnis lag für mich darin, dass ich durch diese enorme geistige Anstrengung begann, die Denktätigkeit als solche in mir zu erleben. Dadurch wiederum lernte ich, die Dinge und Erlebnisse um mich wacher zu erfassen und straffer zu organisieren. Die Arbeit verwandelte mich innerlich und äußerlich, und ich gab mich diesem Geschehen hin, das wie eine Auferstehung in mir wirkte, wie ein Wiedererkennen von längst Vertrautem, das mich mit Begeisterung erfüllte. Alles nur Verstandesmäßige und kluge Wissen in mir veränderte sich allmählich und rückte in ein anderes Licht, dies allerdings nicht so sehr aufgrund des Inhalts des Gelesenen als vielmehr durch die Qualität der geistigen Anstrengung. So entwickelte sich meine Liebe zu dieser spirituellen Geisteswissenschaft. Ich hatte das Gefühl, durch sie das ganze Weltgeschehen an einem Zipfel erfasst zu haben, von dem aus sich mir der Mensch und die Natur in einem anderen Licht darstellen sollte.

Die alte Dame und ich wuchsen innerlich eng zusammen. Nach einiger Zeit bat ich sie, unseren Kindern Helmy und Mona Klavierunterricht zu geben. Helmy war damals 15 Jahre alt und fragte sie während dieser Stunden einmal, was sein Vater denn immer bei ihr mache. Als sie ihm darüber erzählte, wollte auch er dieses Buch kennen lernen. Da er mit seinen Fragen nicht lockerließ, arbeitete sie mit ihm nach den Klavierstunden auch geisteswissenschaftlich.

Indem ich mich tiefer in das Werk Rudolf Steiners einarbeitete, stieß ich auch auf seine Ausführungen zum Alten und Neuen Testament. Ich begegnete diesen spirituellen Darstellungen als Moslem und mich beeindruckte nicht so sehr der Inhalt der Ausführungen, sondern die Art, wie diese Themen durch eine solche Betrachtungsweise beleuchtet und vertieft wurden. Dabei entstand in mir der Wunsch, auch den Koran durch eine geisteswissenschaftliche Bearbeitung zu einem neuen, erweiternden Verständnis zu führen. Hier liegt der Keim, der Jahrzehnte später in meine Bemühungen um eine spirituell vertiefte Koraninterpretation mündete. Was heute, mit Abstand betrachtet, so selbstverständlich klingt, musste ich mir jedoch in inneren Seelenkämpfen, in denen ich mein Verhältnis zum Christentum und zur europäischen Kultur täglich neu betrachtete, schrittweise erringen.

Ein Vortrag in St. Johann 55

Nach dem Studium der »Philosophie der Freiheit« folgten weitere grundlegende philosophische Schriften dieses Autors, die Martha Werth immer auf die gleiche Art, durch Lesen und Wiedergeben des Gelesenen, mit mir durcharbeitete. Mein philosophisches Interesse wurde neu genährt und impulsiert. Aber es geschah noch mehr: Unbemerkt ging durch diese intensive gedankliche Anstrengung eine Verwandlung in meiner Seele vor. Nur dadurch kann ich mir nachträglich die Wirkung erklären, die die gemeinsame Reise nach Ägypten mit ihr und meiner Familie auf mich ausübte, die wir alsbald unternehmen sollten.

Aufbruch
Eine Reise nach Ägypten

»Möchtet ihr mich nicht einmal auf eine Reise durch Ägypten begleiten?«, fragte uns eines Tages Martha Werth. Sie wollte wissen, ob ich mich schon mit der altägyptischen Kultur beschäftigt hätte. Tatsächlich hatte ich während meiner Vorbereitungszeit auf das Abitur für ein Jahr in der Nähe von Gizeh gewohnt und von meinem Fenster aus das Panorama der Pyramiden täglich vor mir gehabt. Die Kunstwerke der altägyptischen Kultur schätzte ich sehr. Nun bat uns Martha Werth also, mit ihr zusammen Ägypten zu bereisen, und wir bereiteten uns auf das große Ereignis vor.

Während meiner Jahre in Europa bin ich auf Wunsch meiner Mutter wiederholt in Ägypten gewesen. Nie aber habe ich dabei die Begegnungen mit meiner Heimat so eindrücklich erlebt wie auf der nun folgenden Reise mit Martha Werth, die zu einem Aufbruch für mich werden sollte.

Unser Aufenthalt im Jahr 1975 begann mit dem Besuch vieler bekannter altägyptischer Heiligtümer in Assuan, Luxor, Karnak und dem Tal der Könige. Noch heute sehe ich im Geiste Martha Werth mit ihren energischen Schritten und einem roten Sonnenschirm uns allen vorangehen, einen Reiseführer unter dem Arm. Durch ihre Erläuterungen vertiefte sich mein Blick für die Bauten und Kunstwerke. Ich betrachtete sie mit neuen Augen. Sie begeisterte mich wieder für die altägyptische Kunst und Mythologie.

In Luxor setzten wir von unserem Hotel aus mit der Nilfähre an das Westufer über und näherten uns mit einem Taxi allmählich der Tempelanlage der Königin Hatschepsut. Martha Werth lehnte alle äußerlichen und bloß historischen Erklärungen der Kulturdenkmäler als aufgesetzt ab und suchte nach eigenen authentischen Zugängen. So machte sie uns darauf aufmerksam, wie der Tempel mit seinen geometrischen Säulen sich in die umgebende Landschaft einfügt und die ausgewaschenen senkrechten Felsformationen des Westgebirges El Qorna im Hintergrund aufnimmt. Das architektonische Kunstwerk liegt eingebettet in eine großartige Naturkulisse. Mir wurde deutlich, wie die Natur durch die künstlerische Gestaltung der Tempelbauten verwandelt und erhöht wird. Unterhalb des breiten Aufgangs stiegen wir aus und schritten langsam auf den weiten Vorhof und die hohe Säulenhalle des Tempels zu. Martha Werth blieb vor den wunderbaren Reliefs, die die Säulen und Wände des ganzen Tempels schmücken, stehen und fuhr ehrfurchtsvoll tastend mit ihrer Hand die feinen, exakt gemeißelten Formen nach. Wir taten es ihr nach und mich erfüllte ein Staunen über die Kunstfertigkeit der viele Jahrtausende alten Steinmetzarbeiten.

Ibrahim Abouleish auf der Reise nach Oberägypten mit Martha Werth, 1975

Im Tal der Könige stiegen wir in das Grab des Tut anch Amun hinab, in dem der reiche Goldschatz dieses Königs gefunden wurde. Später konnten wir ihn in seiner ganzen Pracht und Würde im Nationalmuseum in Kairo bewundern. Die feinen Goldschmiedearbeiten und die Verwendung der Edelsteine Lapislazuli und Carneol in Zusammenhang mit dem Gold beeindruckten mich sehr. Wie schön harmonierten die drei Grundfarben Blau, Rot und Gelb in diesen herr-

Eine Reise nach Ägypten

lichen Werken, ganz abgesehen von der Präzision und Feinheit, mit der sie geschaffen worden waren.

In anderen Gräbern des Tals der Könige staunte ich über die Modernität, mit der die Seelenwanderung nach dem Tod, in abstrakten Zeichen dargestellt, die Wände der Gräber bedeckte. Martha Werth erklärte uns den Sinn und die Hintergründe der Barken, der Zeichen und Begegnungen des Königs mit den Göttern. Die Grenzen eines Erdenlebens wurden durchlässig und weiteten sich in andere Dimensionen hinein.

In der Tempelanlage von Karnak waren es vor allem die beiden Obelisken des Königs Thutmosis I. und der Königin Hatschepsut im Tempel des Reichsgottes Amun, die mich begeisterten. Mein Blick folgte der sich nach oben verjüngenden, exakt gespannten Linie, die in einem zum Himmel weisenden Dreieck endete. Ich fühlte mich wie in einem Nachbild, wie innerlich aufgerichtet und dachte an ein ähnliches Erlebnis, das ich gehabt hatte, als ich als junger Mann nach Österreich gekommen war und zum ersten Mal die herrlich hohen Bäume, die Buchen und Tannendome Europas, bewundert hatte. Die Menschen Ägyptens kennen diese menschenbildende Qualität, die von der Größe der Bäume ausgeht, nicht. Sollten die Pharaonen davon gewusst und die Obelisken zur Schulung der inneren Aufrechte aufgestellt haben? Wieder bewunderten wir das Licht- und Schattenspiel, das sich durch die plastische Gestaltung der Zeichen und Figuren auf der Säule bildete.

Aber nicht nur das alte Ägypten sah ich mit neuem Blick. Durch Besuche bei meinen Verwandten und Freunden, besonders eines mir bekannten Journalisten, tauchte ich wieder in das alltägliche Leben Ägyptens ein. Mir wurden, auch aufgrund des großen zeitlichen Abstands, der seit meinem Verlassen des Landes im Alter von 19 Jahren entstanden war, die gewaltigen Veränderungen bewusst, die während meines Aufenthaltes in Österreich über Ägypten hereingebrochen waren. Mein Freund stellte mich einigen Ministern vor und wir sprachen über die Änderungen, die mir auch schon in den Wochen zuvor aufgefallen waren: Einer der Minister meinte: »Ägypten ist in den zwanziger und dreißiger Jahren unseres Jahrhunderts ein reiches Land gewesen. Das ägyptische Pfund war genauso stark wie das Sterling Pound. Es gab zwar Arme und Reiche, aber die Reichen sorgten noch für die Armen. Eigenschaften wie Mitmenschlichkeit, Tapferkeit und eine tief moralische Haltung gegenüber Mensch und Tier zeichneten das ägyptische Volk besonders aus. Ägypten war wegen der geringen Einwohnerzahl von 18 Millionen Menschen ein schönes Land und Kairo eine blühende Stadt.« – » Ich weiß noch, dass die Straßen täglich gereinigt wurden«, ergänzte ein anderer. »Alles war sauber und gepflegt. Darum kümmerten sich besonders die Europäer, denn Kairo war eine multikulturelle Stadt mit vielen europäischen Unternehmen.« – »Das einzig Unangenehme in unseren Augen war die ungerechte Behandlung durch die Engländer. Aber wir konnten uns immerhin mit einem Mehrparteien-Parlament selbst regieren«, sagte mein Freund. »Das war vor zwanzig Jahren«, rief ich aus. »In dieser kurzen Zeit der Präsidentschaft Nassers hat sich Ägypten völlig verändert. Das einst gesunde, fröhliche Volk erscheint mir tief versunken in eine Depression. Die Städte sind schmutzig, überall sieht man schreckliche Müllhalden...« – »Ja, wir haben eine miserable Gesundheitspolitik, bei der viel zu wenig für die Behandlung von Krankheiten ausgegeben wird, und die Menschen siechen dahin«, ergänzte mein Freund. »Auch sind völlig neuartige Erkrankungen aufgetreten, bei denen ich früher dachte, dass es sie hier in diesem Land nicht geben würde, weil sich die Menschen gesund ernährten, keinen Stress kannten und nicht rauchten. Jetzt erlebe ich das Gegenteil! Dazu kommen Magen-, Darm- und parasitäre Erkrankungen wegen der mangelnden Hygiene.« – In diesen Gesprächen mit den Ministern zeichnete sich mir ein düsteres Bild.

Unter der Regierung Nassers waren alle Unternehmen verstaatlicht worden, sogar die Restaurants. Einst blühende Betriebe arbeiteten seitdem defizitär, die meisten Menschen gingen ohne innere Motivation einer ungeliebten Beschäftigung nach und viele mussten sich private Nebenverdienste suchen. Das soziale Ganze fiel immer mehr auseinander und ein großes Elend war die Folge.

Was sich mir in der Landwirtschaft darstellte, erlebte ich als Katastrophe. Vom Staat wurde den Bauern eine bestimmte Menge Kunstdünger, die sie pro Hektar ausbringen mussten, aufgezwungen. Der übermäßige und unkontrollierte Einsatz des Düngers führte zur Versalzung und Verdichtung der Böden und nicht zuletzt auch zur finanziellen Abhängigkeit der Landwirte, die das teure Produkt

Eine Reise nach Ägypten

abnehmen mussten. Durch die Erbgesetze des Landes, die eine gleichmäßige Aufteilung vorschrieben, wurden außerdem die Grundstücke immer kleiner, sodass ein Bauer von dem Ertrag seines Landes immer weniger leben konnte. Dazu kamen die verheerenden Pestizidspritzungen über den Baumwollfeldern. Der Assuan-Staudamm, der 1961 mit sowjetischer Hilfe fertiggestellt worden war, hatte für Ägyptens Landwirtschaft ebenfalls verheerende Folgen. Seitdem gab es keine pulsierende Mitte mehr mit den alljährlichen Überschwemmungen im Sommer, die den fruchtbaren Nilschlamm auf die Felder trugen. Ein gleichbleibendes Bewässerungssystem machte das stehende Wasser in den Kanälen zum Nährboden gefährlicher Krankheitserreger. Die Hoffnung, durch die gleichmäßige Bewässerung mehr Land gewinnen zu können, hatte sich nicht erfüllt. Natürlich konnte durch den Staudamm Strom erzeugt werden, der aber im Wesentlichen für die teure Herstellung von Kunstdünger verwendet wurde.

Mit dem Journalisten fuhr ich übers Land und besah mir die Schulen. Auch da zeigte sich mir ein hoffnungsloses Bild. Es gab nicht genügend Lehrer, die Klassen waren mit zum Teil über siebzig Schülern völlig überfüllt. Der Staat kümmerte sich nicht um die Probleme, die daraus erwuchsen, sondern war mit Krieg beschäftigt. So kam es zu einer Zunahme des Analphabetentums. Mehr als 40 Prozent der Kinder gingen überhaupt nicht zur Schule, weil sie durch ihre Arbeit zum Lebensunterhalt der Familie beitragen mussten. Diejenigen, die eine Schule besuchen konnten, erfuhren den Lehrstoff in Form von sturem Auswendiglernen anstelle von menschenbildenden, kreativ-künstlerischen Tätigkeiten – eine Pädagogik also, die noch weiter in die Misere führen musste.

»Ich sehe voraus, was kommen wird, wenn es so weitergeht«, sagte ich zu meinem Freund, dem Journalisten. »Die Menschen verlassen ihre Farmen und ziehen in die Stadt, wo sie sich selbst überlassen sind. Denn wo sollen sie sonst arbeiten und wohnen? Schon jetzt beginnen sie sich in der Totenstadt, dem ehemaligen Friedhofsgelände Kairos, niederzulassen. Ist es nicht schrecklich und unwürdig, dort zu hausen? Das Schlimmste in den Städten aber ist der viele Müll und der wachsende Anteil der Slumgebiete!« Mein Freund bestätigte, dass es selbst der gebildeten Bevölkerung an Ideen fehle, wie es mit dem Land weitergehen sollte. Die Regierung hätte in seinen Augen schon längst versagt.

Durch meine Besuche der Moscheen des Landes wurde ich noch auf ein weiteres Problem aufmerksam. In Kairo gibt es die älteste Universität des Landes: die Al Azhar Universität, wo seit Jahrhunderten an religions-philosophischen Fragen des Islam geforscht wird. Unzählige Bücher sind geschrieben worden, lange, ausführliche Artikel in Zeitschriften erschienen, nicht endende Diskussionen wurden geführt. Trotzdem fehlten mir die Auswirkungen all dieser geistigen Bemühungen auf das praktische Leben, in die alltäglichen Handlungen unserer heutigen Zeit, des 20. Jahrhunderts, hinein. Das Verständnis des alltäglichen Lebens ist im Islam stark konservativ; immer noch wird in vielen Lebensbereichen als Orientierung das angeführt, was der Prophet zu seiner Zeit, im 7. Jahrhundert, angegeben hat. Damals gab es natürlich noch keine Industrie und kein Wirtschaftsleben, wie wir es heute aufgrund der Technisierung haben. Auch die Gesetze und die Rechtsprechung wurden zum Teil aus Europa übernommen oder aber wie in der Scharia einfach tradiert und nicht aus dem hiesigen Kulturkreis heraus für die islamische Bevölkerung weiterentwickelt. Meine Diskussionen mit Wissenschaftlern über mögliche Veränderungen blieben oberflächlich.

Die einzelnen Menschen erlebte ich in ihrem religiösen Leben als sehr fromm. Viele hielten die Gebetszeiten ein und besuchten regelmäßig die Moscheen. Islam heißt ja übersetzt: Gottergebenheit, und sie ist tief im islamisch-arabischen Lebensgefühl verankert: gelebte Gottvertrautheit, aus der heraus sich der Moslem mit allem an Allah, den Allmächtigen, wendet. Doch ich stand immer wieder erschüttert vor der Spaltung des inneren, religiös empfindenden Menschen einerseits, der aus sich und seiner Religion heraus nie dem Boden, den Pflanzen, den Tieren oder seinen Mitmenschen schaden würde – und dem handelnden Menschen andererseits, der in seiner Arbeitswelt steht. Dort erlebte ich den Moslem nicht wahrhaftig an die Inhalte seiner Religion anknüpfend, sondern aus egoistisch-triebhaften Motiven heraus handelnd. Die Menschen gehen beispielsweise mit dem Boden oder dem Geld um, als wenn es ihnen für Ewigkeiten gehören würde. Sie halten an allen irdischen Gütern fest, ja selbst ihre Kinder behandeln sie, als wenn sie ihr Eigentum wären. In Gesprächen wirken sie oft rechthaberisch, machen große Worte, denen aber selten die rechten Taten folgen. So bleibt die tief erlebte Religiosität meist auf den eigenen, privaten Bereich beschränkt und strahlt nicht ins praktische Leben aus.

Beide Erlebnisse, die mangelnde Innovation im Rechts- und Wirtschaftsleben und die auf die Privatsphäre beschränkte Religiosität führten bei mir zu dem Eindruck, dass sich der Islam und seine Menschen in einer Stagnation, in einer tiefen Krise befanden. Erschüttert stand ich vor dem Gegensatz der Größe, Weisheit und Erhabenheit, die Jahrtausende zuvor im Pharaonenreich gelebt hatten, und dem, was ich im modernen Ägypten vorfand. Abends, nach den Museumsbesuchen, besprach ich meine Erlebnisse mit Martha Werth. Sie spürte meine Erregung, hörte sich meine Fragen aufmerksam an und sagte dann: »Was willst du machen? Das ist eben Schicksal! Wo soll man da anfangen?« Immer wieder verglich ich innerlich die Bilder des Landes, das ich aus meiner Kindheit und Jugend her kannte, mit dem, was ich jetzt vorgefunden hatte. Dabei stellte ich erschrocken fest, dass das Alte oft viel besser abschnitt als das Neue – dabei hätte bei einem zukunftsorientierten Leben das Neue schöner als das Alte sein müssen. Hier war es anders – in zwanzig Jahren solch ein Abstieg!

Das Herz versucht zu verstehen

Auf der Rückreise im Flugzeug dankte ich Allah, dass ich jetzt nicht in Ägypten, sondern in dem schönen Österreich mit meiner Frau und zwei Kindern lebte und auf eine erfolgreiche Karriere blicken konnte. Trotzdem spürte ich, dass die Bilder und Begegnungen mich nicht losließen. Jedes Mal in der Frühe erwachte ich von neuem mit meinen Erlebnissen und merkte, wie mich die Ereignisse dieser Reise verwandelten. Ich beschaffte mir weitere Informationen über den Zustand Ägyptens. Während meiner Reise hatte ich erfahren, wie versalzt die Böden waren und in welchem Übermaß Kunstdünger sowie Pestizide verwendet wurden. Von Österreich aus erfuhr ich nun noch weit Schlimmeres über die Wirtschaft Ägyptens, über die Lage von Bildungs und Gesundheitswesen, über die Landwirtschaft und die Handelsbeziehungen, als ich aus meinen Gesprächen mit Ägyptern schon erfahren hatte. Darüber konnte ich mit den ägyptischen Botschaftern in Bonn und in Wien sprechen, die allerdings nach meinem Eindruck dazu neigten, die Lage eher zu beschönigen. Wenn ich dann aber Zahlen und Fakten vorlegte, die ich mir beschafft und in einer umfangreichen Studie zusammengefasst hatte, löste ich lähmende Betroffenheit bei ihnen aus. Dabei wollte ich niemandem Vorwürfe machen, sondern die Probleme mit anderen Menschen bewegen, um noch mehr Informationen zu bekommen. Die aufkommenden Gefühle versuchte ich in mir selbst zu klären.

Währenddessen beschäftigte ich mich weiter mit der anthroposophischen Geisteswissenschaft und lernte auch ihre praktische Anwendbarkeit auf viele Lebensgebiete näher kennen. Und je mehr ich mich in sie vertiefte, desto mehr ergaben sich mir aus dieser Richtung Antworten auf die bohrenden Fragen und die innere Unruhe, die in mir entstanden waren. Immer wieder blitzten im Nachsinnen über das Gelesene Lösungsansätze auf, durch die etwas verändert werden könnte. Insbesondere faszinierte mich die biologisch-dynamische Landwirtschaft, die aus der Anthroposophie entwickelt worden war und mit der man in Europa schon seit Beginn des 20. Jahrhunderts erfolgreich arbeitete. Durch sie, so war ich sicher, würde die landwirtschaftliche Situation in Ägypten entscheidend verbessert werden können. Dennoch blieben viele Fragen offen, mit denen ich oft zu Martha Werth ging. Eines Tages wies sie mich auf einen Vortrag von Georg Merckens hin, der in St. Johann stattfinden sollte. Merckens war Berater der biologisch-dynamisch wirtschaftenden Höfe für Österreich und Italien. Ich erlebte ihn als zauberhaften Erzähler, der mit wunderbarer Stimme, Größe und Anschaulichkeit vortrug. Nach dem Vortrag sprach ich ihn an, weil ich mehr über die biologisch-dynamische Landwirtschaft wissen wollte. Wir fanden eine Woche, in der ich ihn auf einer Tour durch Italien begleiten sollte. Auf dieser Reise wollte er mir das Wesentliche erzählen, das ich gleich auch anschaulich erleben könnte. Endlich hatte ich das Gefühl, einen Freund gefunden zu haben, der meine Ansicht verstand, dass durch die biologisch-dynamische Wirtschaftsweise Ägyptens Landwirtschaft zu reformieren wäre: Der Beginn musste meiner Ansicht nach mit dem Aufbau einer tragfähigen Landwirtschaft gemacht werden, der weitere Projekte folgen könnten. Und Georg Merckens ging auf meine Pläne ein, obwohl er öfter erstaunt fragte: »Wo nehmen Sie als Nicht-Landwirt den Mut dazu her?«

In dieser Phase meiner Entwicklung kannte mein Erkenntnisdrang jedoch keine Grenzen. Es gab nichts, was ich nicht wissen konnte, nichts, was ich nicht hätte leisten können. Wo waren die Grenzen? Ich kannte sie nicht! Im Laufe meines Lebens hatte ich mir drei Fähigkeiten angeeignet, auf die ich mich verlassen konnte: zum einen eine hohe Lernfähigkeit. Als zweites erlebte ich immer wieder, dass ich auf Menschen zugehen und sie gewinnen konnte; und zuletzt verfügte ich über eine enorme Schaffenskraft. Ich war der Ansicht, dass ich alles konnte, wenn ich nur genügend Zeit zum Planen und zur Vorbereitung hätte. Denn der einzig begrenzende Faktor, das musste ich schon zugeben, war für mich die Zeit. Doch ich lernte, Prioritäten zu setzen und zu wissen, was im Augenblick für mich wesentlich war. Jetzt war es vorrangig, die biologisch-dynamische Wirtschaftsweise kennen zu lernen. Das tat ich, während ich mit Georg Merckens durch Italien fuhr. Auf den langen Fahrten von Hof zu Hof, ich war sein Chauffeur, erzählte und erklärte er mir die Grundlagen des biologisch-dynamischen Anbaus. Von den Bauern der großen italienischen Höfe wurden wir immer wieder freundlich empfangen. Ich sog alles, was er mit den Landwirten besprach und was ich sehen konnte, auf wie ein Schwamm. Über die Felder und durch die Ställe gehend zeigte er mir an prakti-

Georg Merckens, 1990

schen Beispielen, was aus seiner Sicht in der Umsetzung der biologisch-dynamischen Wirtschaftsweise gelungen war und was noch nicht gelungen erschien. Jeden Abend fand eine Versammlung der Bauern statt, an der er Hintergrundwissen vermittelte und Fragen beantwortete. Bei alldem hörte ich mit größter Konzentration zu, führte interessante Gespräche mit den Bauern und glaubte, bald auch die entscheidende Schwachstelle der biologisch-dynamischen Landwirtschaft herausgefunden zu haben: Es war die mangelnde Kenntnis über die Vermarktung der Produkte. Auch Georg Merckens war kein Vermarkter. Als ich ihn nach dem von Steiner angeregten Prinzip der »Assoziation« fragte – also einer Verbindung der am Wirtschaftsprozess beteiligten Menschen, die sich kennen sollten, um die gegenseitigen Bedürfnisse zu erkunden und zu erfüllen – winkte er ab: »Davon sind wir weit entfernt. Das ist alles Ideal. Das können wir noch nicht!« Ich jedoch war überzeugt, dass man gerade diesen Punkt bei einem Beginn in Ägypten von vorn herein sehr bewusst angehen musste.

Am Ende dieser Woche fuhr ich ihn zurück nach Ulm. In Bad Waldsee machte er mich noch mit Roland Schaette bekannt: »Sie müssen einen Betrieb kennen lernen, der biologisches Tierfutter, Tierarzneimittel und Pflanzenschutzprodukte herstellt, wenn Sie Landwirtschaft aufbauen wollen.« Der junge Wissenschaftler hatte gerade bei Professor Wagner in München promoviert und erzählte mir begeistert von seiner Arbeit über Baldrian, gab mir seine Dissertation mit und führte mich durch seinen Betrieb. Die Firma erschien mir im Vergleich zu den mir bekannten großen eher klein und bescheiden und mit einfachsten Geräten ausgestattet. Hier verfügte man aber damals schon über eine über fünfzigjährige Erfahrung im Bereich der biologischen Tierarzneimittel. Die Offenheit, mit der Roland Schaette mir begegnete, bewirkte, dass ich ihn gleich ins Herz schloss, auch weil er zu den wenigen gehörte, die meine Fragen ernst nahmen und mich nicht als Dilettanten wegschoben. Er ging auf alles ein. So verabschiedete ich mich von ihm in der Hoffnung, dass wir zusammen arbeiten könnten.

Meine »italienische Reise« mit Georg Merckens bildete einen wichtigen Schritt auf dem Weg zu meiner Entscheidung, nach Ägypten zurückzugehen. Vor meinem inneren Auge war die Vision eines auf Ganzheitlichkeit ausgerichteten Projektes entstanden, von dem eine kulturerneuernde Wirkung ausgehen könnte: Zur Landwirtschaft müssten ein oder mehrere Wirtschaftsbetriebe, dann eine Schule sowie verschiedene Bildungseinrichtungen mit Kulturangeboten und eine medizinische Versorgung hinzukommen. Die Aufgabe der Menschenbildung stand für mich an oberster Stelle. Für all dies würden aber konkrete Institutionen geschaffen werden müssen, damit es nicht bei bloßen Idealen bliebe. Daher begann ich, mich auf die Suche nach Mitstreitern zu begeben. Mir war klar, dass ich ein frei finanziertes Projekt ohne jede staatliche Unterstützung umsetzen wollte. Ich wusste nämlich, dass ich auf Schwierigkeiten mit den ägyptischen Behörden stoßen würde (die allerdings später schlimmer wurden, als ich sie mir je vorher ausgemalt hatte). Ich hoffte, idealistische Menschen zu finden und zur Mitarbeit für eine kulturerneuernde Unternehmung zu begeistern. Auch zur Zeit Mohammed Alis hatte etwas Derartiges stattgefunden, als dieser Reformer im 19. Jahrhundert Europäer nach Ägypten gerufen hatte, um sie für den Aufbau des Landes zu engagieren. Mit Ägyptern allein würde es nicht zu schaffen sein. Aber durch eine kulturelle Begegnung zwischen Ägyptern und Europäern könnte etwas Heilsames für dieses geschundene Land entstehen, so war ich sicher. Ich sprach darüber auch mit einigen mir bekannten ägyptischen Ärzten und Landwirten. Sie fanden die Idee zwar fantastisch, hielten sie aber nicht für umsetzbar. Einige erzählten, dass sie sich selbst an Veränderungen in Ägypten versucht hätten, aber an der schwerfälligen Bürokratie gescheitert seien. Sie rieten mir ab, irgendetwas in dieser Hinsicht zu unternehmen. So erlebte ich immer wieder, wenn ich mit Menschen über meine Idee sprach, dass sie diese nicht mit ihren Herzen verstehen konnten, dass sie, anders ausgedrückt, nicht den Mut besaßen, zu beginnen.

In Bonn besuchte ich die ägyptische Botschafterin, eine kluge Frau, und erzählte ihr von meinen Überlegungen, die sich allmählich zu einem konkreten Projekt verdichtet hatten. Sie meinte: »Das ist ja ein Traum, was Sie da erzählen. Wunderschön!« – »Erzählen Sie dem Parlament, dass es so etwas geben könnte!«, antwortete ich. – Doch nichts geschah. Ich fand einfach niemanden, der bereit war, mitzumachen.

Drei Jahre waren seit meiner letzten Ägyptenreise vergangen, in denen sich in mir der Gedanke an eine Rückkehr nach Ägypten immer mehr verdichtet hatte. Es wäre mir unerträglich gewesen, aufgeben zu müssen, nur weil ich keine Mitstreiter fand. So war mein Entschluss gereift, es allein zu versuchen.

Abschied von Europa

Wie reagierte nun meine Familie auf die Entscheidung, nach Ägypten umzuziehen? Meine Frau Gudrun liebte Ägypten, besonders meinen Vater, und das bildete für sie ein starkes inneres Motiv, mitzugehen. Unseren Kindern erzählte ich eine Geschichte von einem Mann, der sich entschließt, mit seiner Familie in die Wüste zu ziehen und dort einen großen Garten aufzubauen. Nachdem ich ihnen dieses Bild in allen Einzelheiten ausgemalt hatte, fragte ich unvermittelt: »Und was wäre, wenn wir selbst diese Familie sind?!« Spontaner Jubel war die Antwort. Mein Sohn Helmy war damals 16 Jahre alt und meine Mutter hatte ihm schon erzählt, was ich in seinem Alter in Ägypten alles unternommen hatte und was in Österreich nicht möglich war – Motorradfahren in der Wüste zum Beispiel. Er wollte die Oasen und die Berge des Sinai kennen lernen – ein herrliches Motiv! Und meine Tochter Mona war mit ihren 14 Jahren in Pferde vernarrt. In der Wüste würde sie reiten können, solange sie wollte. So hatte jeder begeistert sein eigenes Bild vor Augen.

Und dann geschah etwas Verrücktes: Wir bewohnten in St. Johann ein großes Haus, das wir nicht so schnell verkaufen konnten. Für den ersten Umzug kaufte ich drei VW-Busse und belud sie im Wesentlichen mit Büchern und Wäsche. Helmy, der zwar keinen Führerschein besaß, aber hervorragend Autofahren konnte, weil ich es ihm schon früh beigebracht hatte, steuerte einen Wagen. Wir fuhren in einer Kolonne: Ich vorne, Helmy in der Mitte und Gudrun im letzten Bus. So ging es über den Bürenpass nach Venedig. Wir kamen zur italienischen Grenzstation und Helmy, mit Sonnenbrille und Hut ausgestattet, wurde als Mann akzeptiert und durchgewinkt. So zog die »Heilige Familie« nach Ägypten!

In zwei Abschiedsbriefen an Freunde in Wien hatte ich zuvor versucht, meine Motive für eine Rückkehr zu verdeutlichen. An Martha Werth schrieb ich:

»Österreich ist ein Paradies. Diese Berge, Wälder, Wiesen und Seen sind ein großer Garten, ein wunderbarer Park. All dies haben Menschen durch ihre Jahrhunderte lange Pflege geschaffen und die Natur dadurch erhöht. Das gibt es in Ägypten nicht. Wenn ich nun diese Naturschönheiten, die mir so viel Kraft gegeben haben, bewusst verlasse und in die Wüste wandere, so geht mein Streben dahin, dort einen Garten anzulegen mit Wald und Alleen, Rosen, Obstbäumen, Wein, Wiesen, Feldern mit duftenden Kräutern und Tieren, damit Menschen daran das erleben, was ich hier in dieser herrlichen Landschaft empfing: In der Schönheit Österreichs begann in mir das innere Licht des Denkens aufzuleuchten. Sie war für meine Seele wie ein geistiger Kindheits-Garten. Ich hoffe nun, dass die Seelen der Menschen in Ägypten ebenso in der Schönheit eines Gartens in der Wüste erwachen. Nach dem Aufbau einer Landwirtschaft als gesunder physischer Grundlage für weiteres seelisches und geistiges Wachstum sollen, wie bei der Entwicklung eines Menschen, ein Kindergarten, eine Schule, eine Berufsschule, ein Krankenhaus und Kultureinrichtungen verschiedenster Art entstehen, mit dem Ziel der Menschenbildung im umfassendsten Sinne – Bildung der Kinder und Erwachsenen, Lehrer, Ärzte und Landwirte. Nicht nur die Natur Österreichs gab mir in Fülle, auch die Menschen begegneten mir großzügig, freigebig, und ich nahm mit vollem Herzen entgegen und atmete die Kultur tief ein. Diesen Reichtum von Natur und Geist möchte ich in Ägypten weitergeben, die Samen, die mir geschenkt wurden, wieder aussäen.«

Einen weiteren Brief richtete ich an meinen Freund Dr. Johannes Zwieauer in Wien, der in den Augen von Martha Werth eine Autorität darstellte, die mich eigentlich von meinem Entschluss hätte abbringen sollen: »Ich habe mich entschieden, Österreich zu verlassen, um in Ägypten eine Farm in der Wüste mit einem auf Ganzheitlichkeit ausgerichteten Entwicklungsimpuls für das Land und die Menschen zu gründen. Die Ursache für diese Entscheidung sehe ich unter anderem in der Beschäftigung mit der Geisteswissenschaft. Sie hat meinen Wirkenskreis tief beeinflusst.

Meine Seele beginnt sich nun zu spalten in einen ehrgeizig Erfolgreichen und einen suchend Fragenden, der bereit ist, alles Bestehende, Fest-Geprägte in einem neuen Licht zu sehen und zu verwandeln, um sich zu einer höheren Form aufzuschwingen. Den Erfolgreichen verlasse ich mit meiner Entscheidung ganz bewusst und überantworte mich dem Fragenden. Damit führe ich meine Seele wieder zu einer geistigen Einheit zurück und öffne die Starrheit des Ehrgeizigen für neue Aufgaben, Begegnungen und Ziele.«

Heimfahrt

Auf dem Schiff zerriss mein Herz. Die eine Herzhälfte vergoss wirkliche Tränen. Zum einen war ich im Begriff, eine erfolgreiche Karriere als Forscher abzubrechen und gegen eine äußerst unsichere Zukunft einzutauschen. Zum anderen verließ ich ganz bewusst etwas, was ein Teil von mir geworden war. Vor 21 Jahren, als ich mich auf einem türkischen Schiff von Alexandria entfernt hatte und nach Österreich ausgewandert war, hatte ich mich von meiner Mutter und meiner irdischen Heimat verabschiedet. Nun weinte ich innerlich über den Verlust meiner geistigen Heimat. Wie sehr würde ich die Salzburger oder Bayreuther Festspiele, die Faust-Aufführungen, die Gespräche mit Freunden und die philosophischen Lesungen vermissen! Ich empfand eine tiefe Einsamkeit in mir und hatte das dumpfe Gefühl, in Ägypten nicht so schnell wieder heimisch werden zu können. Doch ich konnte mein Herz mit den Worten von Hermann Hesse beruhigen: »...denn jedem Anfang wohnt ein Zauber inne, der uns beschützt und der uns hilft zu leben!«

Die andere Seite des Herzens fühlte tief in sich ruhend jene drei Begabungen, die nun wie Samen in die Erde Ägyptens versenkt werden wollten, um dort zu neuem Keimen, Wachsen und Gestalten zu verhelfen: Auf meiner Ägyptenreise hatte ich an der Lebensweise der ägyptischen Bevölkerung eine tiefe Hoffnungslosigkeit erlebt, die mich stark ergriffen hatte, denn ich wusste, dass die Beschaffenheit der Umgebung die Seelenverfassung der Menschen widerspiegelt. Ich empfand Mitleid mit denen, die für diesen Zustand nicht verantwortlich zu machen waren, sondern ihn einfach ertragen mussten und das Ertragen gelernt hatten. Durch die Beschäftigung mit der Geisteswissenschaft ahnte ich einen Weg, der sie aus ihrem Elend herausführen könnte.

Die drei Fähigkeiten, die in mir im Laufe meines Lebens, woher auch immer, gewachsen waren, habe ich schon erwähnt: die Lernfähigkeit, das soziale Können und meine Schaffenskraft. Aufgrund dieser Seelenkräfte fühlte ich in mir die Veranlagung, diesen Zustand der Hoffnungslosigkeit verwandeln zu können. Innerlich schätzte ich mich glücklich, dass ich diesen Aufbau in der Wüste würde leisten dürfen! Es ist ein Glück, wenn man spürt, dass man für eine Aufgabe mit den richtigen »Werkzeugen« ausgestattet ist. So hoffte ich aus diesem Glücksgefühl heraus, Menschen zu finden, die das Gleiche wollten und die mich aus ihren Fähigkeiten und Kräften heraus unterstützen würden.

Ibrahim Abouleish um 1977, kurz nach der Rückkehr nach Ägypten

Und durch ein Gottvertrauen, das in vielen Jahren aus dem meditativen Umgang besonders mit den Namen Allahs erwachsen war, fühlte ich mich innerlich gestärkt. Ich fragte mich, was es bedeutete, wenn im Koran von Allah gesagt wird: »ER ist der Repräsentant?« – Auf meiner Reise durch Ägypten sah ich viel Elend in der Bevölkerung, Elend, das diese Menschen selbst gar nicht spürten. Aber ich fühlte an ihrer Stelle diese physische und seelisch-geistige Not und erlebte mich dadurch als ihr Repräsentant, ihr Stellvertreter. Aus diesem Bewusstsein heraus wollte ich versuchen, neue soziale Formen für die ägyptischen Menschen aufzubauen.

Weiter heißt es von Allah im Koran: »ER ist der Initiator, der Beginnende, der Starke.« – War es nicht ein Glück, beginnen zu können? Alle Pfade scheinen heute schon ausgetreten zu sein. Wo lässt sich noch etwas wirklich Neues initiieren?

»ER ist der Mächtige«, heißt es – Ich fühlte in mir die Kraft für diesen Neubeginn, weil ich ihn mit Bewusstsein leisten würde.

Aus dieser Hinwendung zu Allah erwuchs ein innerer Friede, der mich die ganze Zeit begleitete und in dessen Tiefe ich auch heute noch jederzeit eintauchen kann.

Zweiter Teil
Der Beginn
Wüstenland

Mein erster Besuch nach der Ankunft in Ägypten galt dem Landwirtschaftsminister. Ich erklärte ihm, dass ich ein Stück Wüste suchte, das ich mit biologischen Methoden bebauen wollte. Es war ein freundliches Entgegenkommen dieses vielbeschäftigten Mannes, dass er mir eine halbe Stunde lang zuhörte. Im Anschluss an unser Gespräch beauftragte er einen Mitarbeiter seines Ministeriums, mir Wüstengebiete zu zeigen, die ich vom Staat kaufen könnte. Davon sei schließlich in Ägypten genug vorhanden. »Wüste finden wir leicht!«, meinte Kamel Zahran, ein alter, ehrwürdiger, hochgestellter Ingenieur. Zuerst fuhren wir also nach Westen, Richtung Alexandria. Von der Asphaltstraße aus zeigte er

Anfänge – die Wüste

mir zum Kauf bereitstehende Gebiete, bei denen es gut mit Wasser aussah. Für den Erwerb jenes Landes könnte der Minister sicher ein gutes Wort einlegen. Ich sah mir alles an, fragte nach Menschen, die hier lebten, nach Energiemöglichkeiten und wollte wissen, ob hier Straßen gebaut werden könnten. Innerlich blieb ich aber unberührt. So ging es den ersten Tag und einen zweiten. Am dritten Tag sagte mein Kontaktmann in der Frühe, dass er, bevor wir unsere Reise fortsetzten, noch jemanden besuchen müsste, da er noch einen Nebenberuf hätte: Er war Landwirtschaftsberater und wollte eine Farm nordöstlich von Kairo, am Ismalia-Kanal, besuchen. Da ich auf dieser Fahrt ja sein Chauffeur war, bat er mich, ihn dorthin zu bringen. Am Kanal ließen wir das Auto stehen, setzten mit der Fähre über und erreichten die Farm, deren Besitzer eine große Orangenplantage hatte. Mein Begleiter stellte mich und mein Vorhaben vor und der Eigentümer meinte lächelnd, indem er mit einer weiten Geste ins Land zeigte: »Da werden Sie hier sicher etwas finden!« Nachdem er seine Aufgabe erledigt hatte, ging ich mit Kamel Zahran über das Grundstück weiter, das sich vom Kanal aus in einem Streifen von vier Kilometern weit in die Wüste hinein erstreckte – so weit wie das Wasser des Kanals reichte. Es war heiß, der alte Mann litt und ging schwer neben mir durch die Baumreihen der Plantage. Der Schweiß rann ihm über sein Gesicht. An der Grundstücksgrenze blieben wir stehen und blickten in die steinige Öde. Hier meinte Kamel Zahran: »Das ist unmöglich. Wir sind jetzt vier Kilometer vom Kanal entfernt und die Wüste steigt. Wir haben wahrscheinlich schon 30 Meter Höhe. Da kommt kein Wasser mehr hin.« Während er im Schatten eines Baumes wartete, ging ich allein ein Stück weiter. Das Land, das sich bis zum Horizont fahlgelb und leer vor meinem Blick ausdehnte, erschien ganz sanft hügelig. Mir gefiel, dass es hier nicht so flach war wie im Delta. Nach einigen weiteren Schritten in der flirrenden Sonnenhitze bemerkte ich, wie in meinem Inneren die Vision auftauchte: der Brunnen, Bäume, Pflanzengrün und Blütenduft, Tiere, Komposthaufen, Häuser und arbeitende Menschen. Wie viel Kraft würde aufgebracht werden müssen, um eine solch unwegsame, schwierige Umgebung zu verändern und diese Öde in einen Garten zu verwandeln! Aber wie viele Arbeitsplätze würden dabei geschaffen werden können, verbunden mit der Möglichkeit, dass Menschen sich bilden und dass wir Heilsames für die Landschaft erreichen könnten! – Nachdenklich ging ich zu Kamel Zahran zurück, der mich sofort mit den Worten empfing: »Es ist zu steil, das kann man nicht bebauen.« Ich aber fühlte mich von diesem Land berührt, als hätte mich etwas angesprochen. Wenn ich heute zurückdenke, muss ich natürlich meine gewaltige Naivität eingestehen, denn ich wusste überhaupt nicht, was es bedeutete, Land in der Wüste anzulegen und zu bewässern.

Auf der Rückfahrt sprach ich mit Kamel Zahran. »Wissen Sie«, sagte er, »wir überstürzen nichts! Wir kommen mit Fachleuten wieder, die uns beraten.« Wir fuhren also noch einmal hin. Doch die Berater rieten schon nach kurzer Zeit ab: Die Bodenqualität sei sehr schlecht und die Wasserversorgung schwierig; es gäbe keine direkte Straße von Kairo aus und daher müssten alle Güter mit der Fähre über den Ismalia-Kanal übergesetzt werden. Die Infrastruktur, die der Besucher hier viele Jahre später wie selbstverständlich vorfindet, die Asphaltstraßen, die Strom- und Telefonversorgung und auch die Dörfer sind ja erst allmählich mit dem Wachsen von SEKEM entstanden. Es hieß damals also einhellig, dass das Land nicht geeignet sei.

Und über Nacht geschah es – in der Frühe beschloss ich, dieses Wüstenland zu erwerben. Wenn in dieser Einöde und unter diesen extrem widrigen Umständen die biologisch-dynamische Landwirtschaft und alles, was ich mir nach meinem inneren Bild hierher wünschte, gelingen würde, dann wäre dieses Modell auch auf einfachere Verhältnisse übertragbar und uns würden durch die Überwindung von Schwierigkeiten große Kräfte zuwachsen! Das war 1977.

Gleich nach vollzogenem Kaufvertrag traten die ersten Hindernisse auf. Als ich versuchte, Pläne zu bekommen, um die 70 Hektar, die ich gekauft hatte, abstecken zu können, hieß es, dass der Staat dieses Gebiet zwar in Verwaltung hätte, aber nicht so leicht darüber befinden könnte. Es gab keinerlei Vermessungspunkte und ich merkte bald, dass es den ägyptischen Vermessungsingenieuren, die für dieses Land zuständig waren, ohnehin schwer fiel, mit Plänen umzugehen und sich festzulegen. Dazu kam, dass die Autofahrt von Kairo zum Ismalia-Kanal damals drei Stunden dauerte und dass es immer eine Art Gnade war, wenn die Ingenieure den Weg in die Einöde hinaus fanden, obwohl sie Geld für ihren Aufwand erhielten. Als ich Kamel Zahran deswegen um Rat fragte, meinte er schadenfroh: »Habe ich nicht gesagt, dass es nicht geht?« Doch durch all dies ließ ich mich nicht abschrecken. Im Gegenteil: Es machte die Sache für mich eher noch reizvoller und bestärkte mich in meinem Vorhaben.

Mit dem Erwerb des Grundstücks begann eine intensive Planungsphase. Ich versuchte nun die 700 mal 1000 Meter selbst zu vermessen, indem ich mir die dafür notwendigen Geräte auslieh. An besonderen Punkten schlug ich Eisenpfähle in den Sandboden und zeichnete alles sorgfältig auf Papier auf. Zehn Jahre blieb es dabei, dass ich von den Grenzen nur eine ungefähre Ahnung hatte. Die späteren Korrekturen waren erstaunlich geringfügig.

In diesen Plan trug ich zuerst die Straßen ein: Eine Längsachse sollte sich in nordwestlich-südöstlicher Richtung mitten durch das ganze Gelände ziehen. Von ihr aus gingen nach rechts und links kreuzförmig weitere Wege ab und gliederten das Land in mehrere rund drei Hektar große Parzellen für Felder. Im Geiste wurden die Wege, mit Bäumen bepflanzt, zu schattigen Alleen. Das ganze Grundstück sollte mit einem dreißig Meter breiten Baumgürtel umgeben werden, zum Schutz für das werdende Leben der Pflanzen, Tiere und Menschen. Als inneres Vorbild diente mir hierfür die Zelle, die von einer Zellmembran umhüllt ist. Was für den Europäer der lichte, blaue Himmel mit der Wärme spendenden Sonne ist, das ist für den Menschen in der Wüste der Baum mit seinem Schatten, in dessen Kühle er sich gerne aufhält und sich vor den übermäßig starken kosmischen Einflüssen bewahren kann.

Wer in die Wüste Leben bringen will, braucht als Erstes und Wichtigstes Wasser. Ich plante, zwei Brunnen zu bohren, einen im Nordwesten in der Nähe der Ställe, die ich dort bauen wollte, und den zweiten im Südwesten, wo die Häuser und Wohnungen entstehen sollten. Einen langen Streifen Land im Westen sparte ich aus; dort stellte ich mir vor meinem inneren Auge eine Schule, eine Krankenstation, ein Zentrum für die Bewegungskunst der Eurythmie, für Kunst und soziales Leben vor. Und den Betrieben, von deren Gewinnen der Aufbau und die Entwicklung der kulturellen Einrichtungen finanziell getragen werden würde, gab ich in der Mitte des Grundstückes Raum. Zu den rechtwinkligen Wegen zeichnete ich immer wieder an markanten Kreuzungspunkten Rondelle ein, um von Grund auf eine künstlerische Gestaltung des Wüstengeländes anzulegen.

Unser erstes Wohnhaus auf dem Gelände wurde rund gebaut, und auch die Betriebe hatten zu Anfang viele Rundungen. Dieser Gestaltungsimpuls kommt aus einem tief in meiner Seele lebenden sozialen Empfinden: Was sich im Kosmischen als Sonnenzeichen darstellt, lebt sich auf Erden als ein Hingezogensein zum Sozialen aus. Ich hatte darüber nicht lange nachgedacht, es kam ganz tief aus mir als Bedürfnis.

Dieser erste Plan existiert noch. Wenn ich ihn heute manchmal betrachte, sehe ich mich, zeichnerisch konzipierend, einsam über die öde, steinige Fläche gehen, schutzlos Sonne und Wind ausge-

Ibrahim Abouleish auf dem Traktor. Beginn der Landwirtschaft auf der Farm, 1977

setzt, dort, wo heute die blühende Oase SEKEM mit all ihrem Leben entstanden ist. Es ist kaum zu glauben und ein Wunder, wie sich eins aus dem anderen entwickelte. Menschen kamen, halfen mit, blieben oder gingen wieder; es war gegen Intoleranz, gegen Nachlässigkeit und gegen viele Hemmnisse anzukämpfen. Und alles kommt mir im Rückblick wie ein großes lebendiges Gewebe vor, das aus Kett- und Schussfäden zum Bild von SEKEM gewirkt wurde. Immer noch existiert im Kunsthaus, im oberen Stockwerk, mein Planungsbüro.

Als Nächstes schaffte ich einen Traktor an und begann nach meinem Plan Straßen anzulegen. Bei dieser Arbeit war ich überwiegend allein; es wanderten nur hin und wieder Beduinen mit ihren Ziegen vorbei, denen es urkomisch vorzukommen schien, was ich dort, immer wieder auf ein Papier blickend, tat. Meine Idee konnten sie nicht begreifen. Aber sie sahen sie vor ihren Augen entstehen.

Weg zur Farm, 1978

Die Beduinen, die sich offenbar gerade zu diesem Stück Land besonders hingezogen fühlten, waren freundlich. Immer wieder brachte ich ihnen etwas aus Kairo mit und schloss allmählich Bekanntschaft mit diesen Menschen. Es berührte mich und ich dachte, dass es doch wunderbar sei, dass schon im ersten Jahr etwa vierzig Leute hierher kommen, um ihre Strohhütten aufzuschlagen und dort zu wohnen. Ich empfand sie als vom Himmel geschickt und begann, dem einen oder anderen von ihnen Aufgaben zu geben. Einmal stand ich bei meinen Arbeiten und war gerade in eine Tätigkeit vertieft, da klopfte mir von hinten jemand auf die Schulter und sagte: »Ich bin Mohammed. Ich bin dein Wächter!« Er war ein Beduine mit erschreckend hässlichen Zähnen, aber außerordentlich offenherzig und lieb; er lebt heute noch in Sekem. Damals hielt ich sein Angebot für reine Freundlichkeit und nahm es dankbar an. Erst später sollte ich das auch noch anders verstehen.

Der Winter des Jahres 1978 war ziemlich hart. Ich lief ständig mit einer Pelzmütze und einem dicken Wollmantel umher und mir wurde kalt, wenn ich die Beduinen um mich so dünn bekleidet sah. Ich besorgte also für meinen Wächter Mohammed und seine Familie Wolldecken, für die sie sehr dankbar waren. Als aber der Frühling kam und es wieder warm wurde, sah ich eines Tages etwas Schockierendes: Mohammed hatte die Wolldecken zu einem Strick verarbeitet und zog damit seinen Traktor. Die Decken waren verdreckt und zerschlissen. Ich sagte: »Mohammed, was hast du getan? Was machst du mit den Decken?« Er sah mich erstaunt an, als ob ich nicht von dieser Welt wäre. »Mohammed, der nächste Winter wird kommen. Du wirst die gleichen Decken wieder brauchen!« – »Was meinst du? Der Winter wird wieder kommen? – Wenn der Winter kommt, wird Allah dir sagen, dass du mir neue Decken kaufst!«

Ich lernte ganz allmählich, dass viele Menschen, mit denen ich umging, kein Bewusstsein von Zeit hatten oder, anders ausgedrückt, Zeit anders erlebten. Aus einer solchen Bewusstseinshaltung heraus kann man aber nicht planen, kann man sich keine Ziele setzen, nicht analysieren, nicht korrigieren und nicht reflektieren. Gleichzeitig sah ich die überschwängliche Herzlichkeit und Offenheit meiner ganz in der unmittelbaren Empfindung lebenden Mitmenschen, die völlig aus dem gegenwärtigen Erleben heraus handelten. Aber ich wollte etwas entwickeln und verfolgte Ziele, für die ich planen musste. Aus all meinen Erlebnissen wurde mir deutlich, wie wichtig für diese primär in der Empfindung lebenden Menschen das moralisch handelnde Vorbild ist. Jeder von euch ist ein Hirte, und jeder ist für das ihm Anvertraute verantwortlich, sagt der Prophet. Über das konkrete Vorleben, das die Menschen hier sogar bis in die Haltung und Bewegung hinein nachahmen, können sie an sich selbst und in ihrer Umgebung vieles verändern. So habe ich auf SEKEM selbst den Rechen in die Hand genommen und mit den Menschen geübt, die Wege zu harken, habe mit ihnen gemeinsam Wände in leuchtendem Weiß gestrichen. Oft hat es für die einfacheren Menschen genügt zu sehen, dass mir diese Dinge wertvoll sind, und sie haben sich bemüht, weil sie wussten, dass ich es so liebe. Dieses nachahmende Verhalten wirkt über eine längere Zeit verwandelnd.

Gleichzeitig war es mir wichtig, durch eine wissenschaftliche und künstlerische Begleitung das Staunen zu wecken, das zu eigenen Fragen führt. Wenn Menschen beginnen, Fragen zu stellen, zeigen sie, dass sie eine Sache von innen her ergreifen lernen. Der nächste Schritt besteht darin, für diese vor allem auf der Empfindungsebene lebenden Menschen konkrete soziale Formen zu schaffen. Dies betrifft eine Ebene, die aus europäischer Sicht weitgehend selbstverständlich erscheint, aber für die Verbindlichkeit innerhalb eines Unternehmens von zentraler Bedeutung ist: Wie und wann beginnen wir unseren Tag? Wie stehen wir im Kreis, wie kleiden wir uns richtig für unsere Arbeit? Wie gehen wir miteinander um, damit Menschenwürde deutlich wird? Über den Weg der Formen entwickelt sich der Verstand. Das beginnt mit sehr elementaren Regeln: Wenn jemand beispielsweise um sieben Uhr bei der Arbeit sein muss, sind dazu viele Überlegungen nötig: zeitiges Aufstehen, Ankleiden, Frühstücken, Busfahren, damit man wirklich pünktlich erscheint. Das Bewusstsein beginnt sich mit etwas zu beschäftigen, mit dem es sich nie von sich aus auseinandergesetzt hätte. Denn in den meisten Fällen geht man hier in Ägypten zur Arbeit, wenn man ausgeschlafen hat, und beendet eine Sache, wenn man müde ist.

Das Wasser

Die ersten Straßen waren angelegt und die Felder parzelliert, nun sollten zwei Brunnen gebohrt werden. Mir selbst fehlten dafür jegliche Kenntnisse. Dadurch kam ich in die glückliche Lage, erstmals Menschen Arbeit geben zu können. Ich erfuhr von einer Truppe, die Brunnen in der Wüste bauen konnte. Aus Zement, den ich ihnen besorgte, und Sand formten sie mit ihren Händen in Holzformen zu Tausenden dicke Ziegel. Das nötige Wasser musste in einem Tank mit dem Traktor vom Kanal geholt werden. Doch die anwohnende Bevölkerung war allmählich auf mein Vorhaben aufmerksam geworden und begleitete diese Transporte argwöhnisch. Was geschieht dort in der Wüste? Sie fühlten sich zunehmend gestört und begannen sich zu wehren, indem sie mit Steinen die Straße blockierten.

»Wo willst du deinen Brunnen haben?«, fragte mich der Leiter der Truppe. »Dort!«, und ich zog mit einem Stock einen Kreis von zwei bis drei Metern Durchmesser in den Sand. Die Männer fingen nun mit den Händen und mit Schaufeln an, den Sand einen halben Meter tief wegzuschaffen und mauerten mit den Zementziegeln einen Ring. Über Nacht härtete der Zement aus. Frühmorgens gruben sie weiter und hackten sich mit einfachstem Werkzeug, auch wenn sie auf Gestein stießen, allmählich in die Tiefe. Dann setzten sie einen nächsten Ziegelring. In die Ziegel wurden in Abständen immer wieder Eisenstangen als Tritte eingefügt, sodass Geröll, Erdbrocken und Sand in Kübeln aus der Tiefe an die Oberfläche getragen werden konnten. In 25 Meter Tiefe wurde der Sand plötzlich nass. Noch weitere fünf Meter ging es tiefer hinunter. Dann kam der Brunnenmann. An einer Seilwinde oben am Brunnenrand befestigte er ein drei Meter langes Eisenrohr, das 30 Zentimeter im Durchmesser maß. Es hatte unten eine Gummiklappe, und wenn es in die Tiefe sauste, öffnete sich die Klappe und nahm den feinen Sand in das Rohr, wurde hinaufgezogen, ausgeleert und erneut hinab fallen gelassen. Mit dem ersten Rohr wurde ein zweites mit hinabgetrieben. So entstand ein Rohr in einem Rohr, wobei das äußere mit einem durchlöcherten Filter aus Kupferdraht versehen war. Drei Monate arbeiteten viele Männer die Eisenrohre in 70 bis 80 Meter Tiefe vor. Zuletzt kam mit dem Sand sehr viel Wasser mit hinauf – das erste Wasser! Es wurde begeistert von allen gekostet. Das erste Wasser auf eigenem Grund – ein Fest! Aber es war tief, tief unten. Wie sollte es hochbefördert werden?

Tagsüber beaufsichtigte ich den Brunnenbau, damit keine Unfälle geschahen und gut gearbeitet wurde. Spätabends, wenn die Männer gegangen waren, studierte ich bis in die Nächte hinein Bücher über Pumpen und stellte Berechnungen über die Förderkapazität der Geräte an. Als ich mir sicher war, was ich brauchte, begann ich in Kairo nach etwas zu suchen, was es, wie sich herausstellte, dort gar nicht zu kaufen gab. Ich fand das Benötigte schließlich bei den Schrotthändlern der Stadt, die selbst keine Ahnung hatten, was sie da anboten: einen alten Elektromotor, Kreiselpumpen und Rückschlagventile. Natürlich hätte ich aus Europa moderne Maschinen bekommen können. Doch ich gestehe, dass ich während des Aufbaus versuchen wollte, ohne fremde Hilfe alles aus diesem Land heraus für dieses Land zu entwickeln. Es war sehr mühsam, denn nachdem ich diese gebrauchten Geräte ausprobiert hatte, musste ich öfter, wenn sie nicht liefen, drei Stunden über unwegsame Sandpisten nach Kairo zurückkehren, um sie umzutauschen oder neue zu suchen.

Die Pumpen und alle weiteren Elektrogeräte brauchten Strom – Strom mitten in der Wüste? Ich besorgte einen Dieselgenerator, für den auch ein Dieseltank bereit gestellt und Dieselöl transportiert werden musste. Die vielen Schwierigkeiten und Tragödien, die damit verbunden waren, will ich hier nicht weiter ausbreiten. Bis endlich das Wasser heraufkam! Wie waren wir alle glücklich über diese ersten schwer errungenen, köstlichen Tropfen aus der Tiefe, die mit einem großen Fest gefeiert wurden!

Diese Brunnenbauweise, die an die altrömische Art angelehnt ist, wurde später nicht wiederholt. Insgesamt haben wir auf der Farm wohl fünf Brunnen gebohrt, die in 100-110 Meter Tiefe reichen. Von oben wird eine Tiefpumpe mit Elektrokabel hinabgelassen; alles ist zwar teurer, aber viel einfacher und schneller.

Während all dieser Arbeiten eilten meine Gedanken und Planungen schon wieder weit voraus. Ich überlegte mir, dass ich bei all diesen Schwierigkeiten mit der Energieversorgung und der Ersatzteilbeschaffung und den extremen Widrigkeiten der Wüste unbedingt für Ersatzgeräte sorgen müsste, falls eine dieser Pumpen oder ein Ersatzteil ausfallen würden, denn der gesamte Farmbetrieb hing am Funktionieren dieser Geräte! Deswegen bemühte ich mich, ein Reservesystem für den Betrieb der Pumpen zu konstruieren, das sofort einschaltete, wenn etwas ausfiel, was oft vorkam. Einmal hatte ich selber eine lange Zeit weit unten im Brunnenschacht, in 25 Meter Tiefe montiert und eine elektrische Pumpe installiert. Nach zwölf Stunden Arbeit war ich todmüde, hatte es aber geschafft, sie zum Laufen zu bringen. Mir zur Seite war stets ein fleißiger junger Mann, Hammad mit Namen, der beobachtet hatte, wie intensiv ich arbeitete. Ihm zeigte ich, wie das Ersatzgerät angeschlossen werden könnte, schärfte ihm aber ein, nicht allein, ohne mich, weiterzuarbeiten. Dann fuhr ich nach Kairo, um mich schlafen zu legen. Nun wollte mir mein guter Freund einen Gefallen tun und mir zeigen, was er bei mir gelernt hatte. Vorsichtig nahm er die zweite Pumpe und trug sie bis zum Brunnenrand. Dort glitt sie ihm aus der Hand, fiel tief hinab, genau auf die erste, laufende Pumpe und alles war Schrott! Am nächsten Tag stand er völlig in Tränen aufgelöst vor meiner Tür in Kairo und ich durfte ihn beruhigen – und von neuem anfangen. Damals sagte ich ihm etwa Folgendes: »Hör zu! Wie wir aus unseren Erfolgen gelernt haben, müssen auch die Misserfolge uns etwas sagen. Es ist nicht schlimm, Fehler zu machen. Aber wehe, wenn man nicht daraus lernt. Was war falsch?!« Als Pädagoge versuchte ich immer wieder, die Menschen dahin zu bringen, über ihre eigenen Handlungen nachzudenken, um sie selbst zu korrigieren und sie nicht nur Allahs Willen zuzuschreiben. Dies ist ein mühsamer, aber lohnender Weg, denn nicht nur Vordenken und Planen, sondern auch Nachdenken und Selbstkontrolle fallen vielen Ägyptern schwer. Hammad hat damals aus seinem Schock viel gelernt und ist heute immer noch bei uns.

Noch bevor zum ersten Mal Wasser heraufgepumpt worden war, hatte ich auch über die Verteilung nachgedacht oder genauer: das Bewässerungsnetz vorgeplant. Wie sollte das Wasser geleitet werden, damit es die Pflanzen und Tiere erreichte? – Bewässerung ist eine Klugheit erfordernde Angelegenheit. Kanäle mussten entstehen und Rohre gelegt werden. SEKEM ist heute von einem riesigen unterirdischen Bewässerungssystem durchzogen. Damals kaufte ich aus Deutschland eine Maschine mit Namen »Waldhauser«, bestehend aus einem dicken Schlauch von ca. 300 Metern Länge auf einer großen Rolle, der über ein Feld ausgezogen wurde und vorne eine Düse hatte. Durch den Wasserdruck im Rohr begann das Gerät zu sprühen, wobei sich der Schlauch ganz langsam wieder einzog. Dann wurde die Rolle mit einem Traktor zu einer anderen Stelle gefahren, wo weiter bewässert werden sollte. Dicke Zementrohrleitungen, die einen Druck von drei Bar aushielten, wurden unterirdisch verlegt, wozu ich das gesamte steinige Gelände aufgraben ließ. Alle 100-200 Meter ragte ein Wasserhahn heraus, an den das Gerät angeschlossen werden konnte. Als dann das Wasser aus dem Brunnen nicht mit dem nötigen Druck kam, wurde eine Pumpstation gebaut, die zusätzlich Druck aufbaute und in die Rohre leitete. Alles musste dabei aufeinander abgestimmt sein: die Rohrstärke, der Druckaufbau durch die Pumpstation und die Dichte. Ich habe alles einzeln lernen müssen, denn die Rohre könnten bei einem zu hohen Wasserdruck in die Luft fliegen, obwohl sie aus Zement waren.

Nachdem alles installiert war, merkte ich erst, dass diese Bewässerungsmethode sich wohl für Deutschland eignete, nicht aber für die Wüste. Ich beobachtete, dass das Wasser nur über die Steine des leicht hügeligen Geländes rieselte, dabei zu schnell verdunstete und nicht tief genug in den kargen Boden eindrang, um die Pflanzenwurzeln erreichen zu können. Es waren wohl Samen gelegt worden, die aber aus Wassermangel nicht keimen und wachsen konnten. Helmy und ich beschäftigten uns Tag und Nacht mit diesen »Waldhauser«-Maschinen, bei denen auch immer wieder etwas kaputt ging. Helmy eiferte sich mehr als einmal, dass es doch zu schaffen sein müsste, in Deutschland würden die Bauern doch auch schlafen können. Schließlich gaben wir auf und suchten eine ganz andere Bewässerungsmethode. Wir fingen an, das ganze Land zu terrassieren und Kanäle anzulegen, in denen, wie im Nildelta, das Wasser rinnt und die Felder erreicht. Heute haben wir viele verschiedene Bewässerungssysteme auf der Farm.

Schattenspendende Bäume

Sobald es gelungen war, Wasser zu fördern und auf die Felder zu verteilen, verfolgte ich einen neuen Plan. Rund um das ganze Gelände sollte ein Baumstreifen entstehen und längs der Wege plante ich schattenspendende Alleen. Die wunderbaren Wälder Mitteleuropas, an deren hohen Bäumen sich die Menschen innerlich aufrichten können, sind den Ägyptern unbekannt. Selten begegnen sie in der Weite der Wüste der Qualität der Vertikalen, die die Menschen bilden kann; ihre Seele verströmt sich allzu leicht in der Unendlichkeit des Horizontes. Für das innere Erlebnis des Aufrichtens standen früher in den Tempeln die Obelisken. Dies war ein weiterer Grund für die Baumpflanzungen, neben dem Motiv, durch die Bäume einen schattenspendenden Schutzraum für das wachsende Leben gegen die übermächtigen kosmischen Einflüsse des Lichtes und der Hitze zu errichten.

An einer anderen Stelle des Grundstücks, wo ein Wald geplant war, hatten sich in der Zwischenzeit die Beduinen mit ihren Zelten niedergelassen. Sie waren nun im Weg, aber es würde für diese ohnehin nicht sesshaften Menschen ein Leichtes sein, auf dem weiträumigen Gelände umzuziehen. Ich suchte sie deshalb auf und sagte zu ihnen etwa: »Hört zu, ihr müsst jetzt mit euren Strohhütten an eine andere Stelle gehen.« Da wurden sie plötzlich böse und gaben mir in schroffem Ton zur Antwort: »Nein, du musst hier weg. Wir sind die Beduinen, es ist unser Land und du bist fremd!« Mit einem Mal war vergessen, dass wir bis gestern noch Freunde gewesen waren, und die Stimmung schlug um. Ich hatte damals nicht bedacht, dass diese aggressive Härte und Strenge für die Beduinen typisch ist, und stand erst einmal vor einem Rätsel. Vergeblich versuchte ich mit den Alten der Sippe und mit meinem Wächter Mohammed zu sprechen. Er sagte mir nur bedauernd: »Herr Doktor, ich liebe Sie, aber auch ich kann nicht umziehen, weil der Gomaa, der Chef, sagt, dass wir bleiben sollen.« Dann zeigte ich ihnen, dass nach den Plänen für die Gestaltung des Geländes das Wasser genau durch ihre Hütten fließen würde. Es nutzte nichts. Sie weigerten sich trotzdem.

Ich suchte den zuständigen Bürgermeister auf, der zwar weiter entfernt wohnte, aber für die Anliegen der Gegend Autorität sein sollte, und bat ihn um Hilfe. Er riet mir zu Vorsicht, da die Beduinen sehr gefährlich werden könnten. Immer wieder sei es vorgekommen, dass sie Menschen einfach erschossen hätten. Und mit einem Achselzucken schickte er mich wieder fort. – Danach traf ich einen meiner Verwandten und sprach mit ihm über das Problem. Etwas hitzig antwortete er mir daraufhin:»Pass auf, ich werde zu den Leuten hingehen und sie erschießen. Du gibst dir so viel Mühe, und wenn sie diese zunichte machen wollen, lege ich sie einfach um.«

Dann trug ich dem Präsidenten des Landes mein Anliegen vor. Er schickte mir jemanden, der mit den Beduinen sprach und mir anschließend sagte: »Es ist hoffnungslos! Es sind immer die gleichen Probleme mit den Beduinen. Ihre Sturheit und Härte machen vieles unmöglich! Wir könnten sie zwar vertreiben, aber dann werden Sie hier keinen ruhigen Aufenthalt mehr haben. Denn sie kommen wieder, und dann in der Nacht. Aber ich gebe Ihnen einen Rat: Wissen Sie, der Prophet hatte auch viele Kämpfe mit den Beduinen auszustehen und er löste sie öfter so, dass er eine ihrer Frauen heiratete. Damit hatte er sie auf seiner Seite.« Ein schöner Rat!

Was sollte ich tun? – Ganz behutsam versuchte ich, die Beduinen besser kennen zu lernen. Dabei bemerkte ich, dass es eigentlich ein bedauernswertes Volk war. Die Männer hatten zwar Waffen, aber offenbar nur, um damit ab und zu in die Luft zu schießen. Nach längerem Überlegen verfiel ich auf einen Plan, der für europäische Augen vermutlich auf den ersten Blick befremdlich wirkt: Aber ich war entschlossen, die Beduinen, ohne ihnen auch nur im Entferntesten schaden zu wollen, mit einer Inszenierung zu beeindrucken und sie dann zu ihrem eigenen Vorteil zu überrumpeln. Mit der Hilfe des Landespräsidenten bekam ich einen Termin beim obersten Polizeichef der Gegend und bat ihn also um 40-50 Soldaten. Aber er warnte mich: »Ich kann sie Ihnen wohl schicken«, sagte er, »aber ich verantworte nicht die Folgen, die die Aktion für Sie haben wird.« Eines Tages fuhr nun ein Lastwagen mit einem Trupp Soldaten vor dem Farmgelände vor, und die uniformierten Männer marschierten mit lauten Schritten auf. Alle Beduinen erschraken. Wo heute das Mahad steht, das Rundhaus für die Erwachsenenbildung, hatte ich damals ein Rondell angelegt. Dort saß mein Verwalter mit dem Auftrag, den Beduinen Geld zu geben, wenn sie sich mit ihrer Unterschrift bereit erklärten, ihren Platz zu wechseln. Einen nach dem anderen schickte ich zu dem Verwalter. Als sie nach ihrer Unterschrift zurückkamen, hatte ich einen Traktor vorbereitet, um ihre Sachen an einen anderen Platz zu transportieren. Nun entstand ein Tumult, ein Geschrei und Gezeter! Trotz ihrer Wut wagten sie es angesichts der Soldaten nicht, sich zu widersetzen. Es war mir gelungen, sie zu beeindrucken! Und dort, wo sie damals hingingen, leben sie heute noch.

Was mich aber in dieser Situation für sie wirklich zu einer lebenslangen, geschätzten Autorität werden ließ, war nicht der Eindruck der Soldaten, sondern noch etwas anderes: Auch nach vollzogenem Umzug hielt das fürchterliche Schimpfen an und sie drohten, mich umzubringen, wenn die Soldaten weg wären. Obwohl sie sogar Geld dafür erhalten hatten, waren sie für ihr Empfinden aus ihren Häusern vertrieben worden. Ich versuchte nun ruhig zu bleiben und beschloss, die folgende Nacht mit durchaus gemischten Gefühlen allein auf dem Land zu verbringen, um ihnen zu zeigen, dass ich nur ihr Bestes wollte. Wenn sie mir etwas anhaben wollten, könnten sie es tun, aber es wäre töricht. Der Mut, diese eine Nacht allein auf dem Gelände zu verbringen, muss sie schließlich überzeugt haben.

Nun konnte ich den Wald und die Alleen anlegen. 120.000 Setzlinge ließen wir dazu kommen: Casuarinen, Eukalypten und den persischen Flieder. Die Autos hatten wegen der schlechten Sandwege Mühe, alles zu transportieren, doch mit Hilfe der Beduinen und Dank der inzwischen eingerichteten Bewässerungsmöglichkeiten gelangen die Pflanzungen. Aber kaum waren die Bäumchen gesetzt und angewachsen, kamen die Ziegen und fraßen sie wieder ab. Ich musste zu jedem einzelnen Besitzer gehen und ihm sagen: »Mohammed, was hat deine Ziege gemacht?!« Dadurch zwangen sie mich aber, Tag und Nacht Wächter gegen die Ziegen einzusetzen, und weckten so meinen Sinn für Organisation. Immer wieder bezog ich sie danach ein, um ihnen Arbeit zu geben. Heute arbeiten sie überwiegend als Wächter des Geländes und als Schafhirten. Wie war ich froh, als ich merkte, dass die Bäume, die sehr anspruchslos sind und nichts anderes als Wasser brauchen, tatsächlich anwuchsen!

Menschen der Wüste

Im Laufe der Geschichte sind immer wieder an großen Flussläufen wie Euphrat oder Nil mächtige Kulturen entstanden. Es war das Wasser, das die Seelen der Menschen milderte und für Einflüsse anderer Völker öffnete. Das Wasser war es auch, das grüne Gärten schuf, das Landwirtschaft ermöglichte, auf deren Grundlage dann Kultur und Religion die Ansässigen verwandeln konnten. Welche Völker zogen dagegen in die Wüste und wie wurden sie durch diesen extremen Lebensraum geprägt? – Die Beduinen als Menschen der Wüste sind ständig den übermächtig wirkenden Einflüssen des Lichtes und der Hitze ausgesetzt. Sie müssen sich ihrer Umgebung gegenüber abschließen, da sie sonst innerlich wie aufgerissen würden. Wüstenmenschen ziehen sich in sich zurück, weil sie andernfalls von der Trockenheit ausgedörrt würden. Ihrer Lebenserfahrung fehlt das lösende, entspannende, mildernde Element des Wassers. Umgeben von Steinen und Sand kennen sie das vermittelnde Grün der lebendigen Pflanzenwelt nicht. Hinzu kommt der harte Wechsel von tief schwarzer Nacht und grellem Tageslicht, von Kälte und Hitze, das ihren Charakter prägt. In diesem Überlebenskampf, in absoluter Bedürfnislosigkeit als Wandervolk, muss alles kulturelle Leben ihnen unnütz und verweichlichend erscheinen. Beduinen kennen keine Kunst in unserem Sinne. Die Frauen versorgen den Haushalt und pflegen die Tiere, wobei ihnen wenig Gelegenheit bleibt, sich um Kultur zu kümmern. Sie verspinnen die Haare der Ziegen und Kamele und weben daraus nützliche Gebrauchsgegenstände wie Decken für Zelte und Kleidung, deren Farben wir als schrill empfinden. Wasser ist den Menschen zum Baden und Waschen zu kostbar und wird durch Sand ersetzt. Frauen werden in dieser Härte des Lebens insgesamt eher als Last erlebt, eben als zusätzliche Esser. Früher hat man die neugeborenen Mädchen bis auf ganz wenige oft gleich nach der Geburt lebendig begraben. Bis heute setzt sich die Erniedrigung der Frauen bei den Beduinen immer wieder durch, obwohl der Prophet im Islam anderes verbreiten wollte.

Heutzutage geht nach meinem Eindruck alle Kraft, die die Beduinen früher zum Überlebenskampf brauchten, in eine extreme Schlauheit über. Im Gegensatz zu der sesshaften arabischen Bevölkerung, die eine eigene Sprachkultur, Kunst und Moral aufgebaut hat, verdienen diese Wüstenmenschen viel Geld durch Schmuggel von Waffen und Drogen – schließlich kennen sie die Pfade in der Wüste gut. Gesetze zu akzeptieren, die sie als von außen aufgesetzt erleben, fällt ihnen schwer. Mit ihrem Geld erweitern sie ihre Geschäfte und anstelle der Kamele treten heute die Allrad-Jeeps. Ihre Siedlungen in der Wüste wirken kulturlos, die Häuser unproportioniert, dunkel und unreinlich. Sie leben mit ihren Tieren zusammen und hocken auf dem Boden. Zum Essen wie zum Schlafen haben sie keine Möbel. Anlagen begüterter Beduinen erkennt man an einem überdimensionierten Entree, dass völlig überwältigend mitten aus der Wüstenumgebung aufragt. In ihren Palästen, die sie sich oft von Europäern oder Amerikanern errichten lassen, führen sie aber wie gewohnt ihr einfaches Leben fort. So richtig wohl fühlt sich der Beduine weiterhin nur in seinem »Haarhaus«.

Am Rande der Zivilisation begegnen sie dann Menschen wie den Fellachen, die in festen Häusern leben, Gärten und Felder anlegen. Als reines Naturvolk lehnen die Beduinen diese Lebensweise als weich und wenig menschenwürdig ab und assimilieren sich nicht. Sie wissen, dass jemand, der sesshaft geworden ist und etwas aufgebaut hat, Friede will. So halten sie gegen ein nicht gerade geringes Entgelt diesen »Frieden« ein. »Ich bin dein Wächter!«, hatte mir Mohammed gesagt! Wie war ich naiv, als ich ihm damals aus reiner Menschenliebe wegen seiner »Güte« fast um den Hals gefallen wäre! – Die Verschlossenheit der Beduinen liegt sehr tief. Selbst ihre Kinder in unserer Schule ertragen es kaum, wenn versucht wird, ihre Seelen mit Bildern, Kunst und Schönheit zu öffnen und zu weiten. Wir nehmen diese Tatsache als Aufgabe an, die Generationen brauchen wird, in der Hoffnung, mit viel Liebe und Zuwendung ihre harten, stolzen Gemüter zu berühren.

Energieversorgung

Meine ständige Sorge während der ersten Jahre des Aufbaus in der Wüste bestand darin, die Energieversorgung für die vielen Wasserpumpen und die Elektrizitätsgewinnung aufrechtzuerhalten, denn was bedeutete es, wenn der Dieselmotor ausfiel oder ein Filter des Generators verstopfte? Es hieß: Dunkelheit und in kürzester Zeit wieder Dürre. Es hieß auch: Warten, bis neues Dieselöl geliefert würde oder Ersatzteile für den Motor herangeschafft werden konnten. Deshalb war es äußerst mühsam, nur mit Generatoren zu arbeiten. Wir erlebten dabei auch einige tiefe Rückschläge. Besonders hart traf uns ein Sandsturm, bei dem man die Hand vor Augen nicht mehr sehen konnte, der alles zudeckte und den gesamten Betrieb für Tage zum Erliegen brachte. Wenn so etwas geschieht, erhält ein Tropfen Wasser den Wert eines Königreiches!

Mein großer Traum richtete sich deshalb auf eine ständige Energieversorgung, wobei ich mich mit einigen guten Ideen, auch mit Sonnenkollektoren oder Windkraft, beschäftigte. Ich habe alles geprüft und leider für dieses Land verwerfen müssen, weil es entweder zu kostspielig war oder, wie bei den Windrädern, nicht die für uns nötigen Bedingungen hatte. So kam nur in Betracht, die staatliche Stromversorgung mit Überlandleitungen und Trafostationen in Anspruch zu nehmen und den Diesel als Notstromaggregat zu verwenden. Die nächste Stelle, an die wir uns anschließen konnten, lag jedoch neun Kilometer entfernt! Alle Arbeiten, besonders der Bau und das Aufstellen der Masten auf fremdem Gelände kosteten zähe Verhandlungen, viel Arbeit und Geld. Die Menschen, die dann anschließend die Stromleitungen montierten, wurden von uns auch mit Essen versorgt. Dies war im Wesentlichen Gudrun zu verdanken.

Gudrun besuchte mich oft auf der Farm und beobachtete, wie alles voranging. In den ersten Jahren des Aufbaus lebte sie mit den Kindern, die noch die deutsche Schule besuchten, in Kairo. Sie stand alles tapfer durch, unterstützte mich und nahm mir die ganze familiäre und schulische Verantwortung den Kindern gegenüber ab. Zu meiner Familie pflegte sie einen innigen Kontakt, alle nahmen sie auf und liebten sie. Als unser Wohnhaus bezugsfertig war, zog sie heraus auf die werdende Farm, verwaltete in den ersten Jahren den gesamten Haushalt und ermutigte Menschen durch ihr Vorbild, weiterzumachen, wenn sie sahen, wie es eine europäische Frau in dieser Einöde aushielt. Dank ihrer großen Energie und Stärke war sie ein Ansporn für viele andere.

Auf ihre Anordnung hin wurde für die Stromleitungsmonteure jede Woche ein Schaf geschlachtet und das Fleisch zu einer Mahlzeit gerichtet. Als wir nach zweieinhalb Jahren Stromleitungsbau auf den Knopf drücken konnten und Licht hatten, feierten wir dieses Ereignis mit einem riesigen Festessen, bei dem eine ganze Kuh geschlachtet wurde und zu dem alle Menschen samt ihren Familien eingeladen waren, die überhaupt jemals mit dem Bau der Stromleitung zu tun gehabt hatten. Wir waren so froh über die Stromversorgung, obwohl es in den ersten Jahren bis zu 80 Prozent Ausfall gab und wir dann immer wieder den Dieselgenerator dazu schalten mussten. Heute ist es umgekehrt und die Generatoren gewährleisten, dass die Kühl- und Trocknungsgeräte der Betriebe weiterlaufen.

Das Rundhaus

Der Platz für unser erstes Wohngebäude, das Rundhaus, das heute als Gästeunterkunft dient, war schon in meinen ersten Planungen berücksichtigt. Ich konzipierte und zeichnete es überwiegend in Nachtarbeit, da mich meine täglichen Aufgaben übermäßig beanspruchten und mir für zusätzliche Planungsarbeiten keine Zeit ließen. Dabei dachte ich mir, dass sich das Haus durch seine Rundung gegen die Offenheit der Wüste abschirmen und in einem geschützten Innenraum pflanzliches, aber auch kulturelles und soziales Leben ermöglichen sollte. In dieser miniaturhaften Idylle wollte ich einen Garten mit duftendem Jasmin, Hibiskus und Rosen anlegen, eine Oase inmitten einer lebensfeindlichen Umgebung. Aber mit welchen Materialien sollte das Wohnhaus gebaut werden? Ich sah mir die Häuser in meiner Umgebung an und entdeckte, dass sie aus Lehm errichtet worden waren, der mit den Füßen gestampft und mit den Händen verbaut wird. So stellte ich einige Maurer ein, die mit ihren Eseln den Lehm holten; das nötige Wasser hatten wir auf der Farm.

Nun zeigte ich den Männern meinen Plan, den ich für sie sorgfältig auf Papier gezeichnet hatte, und erklärte ihnen diese eigentlich recht einfache Konstruktion. Die drei Kreise waren schnell vermessen und sie begannen mit ihrer Arbeit. Aber schon am zweiten Bautag war mein Plan, den ich ihnen ausgehändigt hatte, völlig zerfetzt und nichts mehr darauf zu erkennen. Immer wieder hatten sie, um sich zu orientieren, das Papier in ihre schmutzigen, nassen Arbeitshände genommen. So ging es nicht weiter. Ich zeichnete also ein neues Papier, das ich ihnen auf ein Brett befestigte, und verbot ihnen, es mit den Händen zu berühren. Sie sollten nur hinsehen. Aber nach zwei Tagen war das Brett fort und das Papier wehte an irgendeinem Strauch in der Sonne. Daraufhin nahm ich ein Tuch und malte mit Tusche darauf, wie gebaut werden sollte. Nun waren die Maurer sichtlich erlöst! Jetzt konnten sie den Plan in die Tasche stecken und sich ab und zu noch mit dem Tuch den Schweiß von der Stirn wischen. Ein im besten Sinne praktisches Werkzeug hatte ich ihnen in die Hand gegeben!

Der Bau der Bäder im Wohnhaus war den Arbeitern völlig fremd. Das gehörte nicht zu ihrer Kultur. Ich versuchte mit viel Mühe, rote Ziegel zu bekommen, auf die die Fliesen angebracht wurden, alles musste ständig begleitet und korrigiert werden. Ich be-

Das Rundhaus, erstes Gebäude auf der Farm, um 1978

auftragte einen Schreiner, die Fenster und Türen nach meinen Zeichnungen anzufertigen. Strom, Telefon, Frischwasser und Abwasserleitungen wurden geschaffen – was für ein Aufwand in den Augen der hiesigen Arbeiter! Was soll das alles, stand auf ihren Gesichtern geschrieben! Als das Haus endlich fertig war, lud ich alle Handwerker in unseren Bus und zeigte ihnen, wie in Kairo die Wohnhäuser aussehen. Zur Belohnung für ihren Einsatz führte ich sie in den Zoo.

Wirtschaftlicher Beginn

Die größte Frage aber war, wie sich die ganze Initiative finanzieren ließe. Wenn auch bisher alles bezahlt werden konnte, das Land war noch immer eine Wüste. Wo ergaben sich neue Geldquellen für Häuser, Pflanzen und Tiere? Nun war meine Idee, dass zu allem, was bisher in der Landwirtschaft geschaffen worden war, noch etwas hinzu kommen müsse: nämlich Betriebe, in denen Menschen arbeitend Geld erwirtschafteten und die später den von mir in einem Fernziel geplanten Aufbau von Kultureinrichtungen finanziell tragen würden. Ich versuchte deshalb zu erkunden, was ich aus meinen Kenntnissen als Pharmakologe für die Menschen in Ägypten produzieren könnte und was sich exportieren ließe. Ich musste also von meinem Traktor heruntersteigen, Krawatte und Anzug anziehen, öfter mit meinem Wagen in die Stadt fahren und mit Menschen sprechen.

Einmal besuchte ich Ahmed Shauky, den Steuerberater meines Vaters, und bat ihn, auch für SEKEM diese Tätigkeit zu übernehmen. Dabei erzählte ich diesem vornehmen älteren Herrn von meiner Vision in der Wüste. Er zeigte sich hoch erfreut und sehr interessiert. Während des Gespräches sagte sein Sohn, der meinen Ausführungen ebenfalls aufmerksam gefolgt war: »Ich habe gehört, dass sich eine amerikanische Firma nach einem Extrakt aus der Pflanze Ammi majus aus Ägypten erkundigt hat. Vielleicht können Sie das machen!« Ich orderte sofort ein Dossier des Unternehmens und lud die Amerikaner zu einem Treffen nach Ägypten ein. Bisher hatte ich weder von dieser Pflanze gehört, noch wusste ich, wie Extrakte herzustellen sind. Die Firma wollte sogar nur den kristallisierten Wirkstoff haben, von dem ich damals nicht einmal den Namen kannte: Amoidin, das in den Samen vorkommt und ein Heilmittel gegen Hautpigmentstörungen ist.

Nun musste ich wieder viel lernen. Stunden verbrachte ich in den Bibliotheken, bis ich mir das nötige Wissen angeeignet hatte. Ammi majus ist eine Wildpflanze, die sowohl in der Wüste als auch im Delta vorkommt. Sie ist eine Umbellifere, ungefähr so hoch wie Fenchel oder Anis und wächst als Unkraut auf Luzernefeldern mit. Wie sich die Samen der Ammi majus von anderen Pflanzensamen unterschieden, erkundete ich durch eigene Beobachtungen, um anschließend die Sieber anleiten zu können.

Nächtelang plante ich daraufhin das Gebäude, in dem die Extraktionsanlage aufgebaut werden sollte, und trat dabei unter anderem auch mit Hassan Fathy, dem ersten Träger des Alternativen Nobelpreises in Verbindung, der für seine traditionelle Lehmbauarchitektur bekannt war. Ich machte mir Gedanken zum Aussehen der Geräte und stellte Kostenrechnungen auf, bis sich herausstellte, dass es ein lukratives Geschäft werden könnte. Nun begann ich, eine Werkstatt zu bauen, kaufte Edelstahl und konstruierte Geräte für das Vorhaben. Nachdem der Vertrag mit der amerikanischen Firma Elder aus Ohio geschlossen worden war, kamen jahrelang Kamele und Lastwagen mit Säcken voller Ammi majus-Samen zu uns auf die Farm.

Für dieses Riesenprojekt, das ich nicht mehr allein finanzieren konnte, wollte ich mit einer Bank zusammenarbeiten. Ich wählte eine islamische Bank als mitinvestierenden Partner, die mir durch Freunde vermittelt worden war und von der ich vermutete, dass sie nach islamischen Grundsätzen arbeitete. Allah sagt im Islam, dass die Erde und der Boden nur unserer Pflege übergeben ist. ER allein besitzt den Boden. Genauso ist es mit dem Kapital, dem Geld, das wir zum Wohle der Menschen nur verwalten sollen, nicht aber unser eigen nennen dürfen. ER sagt, dass, wer Handel sucht, mit Allah zusammenarbeitet und, in seinem Sinne auf eigenen Besitz verzichtend, den Erlös an arme, notleidende Menschen weitergeben soll. Aus dieser islamischen Esoterik heraus verstehe ich die Krankheit der modernen Kapitalgesellschaft, die mit Gottes Erbe umgeht als wäre es ihr Eigentum. Sie erntet Zinsen ohne ihr Zutun, denn auch unsere Intelligenz und die Fähigkeiten, die sich der moderne Mensch heute selber zumisst, sind Gaben Allahs.

Mir sagten diese Ideen des Islam zu, vor allem jene, das Geld nicht wie eine Ware zu betrachten, die man kauft und mit Zinsen wieder verkauft. Daher war ich froh, eine islamische Bank gefunden zu haben und mit ihr in einer gleichgesinnten Partnerschaft zusammen zu arbeiten – so hoffte ich damals. Doch zeigte sich, dass die Praktiken der dem Namen nach islamischen Bank nicht anders waren als die der gewöhnlichen Geldinstitute.

Beim Beginn von SEKEM wurde die SEKEM KG als Investment Company gegründet. Weil ich zur Firmengründung nach ägyptischem Gesetz mindestens drei Leute brauchte, nahm ich Helmy und Mona mit in die Firma auf, obwohl sie noch nicht volljährig waren. Die Bank begann nun, alles zu prüfen, und ich musste meine Bücher offen legen. Es waren zähe Verhandlungen, die erst gelangen, als der

Helmy und Mona Abouleish, 1966

Bankdirektor mit der Idee von SEKEM zu sympathisieren begann. Wir verabredeten eine Beteiligung der Bank zu 40 Prozent. Da die SEKEM KG als ausländisches Unternehmen galt, hatte der Staat Mitspracherecht. Das Unternehmen war so zwar geschützt, der Staat musste aber der Bank gegenüber erst die Erlaubnis erteilen. Die Bank zeigte sich einverstanden, erhielt auch eine vorläufige Genehmigung für das Projekt mit Ammi majus und signalisierte grünes Licht. Ich bestellte die ersten Extraktionsgeräte aus Dänemark und die Bank bezahlte. Nach einiger Zeit verlangte die staatliche Investitionsbehörde eine Bilanzierung von SEKEM und wollte dabei nicht den Buchwert, sondern den Schätzwert ermittelt haben. Daraufhin arbeitete ein Schätzkommitee mehrere Tage auf der Farm, prüfte noch einmal alles durch und befand, dass der Schätzwert weit über dem Buchwert lag. Das bedeutete nun aber für die Bank eine entsprechend höhere Summe für die Beteiligung an dem Projekt. Damit war sie aber nicht einverstanden, zweifelte alles an und wollte aussteigen. Nun begann mit der Bank ein Streit, denn sie hatten die Geräte, die ich in Dänemark bestellt hatte, im Wert von 150.000 Pfund bereits finanziert und verlangten das Geld zurück, das ich aber nicht für sie, sondern für die Entwicklung der Farm ausgeben wollte und auch nicht zur Verfügung hatte. Ein Schiedsrichter wurde eingesetzt und es dauerte Monate, bis sich unsere beiden Anwälte auf einen dritten geeinigt hatten, der vermitteln sollte.

Dabei ereignete sich eine kleine Begebenheit am Rande, die aber ein Licht auf die Art der Verhandlungen wirft: Eines Tages kam mein Anwalt zu mir und sagte: »Hör zu, wenn du dem Anwalt der Bank 10.000 Pfund zahlst, dann akzeptiert er den Schätzwert!« – »Mein Freund«, sagte ich zu ihm, »du kennst mich doch. Ich zahle keine Bestechungsgelder. Das entspricht nicht dem Islam!«

Hat man mit einer Bank einen Streit, so wissen auch alle anderen Banken und die Zentralbank davon. So wurde ich bei weiteren Versuchen, Partner zu finden, die Geld für mein Projekt investierten, immer wieder mit der Begründung abgewiesen, erst meine Auseinandersetzung mit der islamischen Bank zu klären, bis weitere Verhandlungen mit ihnen möglich würden.

Da besuchte mich eines Tages ein Verwandter und machte mich mit einem Ägypter bekannt, der gerade aus Saudi-Arabien gekommen war und über viel Geld verfügte. Er meinte, das wäre eigentlich ein idealer Partner für mich. Der Mann hieß »Mohammed«, ließ sich rasch begeistern und investierte 100.000 Pfund. Doch schon nach zwei Monaten kam er eines Tages mit der Entschuldigung zu mir, dass seine Frau nach Saudi-Arabien zurückkehren und er umgehend sein Geld zurück haben wollte. Doch seine 100.000 Pfund hatte ich bereits für ein wichtiges Gerät ausgegeben und konnte sie ihm nicht sofort erstatten. Die Schulden und Konflikte wuchsen! – Auf der Suche nach Partnern begegnete ich noch einem anderen »Freund«, aber es waren alles Menschen, die meine Vision nicht verstanden, sondern nur schnell Geld machen wollten.

Nun drohte das Projekt mit Ammi majus und damit das Weiterbestehen der Farm zu scheitern. Da beschloss ich, alles auf eine Karte zu setzen, und suchte den Direktor der ägyptischen Nationalbank auf. Ich erzählte ihm alles und endete mit den Worten: »Wenn Sie mir jetzt nicht helfen und mir Geld leihen, wofür ich Ihnen die Sicherheit durch das Land und die Gebäude gebe, wird das Projekt sterben!« Der Bankdirektor übersah mit einem Blick, dass sein Geld durch die Verträge mit der amerikanischen Firma gedeckt war. So hatte er kein hohes Risiko zu tragen und entschloss sich, die Finanzierung zu übernehmen. »Vergiss alles andere, die Sache ist geklärt!«, gab er mir noch mit auf den Weg. Dadurch wurde der Weg für den Vertrag mit der amerikanischen Firma frei.

Den Streit mit der islamischen Bank lösten wir erst Jahre später. Wir hatten durch ihren Rückzug damals großen Schaden erlitten, weil wir keine neue Partnerschaft eingehen konnten, sondern auf Kredit Geld aufnehmen mussten. Wir zahlten ihnen jedoch schließlich den dreifachen Betrag zurück, um endlich Frieden zu haben. – An Mohammed aus Saudi-Arabien, der ebenfalls unter Drohungen sein Geld zurück verlangte, mussten wir damals Land abtreten, um ihn zufrieden zu stellen. Das erlebte ich damals als tiefen Verlust. Inzwischen haben wir jedoch das Land bis auf einen kleinen Teil zurückbekommen und wir konnten den Streit beilegen.

Mit dem Geld der Nationalbank begann ich Herstellungsräume für die Extraktion des Wirkstoffes Amoidin und ein Laboratorium zu errichten. Von den Amerikanern bekam ich Auflagen, nach denen ich den Extrakt liefern sollte, wobei mir meine früheren Kenntnisse als technischer Chemiker zugute kamen. Alle Experimente zum Herstellungsverfahren machte ich im Wesentlichen selbst.

Für die Extraktion benötigten wir einen Dampfgenerator, der allerdings sehr teuer war. Da entdeckte ich bei einem Altwarenhändler eine alte deutsche Lokomotive, die mit Holz gefeuert wurde, damit Dampf entsteht. Ich ließ sie auseinandernehmen und kaufte den Dampfkessel, der heute noch, sozusagen als Museumsstück, im hinteren Teil der Farm steht. Außerdem brauchte die Extraktionsanlage einen Schornstein, der mit 40 Zentimetern Durchmesser 30 Meter hoch gebaut werden musste, die einzelnen Rohre von je vier Metern Länge wurden aufeinandergesetzt. Sorgfältig plante ich dieses Unternehmen vor: Es wurde ein Holzgerüst gebaut, auf das Arbeiter die Rohre mit Seilen hochziehen und aufsetzen sollten. Doch schon mit zehn Metern Höhe begann das Gerüst zu wackeln und alle liefen weg! Bis auf Helmy, der mir bei diesem Bau tapfer half. Er stand immer ganz oben, ließ sich die Rohre reichen und ermutigte dadurch auch die anderen, weiterzumachen. Ich beaufsichtigte den Bau und behielt den Überblick. Wenn bei anderen Arbeiten dagegen die Leute allein waren, was auch sein musste, passierten immer wieder Unfälle wie der folgende: Die Dampfmaschine musste mit Dieselöl angetrieben werden, für das wir einen Dieseltank kauften. Wir besorgten aus Kostengründen einen alten Tank und ließen ihn von innen und außen reinigen und neu streichen. Der Mann, der ihn uns verkauft hatte, wollte diese Arbeiten an Ort und Stelle machen lassen. Ein junger Mann stieg in den Tank ein, um ihn mit Benzin zu reinigen und zündete sich in einer Pause eine Zigarette an – mit verheerenden Folgen.

Solche Tragödien geschahen immer wieder, wenn ich nicht anwesend war. Ein anderes Mal wollte ein Nachbar von der Hochspannungsleitung, die mit 11.000 Volt zu unserer Farm führte, für sein Radio Strom abzapfen.

Nachdem die Säcke mit den Samen der Ammi majus auf der Farm angeliefert worden waren, lief das Herstellungsverfahren wie folgt: Die Samen mussten zuerst durch nochmaliges Sieben exakt von anderen getrennt werden. Dann wurden sie gemahlen und kamen in so genannte Perkolatoren, das sind Edelstahlkessel. Von oben tropften Alkohol und Wasser hinein, wodurch der Wirkstoff extrahiert wurde, der als braune Suppe unten herauskam. Dieses Alkohol-Wasser-Gemisch wurde mit Hilfe der Dampfmaschine wieder eingedampft. Nun kamen noch einige Reinigungsprozesse hinzu, um ganz saubere Kristalle zu erhalten.

Jahrelang arbeiteten wir mit den Amerikanern gut zusammen, bis ich eines Tages von der Firma Elder aus Ohio einen Anruf bekam, es wäre gut, wenn ich käme. In Amerika angekommen, wurde mir die Firma zum Kauf angeboten. Man eröffnete mir, der Leiter sei gestorben und seine Kinder hätten kein Interesse an der Weiterführung. Sie verlangten einen vernünftigen Preis, aber bedauerlicherweise hatte ich kein Geld, zumal sie gegen Ende unserer Zusammenarbeit auch nicht mehr regelmäßig gezahlt hatten. So beendeten wir unser gemeinsames Geschäft, das mir trotz aller Schwierigkeiten in der Aufbauzeit sehr weitergeholfen hatte, und ich musste versuchen, einen neuen Wirtschaftszweig aufzubauen.

Familiäre Veränderungen

Als Helmy die Schule beendet hatte, half er mir ein Jahr lang in der Landwirtschaft bei der Versorgung der Tiere und bei der Bewässerung, während ich den industriellen Aufbau und den Verkauf übernahm. Danach ging er für ein Studienjahr nach Deutschland an das Seminar für Waldorfpädagogik in Witten-Annen. In der deutschen Schule in Kairo hatte er Konstanze kennen gelernt. Nachdem sie mit ihren Eltern nach Deutschland zurückgekehrt war, besuchte Helmy sie öfter von Witten aus und ein Jahr später heirateten sie. Auf der Rückreise von Amerika nahmen Gudrun und ich an der Hochzeit in Deutschand teil, die Konstanzes Familie mit viel Liebe gestaltete. Bis tief in die Nacht wurde gesungen, getanzt und rezitiert. Ich erinnere mich noch heute an das schöne Kleid, das Konstanze trug. Einmal während des Festes kam sie zu mir und flüsterte vertraulich: »Siehst du dort die Frau? Das ist meine Großmutter. Darf ich sie dir vorstellen?« – Nach der Begrüßung der gütigen älteren Dame kam Konstanze wiederum und flüsterte: »Weißt du, was sie mir zuvor sagte? – Sie fragte mich, wie alt Helmy sei. Als ich ihr sagte, dass er 20 Jahre alt sei, fragte sie mich, ob sie ihren Freunden sagen dürfe, dass er schon 21 Jahre zähle. Und ich erlaubte es ihr. – Ich erzähle dir das, damit du nicht erstaunst, wenn sein Alter verändert ist.« Ich schloss sie daraufhin lachend in meine Arme. Was für eine herrliche, fröhliche Frau, die sie bis heute geblieben ist. Beide zogen nach ihrer Hochzeit zu uns nach SEKEM, wo mit allen Mitarbeitern noch einmal ein großes Fest gefeiert wurde.

Helmy war in SEKEM in alle Probleme der Landwirtschaft eingestiegen und hatte sich als »Chemiker« bei der Herstellung des Amoidin engagiert. Er war für mich eine große Stütze geworden. Unsere Tochter Mona hatte nach ihrem Abitur ein Jahr in der Landwirtschaft auf SEKEM gearbeitet und war dann für ein Praktikum in eine heilpädagogische Einrichtung am Bodensee gegangen. Nach ihrer Rückkehr unterstützte sie uns bei einem Erwachsenenbildungsprogramm auf der Farm. Sie ist eine sehr begabte Lehrerin und die Erwachsenen arbeiteten gerne mit ihr. Neben all den pädagogischen Aufgaben half sie auch weiter in der Landwirtschaft mit. Danach absolvierte sie eine Eurythmieausbildung in Hamburg. Heute wohnt sie mit ihrem Mann und fünf Kindern in der Nähe von Freiburg. Ihr Mann betreut heute den deutschen »Verein zur Förderung der kulturellen Entwicklung in Ägypten«.

Wachsende Aufgaben

Nachdem das Geschäft mit Amoidin beendet war, begann ich mich in Ägypten nach einem neuen Markt umzusehen. Mir kam die Idee, wohlschmeckende Kräuterteemischungen für verschiedene, in Ägypten häufig vorkommende Erkrankungen zusammenzustellen. Ich entwarf ansprechende Säckchen zu zehn Gramm, die zu Beginn mit der Hand mit Löffeln gefüllt wurden, und nannte diese Tees »SEKEM herbs«. Damals fingen wir mit dem Anbau von Heilpflanzen wie Kamille, Pfefferminze, Königskerze auf der Farm an. Die Rezepturen der Teemischungen reichte ich beim Gesundheitsministerium ein und ließ sie registrieren.

Nun erfuhr ich zum ersten Mal, was Vermarktung im Inland bedeutete. Ich ließ Ärzte und Apotheken besuchen, damit die neuen Produkte bekannt wurden. Als ich merkte, dass die Nachfrage stieg, erfand Helmy zusammen mit einem Freund eine Abfüllmaschine mit hydraulischer Fußbetätigung, bei der sich ein kleiner Teller drehte, von dem die Kräuter in die Säckchen rieselten. Für diese Tätigkeiten stellten wir Mitarbeiterinnen ein. Nachdem die medizinischen Kräuterteemischungen auf dem Markt gut ankamen, wurde das Sortiment um weitere Kräutertees vergrößert. Gleichzeitig versuchten wir unsere landwirtschaftlichen Erzeugnisse wie Milch, Käse, Brot und Gemüse an der deutschen Botschaft und an der deutschen Schule in Kairo zu verkaufen. Dies war im Wesentlichen Konstanzes Aufgabe. Dadurch sammelten wir unsere Erfahrungen auf dem ägyptischen Markt: Was lässt sich verkaufen? Bekommt man sein Geld? Wird nachbestellt? Allen Anfängen lag immer eine umfassende Planung mit Marketing und Wirtschaftlichkeitsstudien zugrunde.

In den ersten Jahren des Aufbaus gab es auf der Farm kein Telefon und nur eine unzuverlässige Stromversorgung. Da ich aber für die verschiedenen Registrierungen, den Vertrieb und hunderterlei Anfragen Kommunikation brauchte, musste in Kairo eine Verwaltung entstehen, für deren Einrichtung ich gleich zu Beginn dort schon ein Grundstück gekauft hatte. Der Aufbau der Verwaltung gestaltete sich jedoch noch viel schwieriger als alles, was ich bisher in der Wüste erlebt hatte. Ich musste feststellen, dass die Menschen, die ich für die Verwaltungsaufgaben eingestellt hatte, verglichen mit europäischen Maßstäben von Pünktlichkeit und Ordnung, entsetzlich unkorrekt und unzuverlässig arbeiteten, sodass ich mich anfangs genötigt sah, ihnen fortwährend auf die Finger zu sehen. Das fiel mir bei meinen vielen Aufgaben nicht leicht und ich hätte dringend Menschen gebraucht, die mir Arbeit abnehmen konnten. Außerdem widerstrebte mir diese Kontrollfunktion bei Erwachsenen, von denen ich mehr Selbstständigkeit erwartete. Und doch zeigte sich nach einiger Zeit etwas ganz Erstaunliches: Was in Europa nie möglich gewesen, sogar völlig missverstanden worden wäre, war für dieses Land die Lösung: dass nämlich die Menschen sehr dankbar waren, wenn man sie kontrollierte, weil sie sich auf einen Weg geführt sahen, den sie allein einzuhalten nicht in der Lage gewesen wären. Sie reagierten bei Korrekturen nie ablehnend, im Gegenteil, sie erlebten, dass man sie damit zum Erfolg führte. Sie fühlten sich wahrgenommen und anerkannt. Bisher beherrschen nur wenige Menschen in Ägypten Fähigkeiten wie Planung und Selbstkontrolle, die allermeisten leben recht unbedacht in den Tag hinein. Was Planung bedeutet, habe ich den Menschen, mit denen ich zusammengearbeitet habe, immer wieder vorzuleben versucht, um sie durch mein Vorbild mitzunehmen.

Da ich die Wichtigkeit der Kontrolle erst allmählich entdeckte, wurde ich anfangs wegen meiner Gutgläubigkeit immer wieder hinters Licht geführt. So brauchte ich beispielsweise für den Aufbau des ägyptischen Marktes erfahrene und zuverlässige Außendienstmitarbeiter und Verkäufer. An ihrer Vertrauenswürdigkeit hing viel: ob sie die Ware wirklich zu den Apotheken brachten oder sie zu Hause im Stillen verschwinden ließen, oder sie an eine Apotheke verkauften, die kurze Zeit später den Verkauf beendete und ich das Geld nie wiedersah. Meine Verkäufer hatten viel mit Geld zu tun und wer die Ware hat und das Geld, kann in diesem Land damit machen, was er will. Er kann zum Beispiel einfach behaupten, dass er das Geld nie bekommen habe und es für sich behalten. Alles dies ist wirklich geschehen! Es musste also eine Buchhaltung entstehen, bei der ich mich vor der Schwierigkeit sah, dass in Ägypten geschäftliche Vorgänge nicht so ordentlich durch Papiere festgehalten werden, wie ich es gewohnt war. Bei den Apothekern merkte ich, dass selten etwas nach Verabredung ging. In ihrer Schlauheit waren sie mir alle tausendmal überlegen. Ich versuchte zu planen in einem Land, das keine Zeit und kein Gefühl für Ordnung oder für das Einhalten von Absprachen kannte. Für den Aufbau der Verwaltung in Kairo musste auch ein Bürohaus errichtet werden, für das ich eine Baufirma beauftragte. Die Bautruppe verlangte eine Summe als Vorauszahlung. Dann stellten sie plötzlich ihre Arbeit ein und verschwanden – das Geld war weg! Mir schien, dass diese Art der Vorauszahlung beim Bauen wohl üblich war, und wollte nicht noch einmal ein Risiko eingehen. – Da machte mich ein Bekannter auf jemanden aufmerksam, den er als ausgesprochen ehrlich kannte. Ich ließ diesen Bauleiter kommen und klagte ihm mein Leid, was es doch in Ägypten für Gauner gäbe. Darauf antwortete er: »Das kenne ich auch. Aber mir brauchst du kein Pfund im Voraus zu zahlen, sondern erst, wenn das Haus fertig ist und du die Schlüssel in der Hand hältst.« Und er nannte mir einen akzeptablen Preis für das ganze Gebäude. Nun war ich erlöst. Endlich hatte ich jemanden gefunden, der verlässlich war, und händigte ihm die Pläne aus, die ich wieder in anstrengender Nachtarbeit angefertigt hatte.

Als ich am nächsten Tag an der Baustelle vorbeifuhr und 20 Leute die Fundamente ausheben sah, war ich erleichtert. An den folgenden Tagen erlebte ich weiterhin fleißiges Schaffen, revidierte meine Ansicht über die Unehrlichkeit der ägyptischen Baumeister und war wieder versöhnt. Jeden Tag wurde eifrig weiter gebaut und die Baustelle ordentlich hinterlassen. Alles schien bestens!

Nach einer Woche sah ich die 20 Männer eines Morgens jedoch sitzen und nichts tun. Ich ging zum Vorarbeiter und fragte: »Was ist passiert? Warum macht ihr nicht weiter?« – »Unser Baumeister ist in Ismalia und wird bald kommen«, war die Antwort. Aber es vergingen zwei Tage, an denen nicht gearbeitet wurde und der Baumeister nicht zurückkam. Allmählich wurde ich ungeduldig. Da sagte der Vorarbeiter zu mir: »Sicher ist er in Ismalia aufgehalten worden. Pass auf! Wenn du uns Eisen, Sand und Zement besorgst, dann können wir auch allein weitermachen.« Nun beauftragte ich meinen Fahrer, zusammen mit dem Vorarbeiter das nötige Material zu besorgen und gab dem Fahrer eine ausreichende Summe Geld, damit er alles bezahlen könnte, was der Arbeiter brauchte. Danach vergaß ich wegen anderer Aufgaben diese Sache und fuhr nach Hause. Kurz nach Mitternacht erschien mein Fahrer laut klagend vor meiner Haustür. Als ich ihn erstaunt fragte, was passiert sei, erzählte er, wie der Vorarbeiter ihn zu einem ihm bekannten Geschäft geführt hatte. Dort forderte der Mann das Geld von ihm, um die Ware besorgen und gleich zahlen zu können. Darauf war er mit dem Geld wohl in den Laden hineingegangen – aber nicht wieder herausgekommen. Der Laden hatte eben »zwei Türen« gehabt! Bis heute habe ich weder den Baumeister, noch den Vorarbeiter, noch das Geld je wieder gesehen. Glücklicherweise verfügt Sekem längst über einen eigenen, zuverlässigen Bautrupp.

Wegen solcher Unzuverlässigkeiten begegnen sich viele Menschen in Ägypten in geschäftlichen Angelegenheiten mit einem fortwährenden Misstrauen. Eine wichtige Aufgabe von SEKEM sehe ich daher darin, Menschen bei ihrer Arbeit bewusst Vertrauen zu schenken, damit sie ihre Ehrlichkeit zeigen können. Diese wird durch

»Kontrolle« belohnt, die die Menschen hier, wie ich bereits erwähnte, anders als die Europäer, als ein Wahrgenommen-Werden erleben. Dies wird eine Jahrzehnte währende Aufgabe bilden, durch die eine neue Moralität im Umgang miteinander entwickelt werden muss. Sie beginnt ganz klein und erfordert tägliche Aufmerksamkeit – eine Aufgabe, die sich lohnt!

Widerstand

Als ich noch in Graz studierte, war ich mehrmals im Jahr vom ägyptischen Botschafter in Wien eingeladen worden, um jungen Ägyptern aus meinem Leben zu erzählen und mit ihnen zu philosophieren. Dadurch hatte sich ein Kreis gebildet, der sich sehr gut verstand und sich gegenseitig unterstützte. Viele dieser jungen Menschen kehrten nach ihrem Studium wieder nach Ägypten zurück, andere waren nur für die kurze Zeit eines Praktikums dabei. – Gleich nachdem diese ehemaligen Mitstudenten erfuhren, dass ich wieder nach Ägypten gegangen war, suchten sie mich auf und wir trafen uns seitdem regelmäßig einmal in der Woche in Kairo. Die Art der Zusammenkünfte blieb die gleiche wie in Wien. Ich erzählte ihnen meine Vision, berichtete von SEKEM, erläuterte die Dreigliederung des sozialen Organismus und regte geisteswissenschaftliche Themen an, die wir ausgiebig besprachen. Dieser Kreis war in der Anfangszeit für mich enorm hilfreich und wichtig, weil mir die Teilnehmer Kontakte vermittelten und mich im Land bekannt machten. Außerdem kamen immer wieder Landwirte, Verwaltungsfachleute und begeisterte junge Künstler auf die Farm, die mir beim Aufbau halfen. Unter ihnen war auch der Musikstudent Osama Fathy. Mit seinem ägyptischen Saitenspiel trug er die ersten musikalischen Klänge in die Wüste. Er besorgte auch den ersten Flügel für SEKEM, der lange Jahre im Rundhaus seinen Platz hatte und an dem viel gesungen und musiziert wurde.

Ich merkte, dass ich Menschen begeistern konnte. Sie wollten mitarbeiten, weil ich sie mit meiner Idee ansteckte oder einfach auch mir zuliebe. Aber die äußeren Bedingungen stellten sich oft dem wohlmeinendsten Willen entgegen. Allein um die Angestellten aus

Kairo auf die Farm zu bringen, brauchte es Stunden. Ich hatte für diese Transporte zwar einen Bus gekauft, aber die Hin- und Rückfahrt zog sich wegen der schlechten Sandpisten unendlich in die Länge. Als noch schlimmer erwies sich eine im Ersten Weltkrieg asphaltierte Militärstraße voller Löcher. Hier passierten viele Unfälle und unser Auto war ständig kaputt.

Während dieser Zeit des Aufbaus fühlte ich mich oft sehr einsam. Viele enthusiastische Menschen, die ich gern dauerhaft gewonnen hätte und schon ins Herz geschlossen hatte, verließen mich bald wieder. Sie hielten es hier nicht aus: Für sie bedeutete das Farmgelände das Ende der Welt. Manche Menschen verfügten auch einfach nicht über die Lebenskräfte, um das zu realisieren, was sie im Kopf hatten, und gaben deshalb bald wieder auf.

Die meisten Angehörigen meiner Großfamilie waren schlicht gegen meine Initiative. Sie verstanden einfach nicht, was ich vorhatte. Wenn man als erfolgreicher Pharmakologe unbedingt Bauer werden wollte, so meinten sie, dann gab es im Delta doch genug Land dafür. Warum wollte ich unbedingt in die Wüste? – Das war für sie unverständlich und der Zweifel aus ihrer Sicht auch richtig. Sie blieben deshalb fern, keiner unterstützte uns, und sie vermittelten mir das Gefühl, dass es doch mit allem nichts werden würde. Immer wieder kam mir in diesen Anfangsjahren die Frage: War die Entscheidung richtig angesichts von soviel Mühe? Aber in der Frühe waren dann die Zweifel doch wieder verschwunden und die Hoffnung kehrte zurück. »Es ist alles richtig. Warte noch!«, so etwa sagte ich mir.

Die Verwaltung in Ägypten war damals, als ich begann, ebenso wie heute noch außerordentlich kompliziert und umständlich. Einmal sollte ich für das ägyptische Landwirtschaftsministerium beschreiben, was die biologisch-dynamische Landwirtschaft sei und was es mit dem Kompostieren auf sich hatte. Als man meine Erklärungen gelesen hatte, wurde beschlossen, mein Projekt kurzerhand zu verbieten. Was hatte ich falsch gemacht? – Auf mein dringendes Nachfragen hin wurde mir ausgerichtet, aus meinen Ausführungen ginge hervor, dass sich durch die Kompostwirtschaft die Bakterien vermehren und das Land somit verseucht würde. So etwas Unverantwortliches könne man nicht erlauben. Um diese fatale Fehleinschätzung korrigieren zu können, ja um die Professoren und Beamten überhaupt wieder an den Verhandlungstisch zu bekommen, vergingen Wochen. Dann bekam ich zu hören, dass ich keine Ahnung von Landwirtschaft hätte, denn ich sei kein Bauer. Nun musste ich argumentieren, Literatur bringen, darstellen, was Kompostwirtschaft ist und was im Kompost geschieht. Ich begann die Nächte hindurch zu studieren, um Antworten präsentieren zu können. In der Frühe hatte ich dann meine Argumente bereit und im Laufe der Zeit gewannen immer mehr Menschen Vertrauen in die Sache und in mich. Aber es wollte jeder Einzelne gewonnen werden! Durch diese Fragen habe ich selbst sehr viel gelernt. Die Entscheidungen wurden dennoch immer wieder hinausgezögert. Trotz dieser Hindernisse arbeitete ich draußen in der Wüste weiter, bis eines Tages die Polizei mit der Devise erschien: »Sie dürfen nicht weitermachen!« Es sei noch nicht entschieden, ob wir die Genehmigung überhaupt bekommen, hieß es.

So hatte ich fast zwölf Monate lang mit gewaltigen Schwierigkeiten zu kämpfen, bis unerwartet die Wende eintrat. Das Ministerium ließ mir ausrichten, man wolle Beobachter schicken, um festzustellen, wie sich der Boden entwickeln würde. Ein Wissenschaftler erschien und entnahm eine Probe, um den Boden zu analysieren. Dies geschah dann regelmäßig über zehn Jahre. Und das war schließlich das Beste, was uns passieren konnte, weil dadurch das Ministerium die bodenverbessernden Maßnahmen und die Fortschritte, die wir erzielten, Schritt für Schritt mitverfolgte. Ich gewann viele Freunde auf staatlicher Seite und wurde nicht müde, von meinen Ideen und von meiner Vision für das Land zu erzählen.

Meine Vision von dem Brunnen in der Wüste, aus dem ich für die Pflanzen, Tiere und Menschen Wasser schöpfe, begann ganz langsam und gegen viele Widerstände irdische Gestalt anzunehmen. Ich lernte den Professor für Landwirtschaft Chairy El Gamasy kennen. Er besorgte für SEKEM Kühe aus seinem Heimatdorf. Er war es auch, der mir ein Feld voller Rosen pflanzen ließ, weil ich in dieser dürren, öden Umgebung einfach Schönheit um mich brauchte. Wir begannen mit 50 bis 60 ägyptischen Büffeln und mussten dazu soviel Futter anbauen, dass zu Anfang die ganze Farm nur aus Futterpflanzen bestand, die auf dem steinigen Boden nur sehr karg wuchsen. Ich weiß noch, wie erstaunt ich darüber war, wie viel Futter diese Tiere benötigten. Ihre Pflege lag mir sehr am Herzen. Nicht jedem wollte ich diese Aufgabe anvertrauen. Ich war unglücklich, weil sich niemand fand, der richtig mit ihnen umgehen konnte. Schließlich übertrug ich Isa, dem jungen Mann, der mir schon beim Bau des Rundhauses tatkräftig geholfen hatte, die Aufgabe, auf die Kühe zu achten und sie zu füttern. Ich selbst wollte mich verstärkt um die Kompostwirtschaft kümmern. Das konnten die Beduinen nicht, da sie keine Stallhaltung kannten, und Fellachen dafür zu finden, war nicht einfach. Die Kühe brauchten einen Stall, der Schutz und Schatten bot. Aber wie sollte ein Stall hier in Ägypten aussehen? So wie ich Ställe aus Europa kannte, war es für die hiesigen Verhältnisse zu aufwändig. So mussten wir uns eine Zeitlang mit Zwischenlösungen abfinden. In dieser Zeit sehnte ich mich nach jemandem, der sich wirklich fachmännisch um die Tiere kümmerte.

Die Einrichtung der Kompostbereitung, eine Grundbedingung der biologisch-dynamischen Landwirtschaft, war mit gewaltigem Aufwand verbunden, dessen Sinn und Bedeutung die Menschen um mich herum überhaupt nicht erfassen konnten. Warum das alles? Der Tierdung hätte doch direkt auf die Erde gegeben werden können, warum also so viel Handarbeit durch das Schichten und Umschichten des Komposts? All das war ihnen völlig fremd. Von Georg Merckens hatte ich die biologisch-dynamischen Kompostpräparate mitgenommen, mit denen der Kompost aufbereitet wird. Das Präparieren der Komposthaufen und das Ausbringen von Kiesel und Hornmist auf die Felder waren für mich wichtige Handlungen, auf deren sorgfältige Ausführung ich ständig achtete. Zu den Kühen kamen noch Schafe und Tauben hinzu. Die hohen weißen Taubenhäuser gehören in Ägypten zum Landschaftsbild. Neben den Stallungen waren sie die ersten Bauten auf dem Gelände.

Ganz allmählich hatte die Arbeit begonnen sich einzuspielen. Die Bäume auf dem Gelände waren schon drei Jahre alt und hatten bereits eine stattliche Höhe erreicht, die nicht mehr von den gefräßigen Ziegen erreicht werden konnte. Als ich eines Tages wie immer in der Frühe aus Kairo angefahren kam, traute ich meinen Augen nicht: Ich sah, dass Bulldozer Tausende von Bäume niedergerissen hatten. Soldaten mit Maschinengewehren empfingen mich mit argwöhnischen Blicken. Ich erfuhr, dass ein General angeordnet hatte, aus dem Gebiet, das durch uns überhaupt erst mit Wasser erschlossen worden war, ein Militärgebiet zu machen. Ohne weitere Verhandlungen wollte man mich einfach verjagen. Das kam für mich einer Kriegserklärung gleich! Mein jähzorniges, cholerisches Temperament schoss auf, und nachdem ich durch entschiedenes Auftreten und lautstarken Protest die weitere Zerstörung einstweilen gestoppt hatte, musste ich nun in Kairo auf diplomatischem und politischem Parkett Lösungen suchen.

Schon für den Aufbau der Verwaltung hatte ich tageweise in Kairo arbeiten müssen. Nun galt es, vorerst meine direkte Arbeit in der Wüste zurückzustellen und für den Fortbestand meines Projektes zu kämpfen. In dem ägyptischen Präsidenten Sadat hatte ich ja einen guten Freund aus Jugendzeiten, den ich nun aufsuchte. Im Regierungspalast traf ich auch auf Minister Shabaan, den Bürochef des da-

Taubenhäuser

mals stellvertretenden Präsidenten Mubarak. Ich erzählte ihm alles, was vorgefallen war, und er versprach, mir zu helfen. Ich war so zornig und wütend, dass ich allen das Leben zur Hölle machte und den Minister immer wieder besuchte oder anrief, um eine Lösung zu erreichen. Trotzdem dauerte es Wochen, bis sich die ganze Militärmaschinerie von der Farm wieder wegbewegte. – Den Begriff Schadensersatz gibt es in Ägypten nicht; das Höchste, zu dem man bei einem Fehler bereit ist, ist eine Entschuldigung. Der verantwortliche General bedauerte mir gegenüber sein eigenmächtiges Vorgehen und ich nahm seine Entschuldigung an. Später wurde er versetzt. Sein Nachfolger General Ali Siku wurde gleich von Beginn an mein Freund. Wir besuchten uns gegenseitig, lernten uns kennen und gründeten auf dreitausend Hektar Wüste eine Kooperative mit Landstücken für Offiziere. Ich hatte nämlich erfahren, dass der versetzte General einen solchen Plan verfolgt hatte und mich aus diesem Grund hatte vertreiben wollen. Nun griff ich sein eigentliches Anliegen selbst auf und bot es dem neuen General Ali Siku an. Ich machte ihm aber klar, dass man mit diesem Vorhaben nicht ausgerechnet dort beginnen müsste, wo ich bereits war. Schließlich einigten wir uns und beschlossen, gute Nachbarn zu werden. Ich unterstützte ihn materiell und konzeptionell beim Aufbau der Kooperative, für die das Land um SEKEM in viele kleine Parzellen von fünf bis zehn Hektar für jeden Offizier eingeteilt wurde. Was rund um uns heute bebautes grünes Gelände ist, gehört zu dieser Kooperative.

Neben all diesen Widerständen erlebte ich aber natürlich auch immer wieder Augenblicke, die mir Mut machten und die mich zur Weiterarbeit anspornten. Seit meiner Jugendzeit habe ich regelmäßig geistig gearbeitet und eine große spirituelle Kraft daraus geschöpft. Das Einhalten der Gebetszeiten, das Meditieren der Sprüche des Koran, besonders der 99 Namen Allahs, all das war mir ein tiefes Bedürfnis. Seit ich die Anthroposophie kennen gelernt hatte, trat zu meinen Meditationen und Gebeten das Studium spiritueller Werke hinzu. Wenn ich in einem solchen Buch dann etwa den Hinweis las, dass für manche Menschen das gewöhnliche Leben schon eine mehr oder weniger unbewusste »Einweihung« darstelle und dass Leid, Enttäuschungen und Misserfolge für sie eine Gelegenheit bedeuteten, ihren Mut und ihre Standhaftigkeit zu stärken, dann fühlte ich, dass mir all die Hindernisse nicht geschickt wurden, um mich zu zerstören, sondern um mich daran zu stählen. Nur mit Seelengröße und ungebrochener Kraft musste solchen Widerständen begegnet werden.

Auch aus vielen Naturerlebnissen schöpfte ich neue Energie. Auf der Farm begann allmählich das buschige Dunkelgrün der Bäume den Wüstengrund zu beleben. Immer gab es etwas Schönes zu bewundern: Sonnenauf- und untergänge, den funkelnden Sternenhimmel oder glitzernde Tautropfen auf den Blättern. Ich beobachtete, wie sich die Zahl der Insekten und Vögel auf dem Gelände vermehrte, weil sie sich durch die Bäume und die Bearbeitung des Bodens angezogen fühlten. Ich spürte, wie sich in den Vogelstimmen und Tierlauten, in den Düften, im Wind, im Blühen und Wachsen Allahs schöpferische Allgegenwart darlebte. Der Koran berichtet, wie Adam und Eva im Paradiesgarten weilten, bevor sie sich durch satanische Einflüsterung dem verbotenen Baum nahten und aus dem Paradies verwiesen wurden. Für ihre Frömmigkeit aber hat der Koran den Gläubigen als schönste Belohnung wiederum den Paradiesgarten versprochen – die Gottesfürchtigen werden ewiglich in Gärten weilen. »Gärten, unter denen Flüsse fließen«, heißt es mehr als dreißig Mal im Koran. Denn die größte Freude der Bewohner trockener Gegenden sind grünende Gärten, schattenreiche Oasen, Blumen und Baumgelände. Es war auch meine größte Erfüllung, SEKEM wachsen zu sehen.

Begegnungen

Jahrelang bewegte mich die Sehnsucht, Mitarbeiter zu finden, die etwas von Landwirtschaft verstünden. Ich wusste, dass ich meine Vision vom Aufbau eines Gartens in der Wüste nie allein würde verwirklichen können, sondern Menschen der verschiedensten Begabungen brauchte, die mir mit ihren in der Lebenspraxis erworbenen Fähigkeiten zur Seite stünden. Ich kam mir oft entsetzlich dilettantisch vor. Wenn doch nur einmal ein Landwirt, ein Tierzüchter oder ein Ingenieur käme, der wirklich selbstständig arbeiten könnte, dachte ich oft. Nur schon das Bewässerungssystem für das Gelände auszubauen würde einen Menschen allein ausfüllen. Die Versorgung der Tiere, die Betreuung der Komposthaufen, die Landbestellung, die Herstellung der Milchprodukte, der Aufbau der pharmazeutischen Betriebe, deren Genehmigungsverfahren, Verwaltung und Vermarktung und das Entwerfen und Bauen der Häuser – das Spektrum der Aufgaben begann ins Unermessliche zu wachsen. Aber kein Fachmann, dem ich wirklich etwas von der Fülle meiner Aufgaben hätte übertragen können, bewarb sich. Tag und Nacht gingen fast ohne Schlaf ineinander über. Trotzdem fühlte ich in den ersten Jahren für alle diese Arbeiten genügend Kraft. Nie in meinem Leben war ich wirklich ernstlich krank, abgesehen von den Herzstörungen, die sich, wie ich glaube, aufgrund der fortwährenden Arbeitsüberfülle und dem wachsenden Druck von außen ergaben. Mehrmals habe ich erlebt, wie um mich herum die Menschen vor Müdigkeit buchstäblich umfielen, während ich weitermachen konnte. Dies empfinde ich als Geschenk, das mich mit großer Dankbarkeit erfüllt und bei dem ich mich manchmal frage, woher es kommt. Täglich habe ich geisteswissenschaftlich gearbeitet, und wenn nur eine halbe Stunde anders erfüllt war als der Rest des Tages, bedeutete dies für mich Erholung. Bei aller Anspannung galt meine Liebe und mein Interesse aber doch immer wieder den Menschen, die mir zur Seite standen und die mit mir Aufbauarbeit leisteten. Ich glaube, das gab mir Kraft.

Es waren immer konkrete Begegnungen, durch die ich neue Helfer fand, die dann eine Zeit lang mitarbeiteten. Nach drei Jahren des Aufbaus, es war im Herbst 1980, besuchte mich einmal eine Lehrerin aus Deutschland, Monika Kuschfeld. Sie hatte ein freies Jahr zur Verfügung und bot ihre Hilfe an. Ihr Interesse lag mehr im Bereich sozialer Fragen. So wohnte sie einige Wochen auf der Farm und fragte mich immer wieder, was ich eigentlich vorhätte. Und ich erzählte wieder von meiner Vision, dass Ärzte, Pharmazeuten, Lehrer, Landwirte, Buchhalter und Techniker kommen müssten, um etwas aufzubauen, was für die Menschen hier in Ägypten Arbeits- und Bildungsmöglichkeiten schaffen würde. Monika Kuschfeld konnte meine Ausführungen nicht recht fassen, weil ja noch nichts von dem, was ich erzählte, real existierte. Schließlich verließ sie die Farm und fuhr nach Luxor ins Tal der Könige, um das alte Ägypten kennen zu lernen.

In der Säulenhalle von Karnak traf sie auf Elfriede Werner und Frieda Gögler, die gerade mit einer Reisegruppe aus Süddeutschland Ägypten besuchten. Sie machte die beiden darauf aufmerksam, dass in der nordöstlichen Wüste bei Kairo ein Ägypter dabei war, eine Farm mit dem Namen SEKEM aufzubauen und dringend Menschen suchte, die ihm in der biologisch-dynamischen Landwirtschaft, in der Pharmazie und in der Medizin helfen könnten. Elfriede Werner setzte sich trotz vieler Hindernisse dafür ein, im Rahmen ihrer Reise von Kairo aus eine Gruppenfahrt zu organisieren. So trafen eines Mittags Ende Januar des Jahres 1981 zehn Ägyptenreisende in SEKEM ein. Vor der Tür des Rundhauses empfing ich die Besucher mit offenen Armen und den spontanen Worten: »Ich wusste, dass ihr kommt!« Elfriede Werner und ich erlebten dies als eine besondere Begegnung, deren Intensität sich auch auf ihren Mann, den Arzt Dr. Hans Werner und auf Frieda Gögler übertrug. Denn sie hatte in mir das Bild

Elfriede Werner, Ibrahim Abouleish und Hans Werner

erkannt, das sie in der Nacht zuvor geträumt hatte. Und auch mir war sie nicht fremd, sondern tief vertraut. Alle drei fassten den spontanen Entschluss, SEKEM zu helfen. Nach Stuttgart zurückgekehrt, erzählten sie ihren Freunden von ihren Erlebnissen. Sie bemühten sich sofort, die in der Tierhaltung erfahrene Angela Hofmann für SEKEM zu gewinnen. Im Herbst desselben Jahres entschieden sich dann auch mein Sohn Helmy und seine Frau Konstanze, nach ihrer Hochzeit nach SEKEM zurückzukommen.

In diesem Jahr geschahen Ereignisse, die mir in vieler Hinsicht zu denken gaben. Noch bevor Angela Hofmann ihre Entscheidung getroffen hatte, war im Sommer durch Elfriedes Vermittlung Martin Abrecht, ein junger Landwirt aus Pforzheim, zu uns gekommen. Er war ein fröhlicher, kompetenter junger Mann, der bald die Arbeit auf der Farm als seine Aufgabe ergriff. Doch nach einem Monat wurde er schwer krank. Hans Werner, der gerade zu Besuch war, betreute

Angela Hofmann, Eissa und die ersten ägyptischen Kühe

ihn medizinisch. Mit Fieber und starken Kopfschmerzen mussten wir ihn nach wenigen Tagen schließlich in ein Spital nach Kairo bringen. Diagnose: Myelo-Enzephalitis, schwere Hirnhautentzündung. Wir bangten alle um sein Leben und Gudrun kümmerte sich Tag und Nacht um ihn. Nach drei Tagen starb er. Sein Tod hinterließ eine gewaltige Leere. Wir waren erschüttert, begleiteten seine Überführung nach Deutschland. Helmy und Konstanze wohnten der Trauerfeier in Pforzheim bei. Als dann Angela Hofmann kam, setzte sie sich sofort mit großer Kraft für die Tierhaltung ein, baute zusammen mit Konstanze die Käserei auf und leitete die Bäckerei. Sie sorgte auch dafür, dass vierzig Allgäuer Kühe per Schiff nach Ägypten kamen, die sich für die Kompostwirtschaft hervorragend eigneten. Man kann sich kaum vorstellen, wie froh ich damals war, nun eine zuverlässige Mitarbeiterin zu haben, die für die ägyptischen Arbeiter in der Landwirtschaft Vorbild sein konnte.

Im Laufe des Jahres 1985 spürte ich ganz allmählich, dass der Schwung, der mich bisher getragen hatte, nachließ und ich an Grenzen zu stoßen begann. Unglücke begannen sich zu häufen, von denen ich eines erzählen will. Für die vielen Kräuter, die nach SEKEM geliefert wurden, brauchte ich dringend eine Lagerhalle. Ich hörte, dass in Kairo eine von den Engländern zurückgelassene Halle zu erwerben war. Sie maß 40 x 60 Meter, war also mit 2400 Quadratmetern ein riesengroßer Bau! Über Roland Schaette hatte ich mittlerweile den Karlsruher Architekten Winfried Reindl kennen gelernt, der zu baulichen Planungsarbeiten mit einer Gruppe begeisterter junger Leute nach SEKEM gekommen war. Ich fragte ihn, ob und wie diese Halle aufgestellt werden könnte. Er sah sie sich an und kehrte etwas unglücklich zurück, weil sie nicht gerade günstig konstruiert war und gewaltige Fundamente brauchte. Seinen Plänen entsprechend begannen die Erd- und Fundamentarbeiten, während in Kairo die Halle abmontiert wurde. Die Schwierigkeiten beim Abbau und Transport waren unvorstellbar. Da ich gerade während dieser Zeit besonders viel mit Aufgaben in meinem Büro zu tun hatte, konnte ich die Montagearbeiten, vor allem den Wiederaufbau, nicht jeden Tag mitverfolgen.

Eines Tages, nachdem die Halle schon gedeckt war, schreckte mich in meinem Büro ein Anruf hoch: »Dr. Ibrahim, kommen Sie schnell! Die Halle ist zerstört!« Als ich hinausgerast kam, lag alles am Boden. Der ganze Bau war wie ein Kartenhaus in sich zusammengefallen und die Leute schrien durcheinander. Gott sei Dank war niemand zu Schaden gekommen, weil sich zur Zeit des Einsturzes keiner im Inneren aufgehalten hatte. Von den acht Meter hohen Eisenstützen war nichts mehr zu gebrauchen. – In Ägypten kann man niemanden nach einem solchen Vorfall zur Rede stellen; man trägt als Unternehmer die Verantwortung selbst. Ich ließ allerdings nachforschen und erfuhr, dass die Arbeiter beim Aufbau die Schrauben am Säulenfundament, aus welchem Grund auch immer, nicht richtig festgezogen hatten. An solchen Ereignissen merkte ich, dass ich mehr wollte, als ich allein vermochte, und dass mir Menschen fehlten, die mich wirklich verlässlich unterstützten. Zu den Lichtblicken dieser Monate gehörte, dass meine Schwiegertochter Konstanze ihr erstes Kind erwartete. Immer, wenn wir uns sahen, suchten wir gemeinsam nach einem Namen – sie wünschte sich ein Mädchen. Am 4. Februar kam Sarah zur Welt.

Aber unter den gewaltigen Anforderungen, die der Alltag an mich stellte, begann sich in dieser Zeit meine Vision zu verdunkeln. Von allen Seiten bauten sich Hindernisse auf, die einen fürchterlichen seelischen Druck erzeugten. Monatelang gab es kein Projekt, aus dem ich hätte Hoffnung schöpfen können und wo der Weg weitergegangen wäre. Dazu kamen viele menschliche Enttäuschungen. Auf der Farm lief nichts, wie es sollte, und ich hätte an allen Stellen gleichzeitig präsent sein müssen, um Unheil abzuwenden. Beinahe 24 Stunden lang setzte ich mich mit einer Katastrophenmeldung nach der anderen auseinander. Dazu kam, dass ich mich durch all diese Probleme ständig mit Äußerlichkeiten beschäftigen und meine geistig-meditative Arbeit, die mir seit meiner Jugend eine innere Kraftquelle gewesen war, vernachlässigen musste. Einen Monat lang wurde mir diese innere Versenkung ganz unmöglich. Ich fühlte mich in dieser Zeit abgeschnürt von der geistigen Welt und tief versunken in irdische Probleme. Aber im Grunde war ich es selbst, der sich so sehr hinabziehen ließ, dass kein tröstendes geistiges Wort mich mehr erreichen konnte. Mein Schicksal wollte eine Wende.

Atemholen

Kurz vor meinem neunundvierzigsten Geburtstag wurde ich zum ersten Mal in meinem Leben ernstlich krank. Nach den sieben Jahren Aufbauarbeit, während deren ich selten ausreichend Schlaf gehabt hatte, erscheint mir dies heute nur zu verständlich. Ich hatte aber die ganzen Jahre über aus dem Gefühl heraus gearbeitet, dass ich dieser auf das Ganzheitliche ausgerichteten Initiative SEKEM genug Energie aus dem Übermaß an Lebenskräften, die ich in mir verspürte, mitgeben musste. Nun erkannte ich meine Grenzen.

In der Nacht zum 21. März wachte ich mit stechenden Schmerzen in der Herzgegend und Atemnot auf und wurde sofort in ein Spital gebracht. Der Präsident der Ärztekammer, ein Kardiologe, war mein Freund. Er wurde gerufen, die Untersuchungen ergaben jedoch keine akute Gefahr. Trotzdem konnte ich fast nicht atmen und war auf Sauerstoff angewiesen. Ich weiß noch, dass zwei Tage später, an meinem Geburtstag, Margret Costantini, eine Kindergärtnerin, die aus Deutschland zu Besuch gekommen war, mit einigen Kindern der Farm ins Spital kam. Sie sangen für mich, aber ich war fast nicht in der Lage, diese freundliche Geste richtig zu würdigen. Hans Werner erfuhr von meiner Krankheit und empfahl, mich in die Klinik Öschelbronn bei Pforzheim zu verlegen. Die Fahrt vom Spital zum Flughafen war nur mit Sauerstoff möglich. Im Flugzeug schließlich fühlte ich mich so elend, dass ich dachte, ich würde diesen Flug nicht überleben. In Frankfurt holte mich Elfriede mit einem Krankenwagen ab, der die 200 Kilometer von Frankfurt nach Öschelbronn nur mit Tempo 40 fahren konnte, weil ich bei einer höheren Geschwindigkeit sofort ohnmächtig zu werden drohte. Durch die liebevolle Versorgung, die ich in der Klinik Öschelbronn erfuhr, besonders auch durch die heileurythmischen Übungen mit Elke von Laue, kam ich allmählich wieder zu mir. Nach drei Wochen war ich in der Lage, an der Seite von Elfriede Werner meine ersten drei Schritte zu gehen. Jeden Tag ging es einen Schritt weiter. Ganz langsam wurde es mir möglich, alles, was in der Vergangenheit geschehen war und einen furchtbaren seelischen Druck aufgebaut hatte, zu vergessen. Von Ende März bis Juni fühlte ich mich langsam wieder erholt, konnte noch eine Woche im Schwarzwald verbringen und lernte dort wieder leben und atmen.

Da erhielt ich einen Anruf aus Graz: Ein alter Freund aus der Arzneimittelforschung bat dringend um Rat und Hilfe. Ich fragte meine Freunde Elfriede und Hans und sagte zu ihnen: »Seht, ich kann wieder tanzen, lasst mich fliegen!« Sie willigten schließlich ein. So flog ich von Stuttgart nach Graz mit Zwischenlandung in Wien. Aber schon während des Fluges erlitt ich wieder eine Herzattacke und wurde in Wien sofort ins nächste Krankenhaus auf die Intensivstation gebracht. Als ich zu mir kam, konnte ich kaum mehr sprechen, ließ aber einen befreundeten Arzt in Wien verständigen, der mich sofort besuchte und weiter versorgte. Sonst wusste kein Mensch, wo ich war. Die Untersuchungen ergaben als Diagnose eine Herzthrombose; nach Ansicht der Ärzte musste sofort operiert oder zumindest eine Katheteruntersuchung eingeleitet werden. Doch ich weigerte mich, meine Einwilligung zu geben, wollte nur liegen und versorgt werden. Jetzt stand ich ernstlich an einer Grenze. Meine ganze Lebensweise würde sich ändern müssen, wenn ich überhaupt am Leben bliebe. Nie mehr würde ich so arbeiten können wie zuvor. Ich fühlte mich unendlich geschwächt. Innerlich nahm ich bereits von SEKEM, von meiner Familie, von meinen Freunden, von allem Abschied. Nach drei Tagen hatten meine Wiener Freunde Elfriede und Hans in Öschelbronn erreicht. Beide kamen sofort nach Wien geflogen. Sie unterstützten mich in meinem Entschluss, mich nicht operieren zu lassen. Hans versorgte mich mit besonderen Medikamenten. In einem speziellen Zugabteil wurde ich wieder in die Klinik Öschelbronn gebracht. Die Genesung begann von neuem.

Nachdem ich ein weiteres Mal einigermaßen wiederhergestellt war, machten mich Elfriede und Hans mit dem Pädagogen Professor Klaus Fintelmann bekannt. Er war Mitbegründer der Hibernia-Schule im Ruhrgebiet, die durch ein besonderes berufliches Konzept für die Oberstufe bekannt ist. Gemeinsam mit ihm entwickelte ich einige Jahre später das Konzept der Sekem-Schule.

Nach einem halben Jahr Genesungszeit brachten mich meine Freunde nach SEKEM zurück. Helmy hatte die ganze Zeit über mit intensiver Unterstützung von Gudrun und Mona meine Stellung übernommen und war an dieser Aufgabe gewachsen. Auf einer Versammlung aller Mitarbeiter sollte ich dann von meiner Krankheit und den damit verbundenen Erlebnissen erzählen. Anschließend stand ein ägyptischer Mitarbeiter spontan auf, umarmte Hans und dankte ihm im Namen aller anderen, dass er »ihren Doktor« wieder hergestellt hatte.

Nach meiner Krankheit wollten wir die gesamte Initiative neu gestalten. Dafür sollte auch ein Grundstein gelegt werden. Das Fest der Grundsteinlegung wurde mit Musik und Rezitationen aus dem Koran begangen. Nach der Unterzeichnung des Grundsteindokumentes durch alle Beteiligten wurde der Grundstein geschlossen und im Mittelraum des Rundhauses versenkt. Alles ging in feierlicher Weise vor sich. Jeder der Anwesenden war sich der Wichtigkeit dieses Augenblickes bewusst.

Gudrun und Ibrahim Abouleish, um 1987

Dritter Teil
SEKEM
Wirtschaftliche Gründungen
Assoziation zwischen
Ägypten und Europa

Einmal jeden Monat gibt es ein Treffen aller mit SEKEM zusammenarbeitenden Bauern im Saal der SEKEM-Akademie. Jedes Mal bietet sich dort ein eindrucksvolles Bild, wenn rund zweihundert hochgewachsene, kräftige Männer mit gewaltigen Bärten in langen Galabeyas sich erheben und oft mit Tränen in den Augen zum Ausdruck bringen, wie sehr sie sich von SEKEM getragen fühlen. In ihren schlichten, aber von Herzen kommenden Worten schwingt mit, wie sie in SEKEM ein Ideal des Wirtschaftslebens verwirklicht sehen, das auf Brüderlichkeit und nicht auf Konkurrenz und Egoismus gegründet ist.

Für einen solchen Wirtschaftsansatz genügen Idealismus und guter Wille allein nicht. Als ich noch vor meiner Rückkehr nach Ägypten mit Georg Merckens durch Italien gefahren war und die landwirtschaftlichen Höfe besucht hatte, war mir rasch klar geworden, dass eine der wichtigsten Voraussetzungen für ein erfolgreiches Wirtschaften bei allem, was ich kennen lernte, doch fehlte: das Bewusstsein für Assoziationen. Wie funktioniert eine solche Assoziation? Alle an einem Wirtschaftsprozess Beteiligten, angefangen vom Produzenten (zum Beispiel den Bauern) über den Vorarbeiter und den Händler (Großhandel, Einzelhandel) bis zu den Konsumenten bilden eine Kette, in der die Ware weitergegeben wird. Dabei erhält das Produkt einen Mehrwert. Heutzutage ist es zumeist so, dass keiner in der Kette von den Lebens- und Arbeitsbedingungen der beteiligten Partner weiß. Diese Anonymität bewirkt, dass jeder nur sich selbst und seinen eigenen Vorteil im Auge hat und für sich in Bezug auf seinen eigenen Verdienst bei der Preisbildung den größtmöglichen Gewinn erzielen möchte. An jeder Schaltstelle der Kette wird deshalb der Preis gedrückt. Zuletzt tun dies auch die Konsumenten, die aus ihrer Unkenntnis der Produktionsvorgänge heraus meist einfach das billigste Produkt wählen.

In einer Assoziation, so wie ich sie mir vorstelle, wird nun die gesamte Mehrwertkette transparent gemacht. Sie beginnt beim Konsumenten. Er wird gefragt, in welcher Qualität er welches Produkt wünscht und was er bereit wäre, dann dafür zu bezahlen. Die Händler ihrerseits bestimmen von diesem bekannten Endpreis einen Prozentwert für sich, der abgezogen wird. Zuletzt erhält der Produzent einen Preis, der ihm auch in seinen Entstehungsbedingungen bekannt ist. Alle in der Assoziationskette Beteiligten verpflichten sich, die Preisvereinbarungen einzuhalten und dem Konsumenten das Produkt so zu liefern, wie er es wünscht. Eine Assoziation baut also auf Vereinbarungen auf, die allen Beteiligten Sicherheit geben. Die Grundlage der Assoziation ist somit das gegenseitige Vertrauen oder mit anderen Worten: ein auf Brüderlichkeit gegründetes Wirtschaften. Alle am Wirtschaftsprozess Beteiligten kennen sich und wissen, dass sie von einander abhängig sind.

Die Assoziationsketten von SEKEM sind Schritt für Schritt und immer durch persönliche Begegnungen entstanden. Hier ist an erster Stelle die freundschaftliche Beziehung zu Roland Schaette zu erwähnen, der von Anfang an bei dem Aufbau der Assoziationen mitwirkte und durch den wir immer wieder Inspirationen für weitere pharmazeutische Produkte erhielten.

Nachdem die Extraktion von Ammi majus durch die Firmenaufgabe des amerikanischen Unternehmens beendet worden war, begannen wir 1983 in bescheidenem Umfang mit dem Anbau von Heilkräutern, die zunächst zu Teemischungen verarbeitet wurden. Dieses Geschäft wünschte ich bald in einem viel größeren Maßstab ausbauen zu können. Gerade zu dieser Zeit lernte ich Ulrich Walter kennen, der damals in Deutschland seinen Betrieb »Lebensbaum« für ökologische Produkte begann und nach qualitätsvollen Heilkräutern suchte. Mit der Unterstützung durch die GLS-Gemeinschaftsbank in Bochum gelang es allmählich, eine vollständig auf Transparenz gegründete Assoziationskette aufzubauen. Ulrich Walter war oft in Ägypten und unterrichtete sich über die Arbeitsbedingungen und Produktionsabläufe vor Ort. Die Nachfrage der Konsumenten wuchs und wir suchten weitere Ländereien, auf denen Bauern Heilkräuter anbauen konnten. Durch den Marktsog bildete sich so das Angebot. Dadurch expandierte auch die Firma »Lebensbaum«.

Über das Geschäft mit Frischgemüse, dessen Aufbau ich noch näher beschreiben möchte, lernte ich Volkert Engelsmann (Gründer

der Firma EOSTA) aus Holland kennen, der mit SEKEM zusammen eine Assoziation für den Frischgemüsevertrieb einrichtete. Und der erste Partner des Geschäftes mit Baumwollkleidung war Heinz Hess, den ich in Frankfurt besuchte und der uns außerordentlich ermutigte, diesen für SEKEM neuen Wirtschaftszweig zu beginnen. Über Winfried Reindl lernte ich Dr. Götz Rehn, den Begründer der Alnatura-Handelskette für biologische Lebensmittel kennen, der mit uns eine Zusammenarbeit begann. Außerdem ist in diesem Zusammenhang Peter Segger aus England zu nennen, der mit seiner Firma »organic farm foods« SEKEM in den englischen Markt einführte. Ulrich Walter gehört mit seinem Unternehmen »Lebensbaum« auch zu den ersten Assoziationspartnern und stellte die Verbindung zu Bart Koolhoven her. Beide gründeten mit SEKEM die Firma Euroherb. Auch Thomas Hartung (Gründer der Firma Aarstiderne) aus Dänemark stieß kürzlich dazu. Die fachmännische Koordination der Assoziationen übernahm schon bald Helmy. Er gründete mit allen Beteiligten die Assoziationsgemeinschaft IAP, die International Association for Partnership, in der die Partner sich aufeinander verlassen können. Alle Unternehmungen profitierten enorm von diesem Vertrauen und konnten ihre Betriebe ausbauen. Ich weiß oftmals nicht, ob ich es Glück nennen soll, dass ich all diesen prachtvollen, genialen Menschen begegnete, oder ob der Himmel jemandem, der nach einem Ideal strebt, hilft? Die Menschen unserer Assoziationen hielten trotz größter Schwierigkeiten und Anfechtungen zusammen, die, wie man sich leicht denken kann, immer entstehen, wenn neue Wege auf einem völlig anders gearteten Umfeld betreten werden. Aufgetretene Probleme wurden immer mit großer Offenheit besprochen.

Ein Besuch aus Zypern

Eines Tages saß ich in meinem Büro in Kairo, als sich im Sekretariat ein Herr aus dem griechischen Teil Zyperns anmeldete. Kurz danach trat ein spritziger, aktiver Unternehmer ein und erzählte von einem großen Projekt, das er in meinem Geburtsort Mashtul in Ägypten aufgebaut hätte. »Was haben Sie gemacht, Mister Takis?« – »Ich habe dort weite Ländereien in einen Gemüsehandel verwandelt, ein Packhaus gebaut und Kühlwagen angeschafft, die diese Frischware zum Flughafen bringen, von wo aus sie nach England transportiert wird.« – »Sehr gut, Mister Takis! Und wo liegt das Problem?« – »Mir wurde von allen ägyptischen Banken geraten eine Partnerschaft mit SEKEM anzustreben.« – Ich fragte: »Wieso das?« – »Weil wir Zyprioten mit der Arbeitsweise der Ägypter nicht zurecht kommen und deswegen jahrelang mit Verlusten gearbeitet haben!« Bisher hatte er sein Geschäft ausschließlich mit Mitarbeitern aus Zypern zu führen versucht. Ich überlegte: SEKEM produzierte Frischgemüse bislang nur für den Eigenbedarf. Sollten wir mit einem Frischgemüsehandel beginnen? – Während ich ihm zuhörte, spürte ich, dass das, was er aufgebaut hatte, genau das war, was ich schon immer wollte – frische Lebensmittel vertreiben. Schließlich fragte ich ihn: »Und wie bauen Sie das Gemüse an?« – »Natürlich mit Kunstdünger und Pestiziden.« – »Wo holen Sie die Samen her?« – »Es sind Hybridsamen aus England.« Jetzt kämpften zwei Seelen in meiner Brust: Auf der einen Seite stand die Erfahrung, die der Mann mit dem Frischgemüsegeschäft schon gesammelt hatte, auf der anderen meine Ablehnung gegenüber den chemischen Mitteln, mit denen er arbeitete. Ich entschied mich rasch – für ihn! Denn seine Erfahrungen waren mir wertvoll, alles andere würde später verändert werden müssen. Helmy ging zu Mister Takis nach Mashtul, um sich umzusehen. Als er wiederkam, war er entsetzt: »Das ist kein Geschäft mit Lebensmitteln!«, rief er aus, »nur Kunstdünger und Pestizide!« – Ich entgegnete: »Unsere Aufgabe wird sein, das in biologischen Anbau zu verwandeln!«

Wir gründeten gemeinsam die Firma LIBRA und SEKEM beteiligte sich daran mit 50%. Durch diese Kooperation erfuhren wir viel Wertvolles über Logistik und Kundenbetreuung. Mittlerweile hatten wir Mister Takis oft auf SEKEM zu Besuch und dadurch Gelegenheit, ihm immer wieder die biologisch-dynamische Wirtschaftsweise nahe zu bringen und über die Auswirkungen auf die Gesundheit der Menschen und der Erde zu sprechen. Im Grunde sah auch er die Schäden, die durch die konventionelle Landwirtschaft am Boden und bei den Pflanzen entstanden; aber er war auch Geschäftsmann, der seine Gewinne und das Geld sah. Durch den biologischen Landbau, so meinte er, würden die Produkte unbezahlbar teuer.

Ein Besuch aus Zypern

Ich bat Mr. Takis nach England zu reisen und den Markt für biologisches Gemüse zu erkunden. Zuerst weigerte er sich, fuhr dann aber trotzdem und kam mit wenig Erfolg zurück. Mittlerweile hatte ich Volkert Engelsmann, unseren holländischen Geschäftspartner, getroffen und ihn gefragt: »Was wäre, wenn wir biologisches Frischgemüse produzieren würden?« Er antwortete: »Das wäre großartig!« Also bat ich den Fachmann für biologisch-dynamischen Landbau, Georg Merckens, zu kommen und besprach mit ihm, wie wir das Geschäft mit biologischem Frischgemüse aufbauen könnten. Dann begannen wir auf anderen Farmen, die mittlerweile schon zu SEKEM gehörten, mit dem Anbau.

Trotz allen vorherigen Beobachtens und Lernens wurde es ein Unternehmen, bei dem wir sehr viel Lehrgeld zahlen mussten. Das begann damit, dass es kaum möglich war, in Ägypten die Samen jener Gemüsesorten zu bekommen, die die Kunden haben wollten. Hinzu kam, dass die Erträge wegen der Umstellung anfangs nur halb so groß waren, wie wir sie errechnet hatten. Dann waren viele Insektenkontrollen notwendig! Und zu alledem zerfetzte ein tagelanger Sandsturm die Gewächshäuser und machte alle Mühe wieder zunichte.

Helmy war in dieser Zeit ständig im ganzen Land zu Beratungen mit den Bauern unterwegs. Die Defizite stiegen, nur weil wir uns beide ohne landwirtschaftliche Erfahrung das Geschäft mit biologischem Frischgemüse in den Kopf gesetzt hatten. Aber wir wollten auch auf diesem Gebiet für Ägypten ein Vorbild schaffen und beweisen, dass man hier auch biologische Nahrungsmittel herstellen konnte. Jedes Mal, wenn etwas schief ging oder wir auf die Zahlen sahen, schauten wir uns an und schlugen unsere Handflächen freundschaftlich aneinander: »Wir schaffen es! Weitermachen, nicht aufgeben!« Manchmal sagten wir uns lachend: »Hätten wir doch nur eine Schraubenfabrik. Wir wären Milliardäre bei dem Einsatz!« Wir waren sicher: die guten Geister konnten uns bei so viel Einsatz nicht verlassen.

Aus dem Frischgemüsegeschäft entstand eine neue Firma: HATOR. Dieser Geschäftszweig, das wurde mir aus den ersten Erfahrungen klar, brauchte für den weiteren Aufbau ein Genie auf logistischem Gebiet mit viel Durchsetzungskraft. Es musste darauf geachtet werden, dass die Ware rechtzeitig vom Feld angeliefert wurde, um gesäubert und verpackt zu einem zuvor vereinbarten Zeitpunkt, zu dem auch die notwendigen Zollpapiere vorliegen mussten, die Flugzeuge und Schiffe nach Europa zu erreichen – oder täglich die Lebensmittelgeschäfte in Ägypten zu beliefern. Es war eine Koordinierungsfähigkeit gefordert, die fast mit militärischer Exaktheit durchgeführt wurde, sonst musste durch verdorbene Lebensmittel großer finanzieller Schaden entstehen. Schließlich unternahm meine Frau Gudrun den Aufbau von HATOR, denn sie war in der Übernahme ungewohnter und neuer Aufgaben schon erfahren. Mit unermüdlichem Einsatz und konsequenter Haltung schulte sie ihre Mitarbeiter, ungefähr 70 junge Mädchen. Im Mahad, unserem Zentrum für Erwachsenenbildung, das 1987 gegründet worden war, hielt sie Trainingskurse ab und vermittelte die notwendigen Hygienemaßnahmen, die beim Umgang mit Lebensmitteln erforderlich waren, angefangen vom Händewaschen über das Anziehen von Handschuhen bis zum Tragen von entsprechender Schutzkleidung und Hauben. Bei den Bauern, die das Gemüse lieferten, achtete sie auf die Qualität der Ware und außerdem auf die sachgerechte Kühlung und den raschen Ablauf aller nötigen Vorgänge.

Die Zusammenarbeit mit Mister Takis beendeten wir schließlich in beiderseitigem Einvernehmen, denn er wollte eigene geschäftliche Wege gehen. Wir waren dankbar, von ihm die Bedingungen des Frischgemüsegeschäftes gelernt zu haben, und stehen noch heute mit ihm in freundschaftlicher Verbindung.

LIBRA muss leben

Für den Anbau von Heilkräutern pachtete SEKEM weitere Ländereien in ganz Ägypten. Eine Werbekampagne im Fernsehen und in den lokalen Medien, in denen über Umwelt und Gesundheitsfragen berichtet wurde, machte die Firmen SEKEM und ISIS und ihre Teeprodukte landesweit bekannt. Daraufhin erreichten uns viele Anfragen nach dem biologisch-dynamischen Anbau, unter anderem auch von Chaled Abuchatwa, einem Großgrundbesitzer und Ingenieur aus dem Norden Ägyptens. Er war von der Idee so begeistert, dass er gleich anfing, auf seinen Ländereien biologische Heilkräuter anzubauen. Er stammte aus einer bekannten Familie und genoss hohes Ansehen. Seine Nachbarn sahen über den Zaun und fragten: »Was geschieht bei dir? Kein Kunstdünger? Keine Pestizide? Es duftet gut.«

Mit dem Interesse der Bauern an der biologisch-dynamischen Wirtschaftsweise kam auf uns die Aufgabe zu, die Landwirtschaft und Vermarktung über den Heilkräuteranbau hinaus auf weitere Produkte auszudehnen. Für den erweiterten Anbau landwirtschaftlicher Produkte nahm SEKEM noch einmal Ländereien in ganz Ägypten hinzu und stellte 70 Landwirte ein. Nun hat die Landwirtschaft ihre ganz eigenen Rhythmen und dadurch eine besondere Umsatzgestaltung: Eine Saison lang, für neun bis zehn Monate, muss nur investiert werden – die Zeit, in der das Produkt heranwächst, geerntet, getrocknet und verarbeitet wird – bis eine »Ware« herangereift ist, die Geld bringt. Dieses Geschäft mit landwirtschaftlichen Produkten übernahm die Firma LIBRA.

Einer der bedeutendsten Baumwollhändler Ägyptens war seinerzeit mein Großvater väterlicherseits gewesen. Seine rechte Hand, der Mann, der die riesigen Baumwolllager verwaltete, hieß Abdullah Lefef. Eines Tages tauchte bei mir ein junger Landwirt namens Ahmed Rashad auf, der sich als Enkel jenes Abdullah vorstellte. Ich stellte ihn sofort bei LIBRA ein. Ahmed engagierte sich mit einer bewundernswerten Ruhe für die neuen Aufgaben und verwaltete ohne Hektik den schwierigen Anbau der landwirtschaftlichen Produkte. Er arbeitete eng mit Georg Merckens zusammen und lernte von ihm auf gemeinsamen Reisen durch das ganze Land die Grundlagen der biologisch-dynamischen Wirtschaftsweise. Für die Schulung der Bauern bei der Umstellung ihrer Farmen auf das biologische Wirtschaften waren wir eine Zeit lang ein herrliches Dreiergespann: Georg Merckens hatte sich während seiner Beratertätigkeit in Sizilien und Mexiko viel Erfahrung angeeignet. Wenn er zu den Bauern sprach, übersetzte ich und fügte immer wieder Verse aus dem Koran ein, die die Seelen der Menschen für das Neue des biologischen Landbaus öffnen konnten. Und Ahmed, als einer der ihren, wirkte wie ein soziales Verbindungsglied. »Wir werden von Allah nicht nur aufgerufen, die Erde, die ER uns übergeben hat, zu pflegen, sondern auch, zu heilen, was zerstört wurde«, sagte ich sinngemäß. Wenn die Pflanzen in ihrem Wachstum durch Kunstdünger beeinflusst werden, dann ziehen sie viel mehr Wasser in ihre Früchte, bilden aber weniger Vitamine, die wir für unsere Ernährung brauchen. Im Koran wird nun zwischen zwei Qualitäten der Nahrungsaufnahme unterschieden: zwischen erlaubtem Essen – es wird »halel« genannt – und köstlichen Speisen, die »tajeb« bezeichnet werden. So ist es in der Sure 16 »Die Biene« ausgeführt. Wie wird nun ein Essen »tajeb«, köstlich? – Die Pflanze bildet mit Hilfe vieler Spurenelemente des Bodens ihre Wirkstoffe. Je nach Art der Pflanze helfen dabei wieder Mikroorganismen mit, die Bodenumgebung um die Wurzelhaare so zuzubereiten, dass diese Spurenelemente für die Aufnahme verfügbar werden. In dieses lebendige, sensible Zusammenspiel greift nun der Kunstdünger auf zweierlei Art verändernd ein: Er ändert den PH-Wert des Bodens und zerstört die Mikroorganismen. Die Folge ist, dass die Pflanze mehr Wasser aufnimmt und weniger die Spurenelemente. So wachsen zwar große Früchte heran, die aber nicht »tajeb«, köstlich, sind. Ohne die Pflege der Lebenskraft der Erde durch eine Kompostbereitung werden aber auch die Menschen nicht richtig ernährt, was weitreichende Folgen bis in unser Seelenleben hinein hat. – Weiter berichtete ich, wie im vergangenen Jahrhundert die Menschheit immer tiefer in den Materialismus gesunken sei. In Bezug auf das Pflanzenwachstum betonten damals Wissenschaftler, wie wichtig Stickstoff, Kalium und Phosphor für die Pflanzen seien, und bewiesen, wie sich durch die Beigabe dieser Stoffe der Ertrag vermehrte. Doch man übersah, dass die Mengen an künstlichem Dünger ständig erhöht werden mussten und dass die Pflanzen dadurch anfälliger gegen Schädlingsbefall wurden, dem dann wiederum mit chemischen Giften begegnet werden muss. Gegen mitwachsende Unkräuter wurden Herbizide eingesetzt. Die Folge waren Bodenerosion und -verdichtung und das Verschwinden von ganzen Pflanzenarten. – Die biologisch-dynamische Landwirtschaft kann von Grund auf, vom Boden her, heilend wirken. Durch die Kompostbehandlung und die Präparate werden die Lebenskräfte der Pflanzen so gestärkt, dass sie wieder durch eigene Kraft wachsen und nicht durch die stofflichen Zusätze des künstlichen Düngers. Das alles hat wiederum Auswirkungen auf die Gesundheit der Tiere und der Menschen.

Nach meinen einführenden, bildhaften Worten konnte dann Georg Merckens den Bauern erklären, wie die Kompostherstellung und die Tierhaltung praktisch zu handhaben seien. Alle Landwirte erhielten wöchentlich weitere Schulungen auf der SEKEM-Mutterfarm im Mahad.

Trotz aller Schulung gestaltete sich die Umstellung auf das biologisch-dynamische Wirtschaften auf jeder Farm schwierig. Wir rechneten mit mindestens zwei bis drei Jahren, während der die Misserfolgsrate sehr hoch war, weil die Bauern so vieles neu lernen mussten. Die Produkte fallen nach dem Weglassen des Kunstdüngens erst einmal anders aus und sind so lange anfälliger für Schädlingsbefall, bis sich ein neues Gleichgewicht eingependelt hat. Die praktische Handhabung des biologischen Landbaus verlangt aber auch eine ganz eigene Bewusstseinsbildung. Diese Anbaumethode ist beispielsweise ganz auf ein waches Bewusstsein angewiesen, das prophylaktisch und in Zusammenhängen denken kann. Der Begriff der Prävention ist aber in Ägypten den meisten Menschen noch völlig unbekannt.

Wenn ich am Ende eines Jahres mit Ahmed und Helmy die Bilanz von LIBRA anschaute und wir trotz strengster Schulung und Führung der Mitarbeiter die Defizite sahen, dann sagten wir uns immer wieder: Wer ist heutzutage schon bereit, in ein Ideal zu investieren! Aber irgendjemand in Ägypten muss bei der Umstellung auf die biologische Wirtschaftsweise Vorbild sein, die Möglichkeit ihrer Verwirklichung zeigen und bereit sein, sie finanziell zu tragen. Das ist LIBRA! Und außerdem gibt uns diese Arbeit die Möglichkeit, Menschen zu schulen, Heilsames für die Erde zu leisten und die Idee der biologisch-dynamischen Wirtschaftsweise in der Realität zu erproben. Nach solchen Überlegungen blickten wir uns in die Augen und entschieden jedes Jahr neu: LIBRA muss leben!

Ahmed stand immer wieder vor neuen Schwierigkeiten. Beispielsweise ließ LIBRA Kartoffeln anbauen und 2000 Tonnen nach Europa transportieren. Davon wurden 200 bis 300 Tonnen abgelehnt, weil sie nicht der Normgröße entsprachen. Die Ware musste abgerufen und mit Verlust verkauft werden. Ein anderes Mal musste für einen Transport von Zwiebeln schon Monate im Voraus Platz auf einem Containerschiff gebucht werden. Als sich die Ernte verspätete und der Platz auf dem Schiff leer blieb, wurde er natürlich trotzdem in Rechnung gestellt. Wenn die Leute die riesigen Lastwagenkolonnen mit landwirtschaftlichen Produkten sahen, die SEKEM belieferten oder verließen, meinten sie manchmal, wir seien die reichsten Menschen der Welt. Welch ein Irrtum!

Um das Gemüsegeschäft auszubauen, ließ LIBRA mit enormem Aufwand Gewächshäuser bauen, damit auch im Winter Gemüse nach Kairo oder Europa geliefert werden konnte. Dazu wurden die teuren Samen, die nicht per Kilo, sondern pro Same eingekauft werden, in Frühbeeten vorgekeimt, pikiert und als Sämlinge in die vorbereiteten Gewächshäuser gepflanzt. Nun konnte es vorkommen, dass Bauern etwa für 100.000 Pfund Gurkensamen gekauft hatten, die nicht keimten, weil der Same entweder zu alt oder »falsch« war. Die Gewächshäuser waren gerichtet, die Bestellungen schon Monate vorher eingegangen, und nun wuchs nichts oder nach einem weiteren Keimungsversuch mit neuen Samen vielleicht erst verspätet. Welch hohes Risiko für unsere landwirtschaftlichen Partner!

Wir bemühten uns hier, eine gerechte Lösung für die Menschen zu finden, die nach Kräften versuchten, sich in die neue Wirtschaftsweise einzuarbeiten und ja bereit waren, dadurch ihren Beitrag zu einer Heilung der Erde mit biologischen Mitteln zu leisten. Deswegen wurden schon vorher mit den Bauern gerechte Preise vereinbart und eventuelle Verluste von SEKEM oder LIBRA getragen. Die Preise, die natürlich dieses Risiko wenigstens zu einem Teil beinhalten mussten, teilten wir unseren Handelspartnern in Kairo und Europa mit, die dadurch von den Überlebensbedingungen der ägyptischen Landwirte erfuhren und somit ihren Teil der Umstellung auf die biologisch-dynamische Wirtschaftsweise mittrugen. Ich wollte eine Transparenz der Preisbildung bis zum Konsumenten erreichen, wie es meinem Verständnis des Begriffs einer »Assoziation« entspricht. Natürlich konnten nicht alle Geschäftsrisiken bei der Preisbildung berücksichtigt werden, da sonst die Produkte für die Konsumenten zu teuer geworden wären. Hier musste wieder LIBRA ausgleichen.

Die Bauern brauchten Investitionen für Kühe, Ställe und Kompostvorrichtungen, für Transportmittel, Trocknungsanlagen und den Aufbau von Kommunikationssystemen und nicht zuletzt für den Bau eigener Wohnhäuser. Alle diese Kosten für Investitionen und Schulungen, für die Unterstützung bei der Umstellung und bei Anbauverlusten bedeuteten für die Firma LIBRA insgesamt enorme finanzielle Defizite, da sich erst bei einer Gewinnerzielung ein Ausgleich in der Buchhaltung niederschlagen würde. Trotzdem half und hilft LIBRA den Bauern weiter und garantiert ihnen ihre Preise.

Bei unseren Schulungstreffen erfuhren die Bauern auch, welchen Weg ihre Produkte nahmen und wie die Preise zustande kamen. Dabei erläuterte Helmy stets die wirtschaftlichen Zusammenhänge, während ich auf die geistige Begründung aufmerksam machte. Dadurch prägte sich bei ihnen der Begriff einer »Wirtschaft der Liebe« (economy of love) ein. Unsere Landwirtschaft will ganz bewusst auf der Liebe, das heißt der Verantwortung für die Erde, die Pflanzen und Tiere aufbauen und bei den Menschen Vertrauen schaffen. Auch wenn, was oft der Fall war, der allgemeine Marktpreis weit unter dem lag, was vereinbart war, wurden den Bauern ihre Produkte abgenommen und sie erhielten ihr vorher verabredetes Geld.

Zu den genannten Kalkulationen der Firma LIBRA trat hinzu, dass Ägypten sehr hohe Bodenpreise hat, weil es nur aus einem schmalen fruchtbaren Streifen beiderseits des Nil besteht und aus Wüste, bei deren Bewirtschaftung die Kosten für die Bewässerung auf die Preise aufgerechnet werden müssen. Wieder waren Ahmed, Helmy und ich uns am Ende eines Jahres einig, dass es gelungen war zu zeigen, dass totes Land durch das biologisch-dynamische Wirtschaften belebt werden kann und dass Menschen über die Arbeit Bildung und Schulung erfahren. Wenn wir diese Resultate gegen die Verluste abwogen, konnten wir zufrieden sein. Es handelte sich nicht um ein verlorenes Geschäft. Geld und Mühe würden sich auszahlen. Für mich bedeutete LIBRA einen Gewinn, trotz roter Zahlen: LIBRA musste leben! – Am Ende eines jeden Jahres glichen wir die Schulden von LIBRA durch die Gewinne unserer in der Zwischenzeit aufgebauten Firmen oder durch Bankkredite aus. Kein Bankdirektor hatte nach einem Besuch auf SEKEM und sorgfältiger Prüfung mehr Zweifel an der Wichtigkeit unserer Arbeit.

Immer dringlicher zeigte sich die Notwendigkeit einer kompetenten Ausbildung, um die Bauern fähiger und wacher für die Verbesserung des Bodens, die rechtzeitige Behandlung bei Insektenbefall und die Kompostbereitung mit den Präparaten zu machen. Als später der Anbau von Baumwolle dazukam, wurde für die Aufgabe der Schulungen die EBDA, die »Egyptian Bio-Dynamic Assoziation« als Non-Profit-Organisation gegründet. Sie erhielt außerdem den Auftrag, Landwirtschaftsberater auszubilden und auf die Farmen zu schicken. Dank der Mithilfe von Georg Merckens und Helmy verfügt die EBDA heute über enorme Erfahrung im biologisch-dynamischen Anbau und vor allem in der Logistik. Dafür bezahlen die Bauern einen Betrag, aus dem der Verein wenigstens zu einem Teil die Schulungen finanzieren kann.

Vor ein weiteres Problem stellte uns damals die Tatsache, dass ein biologisches Produkt auf dem heutigen Markt ohne Zertifizierung keine Chance hat. Dieser Anforderung stellten wir uns schon früh, indem wir unsere Produkte durch das Schweizer Institut für Marktökologie (IMO) inspizieren und zertifizieren ließen. Dabei war uns klar, dass LIBRA die hohen Tagessätze der Inspektoren nicht lange würde verkraften können. In dieser Lage befinden sich Produzenten vieler Länder, die sich die teuren europäischen Inspektoren nicht leisten können. Nun kam ich mit dem für SEKEM zuständigen Inspektor von IMO ins Gespräch und fragte ihn: »Wäre es nicht möglich, dass wir eine Niederlassung für Zertifizierungen in Ägypten einrichten würden?« Er gestand, dass er sich schon lange gewundert hätte, dass wir diese hohen Kosten zahlten, und machte uns Mut. Helmy trat nun mit dem DEMETER-Bund in Deutschland in Kontakt und bis 1990 gelang es, die COAE (Centre of Organic Agriculture in Egypt) zu gründen, eine unabhängige Firma, die heute Höfe in ganz Ägypten, im Iran und Sudan inspiziert. Hier fand sich Dr. Yusri Hashim zur rechten Zeit ein, der die Prüfungen durchführte. Das Zentrum erhielt seine Niederlassung in Kairo. Klaus Merckens lernte von der Schweizer Firma IMO die notwendigen Inspektions- und Zertifizierungsrichtlinien und leistete beim Aufbau der COAE unschätzbaren Einsatz. Die Familie Merckens junior hatte sich zu dem Zeitpunkt bereits entschlossen, zu uns nach Ägypten zu ziehen. Nach seinem Einsatz beim Aufbau der COAE ist Klaus heute unser Fundraiser, der in aller Welt die SEKEM-Idee vertritt. Seine Frau Johanna arbeitet in der Textilfirma Conytex im Export. Eigentlich ist sie ausgebildete Kindergärtnerin und musste sich die Grundlagen der Korrespondenz erst erarbeiten. Aber es liegt eine besondere Chance darin, zu sehen, wie Menschen eine für sie ungewohnte Position besetzen und dann an dieser Aufgabe wachsen.

Lange überlegten wir, wie die Firma LIBRA zu einem finanziellen Ausgleich kommen könnte. Wir entschieden uns schließlich, eine Mühle zu bauen, schafften eine Ölpresse an, die auch Olivenöl herstellt, und kauften Trocknungsanlagen. Hans Spielberger, ein auf diesem Gebiet erfahrener Unternehmer, stand uns mit seiner langjährigen Erfahrung zur Seite. Durch die nun möglichen Veredelungsprozesse erhielten die landwirtschaftlichen Produkte einen Mehrwert, der der Firma als Gewinn blieb. Wir hofften dadurch in den Bilanzen der kommenden Jahre einmal schwarze Zahlen schreiben zu können. Heute werden über die Firma ISIS längst erfolgreich viele andere weiterverarbeitete Produkte vertrieben wie Honig und Marmelade, Sirup, Öle, verschiedene Trockennahrungsmittel wie Getreide und Reis, Nüsse, Datteln und Feigen.

Beim Aufbau des biologischen Nahrungsmittelanbaus erhielten wir immer wieder Hilfen von Menschen in Ägypten. Mohammed Gaballah, studierter Landwirt aus Fayum, hörte von der Idee der biologischen Wirtschaftsweise und fing Feuer. Er selber hatte nur eine kleine Fläche Land. Was tat er? Er besprach sich mit allen um sein kleines Gelände lebenden Verwandten, Freunden, Nachbarn und gründete eine Kooperative. So legten 300 Menschen ihre Teilgrundstücke zusammen und bildeten ein »Land ohne Grenzen«. Dort begannen sie mit biologisch-dynamischem Heilkräuteranbau. Sie pflückten und trockneten die Ware selbst. Wir nahmen Mohammed seine Produkte zum vereinbarten Preis ab, das Geld verteilte er gerecht an seine Nachbarn. Seit einigen Jahren arbeitet diese Kooperative, die für mich hier in diesem Land mehr als ein Wunder ist, mit großem Erfolg. Ich schätzte diesen Mohammed Gaballah wie einen Helden, dem durch selbstlosen Einsatz der Aufbau einer echten Wirtschaftsgemeinschaft, der »Farmer ohne Grenzen«, wie ich sie nannte, gelungen war. Zu ihm führte ich immer wieder Menschen, wenn ich zeigen wollte, was dieser geniale Mann aus seiner Begeisterung für die Idee heraus leistete.

Chaled, der Großgrundbesitzer aus dem Norden, warb mit Enthusiasmus bei allen Bauernkonferenzen für die Verbreitung unserer Idee und trat mit seiner ganzen Persönlichkeit und Stimmgewalt für

LIBRA ein. SEKEM wurde allmählich auch ein Vorzeigebetrieb bei Staatsbesuchen in Ägypten. Viele politische Repräsentanten aus aller Welt haben inzwischen unsere Farm kennengelernt. Die Vereinigung afrikanischer Landwirte besucht uns jedes Jahr für eine Woche und interessiert sich für die biologisch-dynamische Wirtschaftsweise, die humane Preisgestaltung und unsere Abnahmegarantie.

Baumwolle – Gift im weißen Gold

Bei Pestiziduntersuchungen unserer Heilpflanzen kamen eines Tages Spuren von Rückständen zum Vorschein, über die wir mit Recht empört waren. Woher kamen diese Pestizide, da wir doch selbst keine verwendeten? Nachdem wir alle möglichen Ursachen ausgeschlossen hatten, begriffen wir schließlich, dass sie von Flugzeugen ausgesprüht wurden, die bis zu 20 Mal während der Wachstumszeit der Baumwolle über die nahen Felder flogen.

Als mir dies deutlich war, beschwerte ich mich bei einem Minister des Landwirtschaftsministeriums. »Wir wollen auf unseren Farmen biologisch anbauen und ohne Gift auskommen«, sagte ich, »ihr macht unsere Mühe zunichte und wir sind machtlos gegen das Spritzen aus der Luft!« Er schaute mich erstaunt an und fragte: »Was wollen Sie, gibt es eine Alternative?« – »Nicht spritzen!«, sagte ich. – »Wissen Sie denn, was alles geschieht, wenn nicht gespritzt wird?«, fragte er zurück. Da erkannte ich erst, in welchen Schwierigkeiten der Mann bezüglich der Chemie-Konzerne steckte.

Ich beriet mich mit Helmy und Georg Merckens und fragte ihn, ob er eine biologische Methode des Pflanzenschutzes bei Baumwolle kennen würde. Er riet uns, die Insekten, die die Pflanzen schädigen, zunächst genau zu studieren und ihre Lebensweise kennen zu lernen. Von Entomologen ließen wir uns daraufhin das Verhalten der entsprechenden Insekten erläutern und genaueste Untersuchungen über ihre Entwicklungsstadien vorlegen. Dann fragten wir bei verschiedenen Wissenschaftlern nach, wie wir mit biologischen Methoden der Vermehrung dieser Insekten Herr werden könnten. Diesmal halfen uns die ägyptischen Wissenschaftler Dr. El Araby und Dr. Abdel Saher, die auf vorbereiteten Versuchsfeldern mit ihren

Untersuchungen begannen. Mit dem Aufwuchs der Pflanzen und der zunehmenden Hitze entstehen Kleininsekten wie Blattläuse, Blasenfüße und weiße Fliege. Sie lassen sich mit beleimten Gelbtafeln abfangen, weil sie von der gelben Farbe angelockt werden. Dann folgen während des Wachstums die Blattraupen Spodoptera und die Kapselbohrer Pectinophora, um nur die gefährlichsten zu nennen. Sie bilden im heißen Sommerklima vier Generationen aus und gefährden die Pflanzen bis zur Ernte hin. Es war nur zu verständlich, dass gegen diese Schädlinge 20 und mehr Pestizidspritzungen eingesetzt wurden.

Der Insektenkundler Dr. Youssef Afifi von der Kairoer Universität nahm die Chance wahr, seine Laborerfahrungen mit dem Spodoptera-Falter im Großfeldanbau anzuwenden. Keiner wusste, ob es wirklich funktionieren würde, aber wir begannen mit der Bebauung eines Feldes von elf Hektar im Nildelta. Schon ehe die Falter anflogen, wurden einfache Trichterfallen mit Pheromonen (Duftlockstoffen) über das Feld verteilt, mit denen die Falter gefangen wurden, noch bevor sie befruchtete Eier ablegen konnten, aus denen sonst die sich rapide vermehrenden und blattverzehrenden Raupen schlüpfen würden. Als Nächstes galt es, die sich bildenden Fruchtkapseln, in denen die Samen mit ihrem haarigen Anhang – also der eigentlichen Baumwolle – entstanden, vor den Kapselbohrern zu bewahren, die den ganzen Ertrag bedrohten. Hier setzte Dr. Afifi Spencer-Röhrchen ein, denen ein betörender Duft entströmte. Wenn die Kapselbohrer anflogen, wurden sie so verwirrt, dass sie die Kapseln nicht fanden. Im ersten Jahr hielt der verwirrende Effekt allerdings nicht lang genug an und elf Prozent der Kapseln wurden dennoch zerstört. Das korrigierten wir und bald lag der Schaden schon unter der Rate, die sonst mit den Chemiespritzungen im konventionellen Anbau zu erreichen war. Als dann die erste Ernte gewogen war, ergaben sich sogar 10 Prozent Mehrertrag an Rohbaumwolle gegenüber dem Gebietsdurchschnitt, ein stolzes Ergebnis, das wir im Wesentlichen auf die allgemein bodenbelebenden und die pflanzenwuchsfördernden Maßnahmen der biologisch-dynamischen Wirtschaftsweise zurückführen konnten.

Als wir dachten, dass damit alle Probleme gelöst seien und die Flugzeuge über Ägypten keine Pestizide mehr aussprühen müssten, luden wir zum ersten internationalen Organischen Baumwoll-Kongress der Welt nach Kairo ein. Dort versammelten sich rund 120 Fachleute, die am Rande des Kongresses auch das nächstliegende der insgesamt 19 biologisch-dynamisch bewirtschafteten Baumwollfelder während der Ernte besichtigen konnten. Das ägyptische Fernsehen war dabei und strahlte einen sehr positiven Bericht aus, man bewunderte unseren Erfolg. Auch der Landwirtschaftsminister hatte die Entwicklung interessiert mitverfolgt und erschien auf unsere Einladung hin mit seinen Mitarbeitern. In seiner Rede sagte er sinngemäß: »Ich spreche Ihnen für Ihren Einsatz meine volle Anerkennung aus. Aber wer weiß, ob es noch einmal gelingt! Sie müssen den Erfolg erst mehrmals nachweisen!« So blieb uns nichts anderes übrig, als die von uns entwickelten Methoden der Insektenbekämpfung noch weiter auszuprobieren. Der Minister suchte nach einem bestimmten Plan die verseuchtesten Gebiete jedes Jahr von neuem aus

Erste Internationale Baumwollkonferenz in Kairo, 1993

Baumwolle – Gift im weißen Gold

und meinte, wenn es dort gelänge, dann könnte er entscheiden. Er handelte aus meiner Sicht als verantwortungsbewusster Mensch.

Die Versuchsfelder lagen über ganz Ägypten verteilt und Helmy war ständig unterwegs. Die Felder mussten Tag und Nacht überwacht werden. Er war vor Ort, wenn ein schnelles Handeln nötig wurde. Aber durch Helmys Einsatz allein wäre es nicht möglich gewesen, wenn seine von mir über alles geschätzte Frau Konstanze seine Aufgabe nicht mitgetragen hätte, weil sie die Notwendigkeit sah. Dabei war sie von ihrer Erziehung her eigentlich gewohnt, dass Freizeit groß geschrieben wurde. Hier erlebte sie das Gegenteil. Sie und ihre vier Kinder mussten Helmy lange Zeit entbehren und oft kam er spätabends übernächtigt nach Hause.

Aber nach drei Jahren hatten wir es geschafft und konnten unsere Untersuchungsberichte vorlegen. Der Minister hielt Wort und reagierte mutig, indem er die Beendigung der Pestizidspritzungen aus den Flugzeugen anordnete. Erst wurde eine Fläche von 200.000 Hektar völlig ohne Pestizide behandelt, die, ein Jahr später, auf 400.000 Hektar, die gesamte damalige Anbaufläche für Baumwolle in Ägypten, erweitert wurde. Überall ging man im Pflanzenschutz bei Baumwolle auf biologische Methoden über.

Helmy bei der Baumwollernte

Es lässt sich kaum schildern, was dadurch bewirkt wurde, dass somit 35.000 Tonnen Spritzgifte von der chemischen Industrie nicht mehr abgesetzt werden konnten. Wie hatten die darin verwickelten Menschen zuvor gegen den organischen Anbau gehetzt und die Presse aufgewiegelt. Wir konnten das nur mit innerer Ruhe entgegennehmen und uns in Gelassenheit üben, nichts Böses erwidern, sondern friedvoll reagieren. Ich glaube, die Attacken, die wir überwunden haben, hätten unsere Gemeinschaft durchaus zerrütten können. Von einem besonders heftigen Angriff möchte ich später erzählen.

Eines der schlimmsten Gifte war abgeschafft. Dr. El Beltagy vom staatlichen Landwirtschaftsforschungsinstitut sagte in einer Ansprache, selbst wenn die Vereinten Nationen den pestizidfreien Anbau für Ägypten beschlossen hätten, wäre es ihnen nicht gelungen! Und unter den Wissenschaftlern aller Universitäten des Landes wäre es wohl nicht zu einer Einigung gekommen. Es war der Einsatz und Wille der SEKEM-Gemeinschaft, die für das Land etwas Heilendes bewirkt hatte.

Die schädlichen Pestizidspritzungen waren beendet. Was aber sollte nun mit den Hunderten von Tonnen biologischer Baumwolle geschehen, die in der Weiterverarbeitung normalerweise wiederum mit stärksten Giften behandelt werden? Für diesen Bereich wurde im Zusammenhang mit SEKEM die Firma Conytex gegründet. Nach

Gebäude der Conytex

Baumwolle – Gift im weißen Gold

dem Entkernen, dem Ginnen und Spinnen der Baumwolle werden hauptsächlich Strickstoffe daraus gefertigt. Der rohe Stoff wird üblicherweise mit chemischen Mitteln ausgerüstet und mit umweltschädlichen und giftigen Farben gefärbt, was auch bei Garnfärbung geschieht. Bei der Firma »Conytex« tritt anstelle der chemischen Ausrüstung die mechanische, die allerdings in Folge bis zu sechs Prozent Einlaufwert hat. Darauf können sich die Kunden jedoch einstellen. Die verwendeten Farben sind nach Demeter-Richtlinien umweltfreundlich, biologisch abbaubar und hautfreundlich. Zwischen den einzelnen Verarbeitungsschritten finden mehrere Qualitätskontrollen statt. Vom Zuschnitt an werden alle weiteren Verarbeitungsschritte in SEKEM selber durchgeführt.

Den ungewöhnlichen Firmennamen »Conytex« verstanden die Mitarbeiter zunächst nicht. Ich aber wollte damit meine liebe Konstanze würdigen, indem ich einen Teil ihres Vornamens mit den Produkten, die es zu verarbeiten galt, zusammenbrachte. »Noch nie wurde eine Firma bei uns nach einem Menschen benannt!«, hieß es daraufhin. Ich beruhigte alle, indem ich verdeutlichte, dass die arabischen Menschen die Silbe »con« mit Baumwolle verbinden, wie es sich dann auch bestätigte.

Mitarbeiter in der Näherei von Conytex

Schon während der Baumwollversuche verhandelten wir mit der deutschen Textilfirma »Hess-Natur«, die uns bald darauf Muster für Schnitte schickte. Nun traten wieder riesige logistische Probleme auf, all die vielen Zuliefererbetriebe zu koordinieren. Hier half meine Frau Gudrun, wie bei dem Aufbau aller Betriebe, wieder tatkräftig mit. Ihre Aufgabenbereiche waren die Mitarbeiterschulung und das Einrichten der Logistik. Die Menschen, die sie geschult hat, haben sehr viel dabei gelernt. Wenn einem Ägypter etwas fehlschlägt, zuckt er gern die Achseln und sagt: »Malesh! Macht nichts!« Jeder weiß, dass er sich so etwas bei ihr nicht leisten kann. Niemand verstand und versteht es so wie sie, die Menschen konsequent anzuleiten und zu führen.

Von Gudrun übernahm Johanna Merckens die Koordination der Logistik und zusätzlich des Exports. Ich entdeckte in ihr, die eigentlich gelernte Kindergärtnerin war, die pädagogische Fähigkeit, zwischen Kunden und betriebsinternen Interessen zu vermitteln. Während sie bisher nur selten in die Lage gekommen war, Geschäftsbriefe schreiben zu müssen oder auf die rechtzeitige Anlieferung der vielen Einzelteile für die Textilien zu achten – ein ständiger Kampf! – und die Qualität der genähten Teile zu kontrollieren, stieg sie nun mit Schwung und Freude ein. Konstanze, die Künstlerin und Lebenskünstlerin, betätigte sich als Modedesignerin mit der gleichen Einsatzkraft, die sie schon beim Aufbau der Käserei und des Musikunterrichtes an der Schule gezeigt hatte. Sie erhält eine Aufgabe, singt und packt zu! Um sie herum sprüht Fröhlichkeit. Das Team wurde später von der aus Rumänien stammenden Maria Raileanu ergänzt, die mit ihren beiden Kindern zu uns kam und seither in der Qualitätskontrolle arbeitet.

Mit den Conytex-Produkten ging es zügig voran. Zuerst wurden auf Anfrage von Dr. Götz Rehn von »Alnatura« für den Markt in Deutschland naturfarbene Babybodys hergestellt. Wegen der Gefahr von Allergien bei Babys und Kleinkindern waren biologische Textilien hier besonders begehrt. Weil die Firma sich ständig vergrößerte, musste »Conytex« auf dem SEKEM-Gelände zweimal umziehen. Auch eine Druckerei für die Drucke auf T-Shirts oder Firmenlabels wurde eingerichtet. Inzwischen hat Conytex rund 100 Maschinen, eine Produktion von täglich etwa 2000 Teilen verschiedenster Modelle und beschäftigt 180 Mitarbeiter. Weil wir den internationalen Markt beliefern, verläuft unser Geschäft stabil. Wir versuchen weiterhin, auch den lokalen Markt auszubauen und uns exportmäßig darüber hinaus gen Osten auszudehnen.

Die »Anbeter der Sonne«

In der Zeit vor Einstellung der Pestizidspritzungen über den Baumwollfeldern hatte die Regierung feste Verträge mit den Fluggesellschaften und der chemischen Industrie unterhalten. Aus diesem Grund war es dem Minister im ersten Jahr gar nicht möglich gewesen, sofort auf unsere Forderung nach Einstellung der Spritzungen einzugehen. Aber nach drei Jahren, als wir auf den Testfeldern eine biologische Alternative zeigen konnten, kündigte er die Verträge. Das war ein mutiger Schritt. In seinem Ministerium gab es aber weiterhin Stimmen, die behaupteten, dass wir schädlich für das Land seien. Natürlich haben wir dem mit viel Aufklärungsarbeit entgegengesteuert. Wie oft habe ich in dieser Zeit der Umstellung aber auch im Stillen gebetet, dass alles gut gehen möge!

Einige Wochen später erschienen in den großen Tageszeitungen in Kairo Artikel, die beweisen wollten, dass das biologische Wirtschaften nur für die Reichen tauge, die die höheren Preise, die natürlich maßlos übertrieben wurden, bezahlen konnten. Andere Zeitungsartikel gaben vor, dass sich nicht einmal die reichen Industrieländer die biologische Anbauweise leisten könnten – wenn schon nicht diese, dann die ärmeren Völker wohl erst recht nicht. Wie aber sollten Hunderte Millionen von Menschen auf der Erde ernährt werden, wenn nicht durch den Kunstdünger die Erträge erhöht würden? Das biologische Wirtschaften wurde kalt als Versagerprinzip deklariert. Man behauptete sogar, dass wir die Menschen verhungern lassen wollten. In vielen Beiträgen wurde SEKEM auch namentlich erwähnt und ich bekam anonyme Anrufe, die mir drohten. Es gab allerdings auch andere, die mir Mut machen wollten und die mir sagten: »Gib nicht auf! Die Sache ist gut!«

Im ganzen Land machte sich eine Kampfstimmung breit und Diskussionen wurden losgetreten, die uns eigentlich nur recht sein konnten. Wir merkten, dass die Angriffe die Verkaufszahlen unserer Firmen nicht negativ beeinflussten, obwohl sie unseren Ruf schädigen wollten. Wir wurden als »Aristokratenfirma« bezeichnet, die angeblich nur die Deutschen fütterte.

Das war alles noch zu ertragen – bis eines Tages in einer lokalen Zeitung ein seitenlanger Artikel mit der Überschrift »Die Anbeter der

Sonne« erschien. Ein Journalist hatte ohne unser Wissen SEKEM besucht und auf einem Foto festgehalten, wie wir donnerstagnachmittags, dem Ende der Arbeitswoche, im Kreis stehen. Er stellte die Frage, was wir dabei machten, und beantwortete sie selbst mit der Behauptung, dass wir dabei – die Sonne anbeteten! Er hatte das Rundhaus aufgenommen, berichtete auch über andere runde Formen in und vor den Firmen – in seinen Augen alles Sonnenzeichen! Zum Schluss zitierte er noch einen Mann der Schulbehörde, der wörtlich berichtete: »Dr. Abouleish stand vor der Klasse und fragte die Kinder: ›Wer ist euer Gott?‹ Die Kinder antworteten wahrheitsgemäß: ›Allah!‹ Da sagte er ihnen: ›Nein, nicht Allah. Ich bin euer Allah!‹ Das habe ich selbst so erlebt«, log dieser angebliche Schulrat weiter.

Für die Muslime aber bedeutete Sonnenanbeter soviel wie in Europa Satansverehrer. Die Menschen waren aufgewühlt. Dass es so etwas in ihrem Lande gab! Ihre Empörung machte sich Luft. Mitarbeiter von SEKEM wurden beschimpft: »Stimmt das? Ihr seid Sonnenanbeter?« Sekem-Arbeiter wurden mit Steinen beworfen. Der Zeitungsartikel machte in ganz Ägypten die Runde.

Da bekam ich einen Anruf vom Chef der geheimen Staatssicherheitspolizei, der mich zu sich bat. Als ich sein Büro betrat, sah ich auf seinem Schreibtisch die Zeitung liegen. Er zeigte lachend darauf und sagte: »Was wollen Sie zu dem Zeug da sagen?« Da ich ihn nicht kannte, wartete ich erst einmal ab. Er fuhr fort: »Wir hier wissen genau, dass kein Wort von dem stimmt, was da an Vorwürfen gegen Sie erhoben wird. Ich rate Ihnen aber, wehren Sie sich und prozessieren Sie gegen diese Leute! Das können Sie nicht so stehen lassen!« Jetzt erst bestätigte sich für mich, was ich schon immer gedacht hatte, dass natürlich auch SEKEM, wie alle größeren Betriebe, aus Angst vor Fundamentalisten in der Mitarbeiterschaft Spitzel der Staatssicherheit hatte. Ich folgte seinem Rat und begann mit einem Prozess gegen die Zeitung, wohl wissend, dass er Jahre dauern würde.

Aufgrund des Artikels begannen nun die Vorbeter in den um SEKEM gelegenen Moscheen, die Menschen gegen uns aufzuhetzen und zu verbreiten, dass wir nicht Allah anbeten würden, sondern die Sonne. Unter ihnen saßen Mitarbeiter von SEKEM, die wussten, dass alles nicht stimmte. Doch wer durfte in der großen Masse aufstehen und etwas gegen den Imam sagen! Ich fürchtete, dass es den geschädigten Chemiekonzernen nun doch gelungen war, uns mit viel Geld kleinzukriegen.

Sollten wir dagegen kämpfen oder den anderen Weg wählen, den friedlichen, der den Feinden den Wind aus den Segeln nimmt?! – Ich suchte den zweiten, wie schon zuvor bei dem Konflikt mit den Beduinen. Zehn Vertrauensleute aus der Mitarbeiterschaft bekamen den Auftrag, jene Leute, die in der Zeitung zitiert wurden, sowie den Bürgermeister und einflussreiche Scheichs der Umgebung nach SEKEM einzuladen. Wir vereinbarten einen Termin und ich schärfte ihnen ein, dass jeder verantwortlich dafür sei, dass die Leute auch wirklich kämen. An dem angesetzten Donnerstag empfing ich sie alle im Mahad. Sie kamen herein, eine gewaltige Männerschar in weiten, langen Gewändern. Ich begrüßte sie mit Handschlag, den sie ungern erwiderten. Doch ich blieb ganz ruhig. Als alle Platz genommen hatten, bat ich einen Scheich, einen Vers aus dem Koran vorzutragen, was er mit seiner schönen Stimme tat. Als er geendet hatte, winkte ich Musiker von SEKEM herein, die begannen, eine Serenade von Mozart zu spielen. Da stand plötzlich ein Mann wütend auf, schlug mit der Faust auf seine Stuhllehne und rief: »Das Teufelswerk hören wir uns nicht an!« Ich ging auf ihn zu, während die Musiker tapfer weiterspielten, und sagte: »Beruhige dich und hör erst einmal zu Ende!« Darauf ließen alle Anwesenden die »schrecklichen« Mozartklänge über sich ergehen. Nachdem die Musiker den Raum verlassen hatten, bat ich die Männer, sich zu äußern. Einer stand auf und donnerte gleich los: »Musik und Kunst sind im Islam verboten. Der Prophet hat es so gesagt!« Ich fragte ruhig zurück: »Steht das im Koran?« – »Nein, das ist vom Propheten!« – »Ich glaube an jedes Wort im Koran und auch an das des Propheten. Ich muss es nur erst sehen!«, erwiderte ich. – »Ich bringe es dir!« – »Gut, ich warte, bis du es mir bringst!« So begann die Versammlung. Die Stimmung war aufs Äußerste gespannt und drohte jeden Augenblick zu eskalieren.

Aufgrund der Fragen begann ich nun zu erzählen, wie Allah von allen seinen Geschöpfen die Menschen als seine Nachfolger auserwählt hat. Einige nickten, denn ich belegte, auswendig zitierend, alles aus dem Koran. Allah sagt: »Wir sind verantwortlich der Erde, den Pflanzen und Tieren gegenüber.« Denn Allah hatte vorher diese Verantwortung dem Himmel und den Bergen angetragen, aber sie hatten abgelehnt. Es war zu viel für sie. Nur der Mensch nahm sie auf sich. Diese Verse kannten sie alle (Sure 33, Vers 72).

Nun sprach ich weiter über die tote und die lebendige Erde, wie es auch im Koran steht. »Allah ist der Spalter des Samenkorns und Fruchtkorns. Er zieht das Lebendige aus dem Toten und zieht das Tote aus dem Lebendigen« (Sure 6 Vers 95). Jetzt tat sich eine Schwierigkeit auf, der ich bei meinen Schulungen der Landwirte schon öfter begegnet war. Die Menschen, die mir gegenüberstanden, waren nämlich gewohnt, alle diese Koranworte nur abstrakt zu nehmen und sich nichts Konkretes darunter vorzustellen. Ich führte ihnen nun anhand von Beispielen aus, was diese bildhaften Verse für das praktische Leben bedeuten könnten. Ich schilderte die Millionen von Mikroorganismen und ihre Tätigkeiten im Boden und erzählte auch, dass eine lebendige Erde im Kontakt mit dem Himmel stünde. Dann zitierte ich wieder: »Die Sonne und der Mond laufen ihre vorgeschriebene Bahn. Die Sterne und die Bäume verneigen sich vor dem Herrn. Und die Himmel hat er emporgehoben und in Balance gebracht. Stört das Gleichgewicht nicht und haltet das rechte Maß und verliert es nicht« (Sure 55 Vers 59). Danach fragte ich sinngemäß: »Wie kann nun dieser Kontakt mit dem Himmel gefördert werden? Was ist die Pflanze? Ist sie nur das Samenkorn, das wir in die Erde legen, oder empfängt dieses Korn Leben von Allah, damit aus dem Korn die verschiedenen Pflanzenarten hervorkommen? Denn Allah sagt: Nicht ihr baut an, sondern Allah baut an. Er lässt die Pflanzen wachsen!«

Zwischendurch machte ich kleine Pausen und ließ Raum für Fragen. Dann sprach ich über das biologisch-dynamische Wirtschaften, über den Kompost und die Präparate und führte aus, wie dadurch die Erde verlebendigt würde. Ich erläuterte, wie wir bei der Aussaat nach Sternenkonstellationen schauen und uns dabei durch Allah zum richtigen Tun inspirieren lassen. Nun brachte ich die Rede auf die Überheblichkeit der Wissenschaft, die meint, dass allein die physischen Stoffe die Pflanzen wachsen lassen, und nicht Allah. Deswegen verwendete man Kunstdünger und chemische Gifte und übersähe die Folgen für die Gesundheit der Menschen und die Auswirkungen auf den Insektenbefall.

Plötzlich stand einer von den Leuten auf, kam auf mich zu und umarmte und küsste mich. Ich bemerkte, dass einem anderen Tränen in den Augen standen. Was hatte diese gestandenen Männer so berührt? Viele waren erschüttert darüber, wie konkret die Verse des Koran verstanden werden konnten. Sie fühlten offenbar ihre Religion durch meine Ausführungen tief bestätigt. Auf das bohrende Fragen eines Teilnehmers hin erklärte ich die Bedeutung der Stellung von Sonne und Mond für das Wachstum der Pflanzen. Und als zum Schluss nur noch drei sehr intellektuell geprägte Anwesende nicht überzeugt waren, wies ich auf die Sure »Der Stern« hin, in der geschildert wird, wie der Prophet die fünf Gebetszeiten von Allah empfing: »Und das Ewige im Menschen sah Ihn noch einmal herabkommen, beim Sykomorenbaum, am Ende des Weges, der Heimstätte des Paradiesgartens. Das göttliche Licht überstrahlte den Baum. Da wich der Blick des Ewigen im Menschenwesen nicht ab und suchte nicht in der Ferne. Wahrlich, er sah von den Zeichen seines Herrn die größten.« Was hatte der Prophet gesehen? – Einen Baum, der von Licht überstrahlt war. Er sah die Lebensgestalt des Baumes, die lebendigen Prozesse, die in dem Baum vor sich gehen und die sich physiologisch im pflanzlichen Leben wie folgt abspielen: Wenn die Morgenröte naht, beginnen die Pflanzen, Zucker zu bilden, bis die Sonne im Zenit steht und dieser Prozess aufhört, dann nämlich, wenn die Sonne Schatten wirft, die so lang sind wie die Pflanze selbst. Das ist am Nachmittag. Der Zeitpunkt ist natürlich über das ganze Jahr hin verschieden, entsprechend des Sonnenlaufes. Vom Nachmittag bis Sonnenuntergang transportiert die Pflanze den Zucker, den sie gebildet hat, in alle ihre Organe. Nach Sonnenuntergang beginnt dann ein dritter Prozess, bei dem die Pflanze aus dem Zucker Wirkstoffe bildet. Mit Einbruch der Dunkelheit hört auch dieser Prozess wieder auf und die Pflanze fängt an, in der Nacht zu wachsen. Vier Prozesse sind es entsprechend den fünf Sonnenstellungen, die das Leben der Pflanze zur Erscheinung bringen. Der Prophet Mohammed empfahl uns, fünfmal zu diesen Zeiten an Allah zu denken und uns auf das Übersinnliche hin zu wenden. Durch den Zusammenhang der fünf Gebete mit dem Sonnenlauf und den Rhythmen der Pflanzenwelt schließt sich der betende Mensch an die kosmischen Prozesse an.

Dies erzählte ich den versammelten, tief religiös empfindenden Menschen. Nun trat eine große Stille ein. Sie hatten verstanden und erfahren, dass auch unsere Gemeinschaft aus Muslimen bestand, die aus der Kenntnis des Koran verantwortlich arbeiteten. Das ganze Treffen hatte bisher drei Stunden gedauert. Einer der Männer erhob sich langsam und meinte: »Wenn du uns nun noch sagst, dass die Musik und die Kunst auch von Allah und vom Propheten erlaubt ist, dann glauben wir es dir, denn du weißt es besser!« Ich dankte ihm, bat die Musiker herein und gemeinsam hörten wir uns noch einmal die Serenade von Mozart an, jetzt einig und offen.

Bevor wir zum Essen gingen, erwähnte ich noch, wie wichtig eine entsprechende Schulung für die Landwirte sei, wenn sie verantwortungsvoll mit der Erde, den Pflanzen und Tieren umgehen sollen. Da wollten sie mehr, auch über unsere Pädagogik und die Ausbildung der Kinder, wissen. In den Moscheen war immer wieder gegen die Schule gepredigt und gesagt worden, dass die Eltern ihre Kinder nicht dort hinschicken sollten. Gleich nach dem Essen aber erlebten sie im Saal der Schule eine Kinderaufführung, an der auch die Behinderten teilnahmen. Von der Freude, mit der die Kinder sich auf der Bühne bewegten, waren sie tief ergriffen. Danach wollten sie erfahren, was für Sprüche die Kinder in der Schule lernten. Ich ließ einige Schüler kommen und sie selbst das, was sie gelernt hatten, aufsagen. Da begriffen die Männer, dass die Sprüche wohl von der Sonne handeln, aber dass es Allah ist, den wir anbeten, damit er uns Kraft gibt. Sie fingen an, uns um Entschuldigung zu bitten, dass so schlecht über uns geredet worden war. Aber es gab noch andere Fragen, die sie nun frei und offen stellten: zum Beispiel, warum wir die Kinder den ganzen Tag bei uns behielten. Das gab mir Gelegenheit, über die Entwicklung des Menschen von Kindheit an und die Aufgabe der Pädagogik zu sprechen: Ich sagte etwa: Es gilt auf allen Lebensgebieten die Zeichen Allahs zu erkennen. Und eines der verschlüsseltsten Zeichen ist der Mensch. Der Prophet beschreibt den Menschen in seinen verschiedenen Seinsebenen als himmlisches und als irdisches Wesen; auffallend aber ist dabei, dass er ihn als etwas im Werden Begriffenes darstellt, also den Entwicklungsprozess betont. Der Prophet sagt: »Die ersten sieben Jahre des Kindes sollt ihr mit ihnen spielen. Die zweiten sieben Jahre sollt ihr mit ihnen lernen. Im dritten Lebensjahrsiebt sollt ihr mit ihnen wie mit Erwachsenen umgehen, sie nicht mehr erziehen, sondern sie mehr wie Partner behandeln. Danach entlasst sie in die Freiheit.« Anhand dieser Zitate aus dem Hadith können wir auch die Lehrer für unsere Schule bilden. Als ich danach noch weitere lebendige Beispiele erzählte, fühlten alle, dass diese Weisheiten tief aus dem Islam heraus begründet waren.

Die grimmigen, bärtigen Männer vom Anfang des Tages waren nun meine Gäste geworden und verabschiedeten sich herzlich und tief ergriffen. Ich wusste, dass sie sich am Freitag wieder in den Moscheen treffen würden und dort weitererzählten, was für einem Irrtum sie gefolgt waren. Ich entließ sie mit einem Wort aus dem Koran, das besagt: »Wenn einer zu euch kommt und euch ein Gerücht erzählt, dann glaubt dem nicht, sondern überzeugt euch selbst.« Genau so gaben sie es weiter. Sie verbreiteten, wie tief der Islam in SEKEM lebte, was es derart im ganzen Land nicht gäbe. Und zum Andenken an ihren Besuch schenkten sie uns eine Tafel, auf der in schönen, kalligrafisch gestalteten goldenen Schriftzügen stand, dass die Gemeinschaft der Scheichs bezeugt, dass SEKEM eine islamische Initiative ist. Diese Tafel hängt heute im Eingangsbereich der Schule.

Nach dem Besuch lud ich Journalisten der bekanntesten Zeitungen von Ägypten zu einer Pressekonferenz ein. Danach erschienen ganz andere Artikel über SEKEM. Der Chef der lokalen Zeitung dementierte den Hetzartikel und entließ den Journalisten, der ihn verfasst hatte. Der Prozess gegen die verantwortlichen Redakteure wegen Rufschädigung lief trotzdem weiter und führte zu einer Verurteilung auf Schadensersatz. Weil ich ihnen verzieh, wurde ihnen jedoch dem ägyptischen Recht entsprechend die Strafe erlassen. Mir ging es um die Richtigstellung unserer Idee.

Pharmaunternehmen in der Wüste

Als ich die erste Lizenz in den Händen hielt, in der Wüste einen Heilmittelbetrieb zu führen, war ich ungeheuer erleichtert. Damit war die wirtschaftliche Grundlage gegeben, auf der alles andere sich würde aufbauen lassen. Aber was für ein schwieriger und langwieriger Weg hinter mir lag, kann sich wohl keiner recht vorstellen! Mit dem Beginn der sozialistischen Regierung Nassers waren alle Privatunternehmen verstaatlicht worden. Es gab keine privaten Heilmittelbetriebe in Ägypten mehr, und als ich um eine Genehmigung für die Einrichtung meines Betriebes ansuchte, wurde ich mit dem Argument abgeschmettert, ich sei ja kein Staatsunternehmen. Es musste erst ein Beschluss des Parlaments herbeigeführt werden, wonach ein Privatunternehmer Heilmittel herstellen durfte – und dem ging ein gewaltiger Verwaltungskampf voran! Die drei größten staatlichen Pharmaunternehmen Ägyptens musste ich damals erst um Erlaubnis bitten, neben ihnen existieren zu dürfen. Die wiederum schickten mich zum obersten Universitätsrat, der begutachten sollte, warum der Staat so etwas Unnötiges wie uns brauchte. Kurz vor der Lizenzerteilung hatte mich der Vizeminister des Gesundheitsministeriums eines Tages zu sich gebeten und eine Besichtigung meines Betriebes durch zwei Gutachter des größten Pharmakonzerns Ägyptens gefordert. Der eine Gutachter sollte der Firmenchef persönlich zusammen mit seinem Forschungsleiter sein. Es gäbe Vorschriften für Pharmabetriebe, hieß es, was Labor und Herstellungsräume anbetraf, auch für Sanitäreinrichtungen und deren Hygiene, die alle erfüllt sein müssten.

Mir war bewusst, wie viel von dem Gelingen dieses Besuches für die weitere Zukunft von SEKEM abhängen würde, und ich bereitete dieses Treffen sorgfältig vor, um allen Auflagen so gut es ging nachzukommen. Damals führte nach SEKEM nur eine Sandpiste durch die Wüste. Wenn wir bei unserer Fahrt zu viel Staub aufwirbeln oder etwa in der Einöde stecken bleiben würden, wäre mein Projekt vermutlich gleich zu Anfang schon gescheitert. So ließ ich die Piste drei Tage vorher Tag und Nacht von Traktoren planieren und mit Wasser besprizten, damit die beiden Herren erleben konnten, wie sauber allein schon der Weg zu dem Pharmabetrieb in der Wüste angelegt war. Am Tag der Besichtigung empfing ich sie in meinem Büro in Kairo und hatte einen bequemen, klimatisierten Wagen organisiert. Während der Fahrt war ich bemüht, sie zu unterhalten, denn sie fragten immer wieder, wann wir endlich ankämen – der Weg hinaus dauerte schließlich über eine Stunde. »Sagen Sie, es ist doch nicht Ihr Ernst, dass Sie Ihren Heilmittelbetrieb in der Wüste aufbauen wollen. Wo bekommen Sie denn die Fachleute und die Rohstoffe her?«, begann schließlich der Chef der Firma. Da erzählte ich ihm von meinem Impuls und beruhigte ihn, es sei alles bestens vorgeplant. Ich ließ sie auch von ihren Produkten berichten und so verging die Zeit, bis wir ankamen. Als Erstes wollten sie das Laboratorium sehen. So schnell hatte ich damals kein eigenes Gebäude für das Labor bauen können und deswegen einen Raum im Rundhaus mit einfachsten Mitteln dafür hergerichtet. Ich erzählte ihnen nun, wie wichtig es für die Zukunft der Forschung sei, in die Wüste zu gehen, um dort neu und unbefangen zu beginnen. Später erfuhr ich, dass sie nach diesem Besuch anderen begeistert von ihren Erlebnissen berichtet hatten. Die Haltung eines Forschers, der an die Zukunft dachte und dazu in die Wüste ging, hatte sie offenbar ebenso beeindruckt wie die seiner Gattin, die mitten in der Wüste tapfer Pionierarbeit leistete. – Sie hatten natürlich manches zu bemängeln. Auf meine Zusage hin, diese Mängelliste abzuarbeiten, erteilten sie schließlich die so wichtige Lizenz.

Anfänge in der Teeabpackung, um 1983

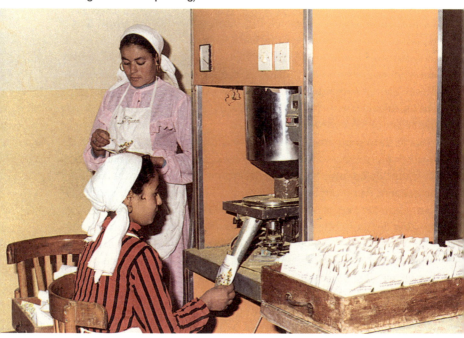

Später sprach mich einmal ein Verkäufer an und meinte: »Wissen Sie eigentlich, dass es noch mehr Interessenten für private Heilmittelbetriebe gibt? Wenn Sie Ihre Erlaubnis erhalten haben, könnten Sie diese für viel Geld verkaufen!« Ich dankte für den gutgemeinten Rat. Aber ich hatte anderes vor. Die Menschen in Ägypten hatten im Laufe der Jahrzehnte vergessen, dass es Heilkräuter überhaupt gibt. SEKEM weckte das Bewusstsein für diese einfache und wirkungsvolle Gesundheitshilfe und führte sie wieder ein. Dem Verkauf ging eine Wirtschaftlichkeitsstudie voraus, die ein junger Betriebswirt, Aiman Shaaban, für uns machte. Er erforschte dafür sorgfältig über ein halbes Jahr den Markt und ermittelte die in Ägypten am häufigsten vorkommenden Krankheiten. Die Teemischungen für die verschiedensten Indikationsbereiche wie Nieren und Leberleiden, Husten, Rheuma, auch Milchbildungstee, stellte dann die SEKEM-KG her. Dazu wurden die biologisch angebauten Kräuter sorgfältig und hygienisch einwandfrei verarbeitet und in Säckchen abgefüllt. Als Pharmazeuten uns nach einem Schlankheitstee fragten, mischte ich den so genannten »Stimmingtee« aus Kräutern, die entwässernd und abführend wirken. Die Markteinführung wurde von umfangreichen Werbe- und Aufklärungsmaßnahmen in öffentlichen Medien begleitet. So entstand eine wachsende Nachfrage, dank derer wir unsere Produktpalette bis heute ständig erweitern können.

Die Registrierung der Teemischungen gestaltete sich wieder als wahre Odyssee auf der Verwaltungsebene. Das Gesundheitsministerium kannte bis dahin nur Mittel, bei denen es sich um einen einzigen, klar definierten Wirkstoff handelte, dessen Wirkung einwandfrei nachgewiesen werden konnte. Durch aufwändige Analysen musste ich nun beweisen, dass auch eine Mischung aus verschiedenen Kräutern wirksam ist, und die Beamten überzeugen, dass Teemischungen in Europa schon lange bekannt seien. Es dauerte volle sieben Jahre, bis das Gesundheitsministerium der Registrierung weiterer Heilmittel zustimmte.

Unsere ersten Kunden waren die älteren Leute, die sich wieder an die Heilwirkungen der Pflanzen erinnerten. Danach kamen die Gebildeten, aber nicht, wie ich gehofft hatte, die ärmeren Schichten. Ihretwegen wollten wir die Mischungen zu einem günstigen Preis abgeben, weil sie sich jeder sollte leisten können. Als wir den Preis ermittelt hatten und an den Markt gingen, hielten uns die Apotheker entgegen, unsere Produkte seien viel zu billig. Es dauerte Jahre, bis wir die Balance zwischen dem Anbau der Kräuter und der Nachfrage gefunden hatten. Als sich schließlich ein Marktsog bildete und sich die Tees immer besser verkaufen ließen, produzierten wir auch Hibiskus, Kamille und Pfefferminz und andere Einzeltees. Diese Sorten nannte ich nicht SEKEM, sondern ISIS, zum Unterschied zu den Heiltees, und gründete dazu die Firma ISIS. Die ISIS-Tees mussten in Filterbeuteln verpackt werden, da sie sich sonst nicht hätten verkaufen lassen. Dafür mussten wir eine Filterbeutelfüllmaschine anschaffen. Damals waren gerade Christophe und Yvonne Floride mit zwei kleinen Kindern zu uns gekommen. Er und Helmy fanden schließlich eine sehr günstige Maschine aus Argentinien. Sie läuft neben vielen anderen bis heute!

Christophe Floride hatte in Kassel eine Lehre als Maschinenbauer absolviert. Seine Frau Yvonne kannte er schon von der Schule her. Über seinen Vater lernte Christophe Klaus Fintelmann kennen, der ihn auf Elfriede Werner aufmerksam machte. Sie empfahl die junge Familie mit ihren zwei kleinen Kindern nach SEKEM. Dort fand Christophe zunächst einen Platz in der Technik. Während einer Reise nach Deutschland war das Gebäude der Heilmittelfirma ATOS gerade im Bau. Da bat ich Christophe, die Bauaufsicht zu übernehmen. Durch seine gewissenhafte Arbeit wurde er von diesem Zeitpunkt an unser ausführender Architekt, der die Bauaufsicht aller Gebäude auf SEKEM leitete. Heute ist er in der Exportbetreuung der Firmen ATOS und SEKEM tätig und pflegt die Auslandskontakte. Yvonne hat eine wichtige Funktion in der Schule und betreut die Ausbildung der neuen Lehrer. Sie interessiert sich darüber hinaus für das Malen und Zeichnen und gestaltet alle Bauten auf SEKEM farblich aus. Ich nenne sie gerne »Miss no problem«, weil sie alles so leicht nehmen kann und sich selbstlos den Aufgaben hingibt. Ich kann mir SEKEM ohne die beiden und ihre Kinder nicht mehr vorstellen.

Nach SEKEM kommen immer wieder auch viele junge Menschen, entweder als Praktikanten oder als Zivildienstleistende. Sie erleben eine Zeit lang diesen für sie meist völlig fremden Kulturraum und arbeiten in den wirtschaftlichen und kulturellen Einrichtungen mit. So fand auch Christina Boecker nach ihrem Abitur zu uns und interessierte sich für Wirtschaftsaufgaben. Nach einem BWL-Studium in Deutschland arbeitete sie dann viele Jahre im Export mit. Heute betreut sie von Deutschland aus den gesamten europäischen Export. Außerdem gibt sie regelmäßig den »SEKEM Insight«Newsletter heraus, der auch im Internet verbreitet wird und durch den sich eine wachsende Schar von Interessenten über die Entwicklungen von SEKEM auf dem Laufenden hält. – Tobias Bandel kam als Zivildienstleistender zu uns und wollte danach eigentlich Physik studieren, bis er merkte, dass man durch Wirtschaft die Welt aufbauen kann. Er studierte Landwirtschaft in Kombination mit BWL in Zusammenarbeit mit SEKEM und bereitet sich für zukünftige Aufgaben vor.

Die Heilmittelfirma ATOS

Seit meine Finanzierungspläne mit der islamischen Bank gescheitert waren, hatte ich die Suche nach einem eigenen finanziellen Partner für SEKEM nie aufgegeben. Da erfuhr ich eines Tages, dass die Deutsche Entwicklungs-Gesellschaft (DEG) für Entwicklungsprojekte in Ägypten warb. Eine der Bedingungen für eine Antragstellung war, dass ein deutscher Partner sich beteiligen müsse. Da fiel mir meine Begegnung mit Roland Schaette und sein Heilmittelbetrieb ein, den mir Georg Merckens vor vielen Jahren nach meiner Italienreise in Bad Waldsee vorgestellt und den ich damals sogleich ins Herz geschlossen hatte. Roland Schaette war bereit, sich an einem Joint Venture zu beteiligen. Gemeinsam gründeten wir mit der DEG die Heilmittelfirma ATOS AG.

»Tomex« hieß das erste Arzneimittel der Firma ATOS, die aus dieser Zusammenarbeit entstand. Es war ein Knoblauchpräparat in Drageeform, für das wir gebrauchte Pressen und Geräte aus Deutschland kauften. Die Mitarbeiter in der Herstellung liefen uns anfangs wegen des Knoblauchgeruchs scharenweise davon. Heute erfüllt die ATOS AG alle Reinlichkeitsvorschriften europäischer Pharmaunternehmen.

Für den weiteren Aufbau des Betriebes holten wir Meister aus staatlichen Einrichtungen, die uns mit ihren Kenntnissen halfen und eine fähige Herstellungsmannschaft aufbauten. Mit meinem Freund, dem Architekten und Designer Winfried Reindl saß ich nächtelang am Computer, um die Gestaltung der Verpackungen zu konzipieren und Werbespots zu entwerfen. Allen neuen Präparaten der ATOS AG lagen immer Marketingstudien zugrunde.

Da pflanzliche Heilmittel in Ägypten bis dahin in Vergessenheit geraten waren, verlangte das Gesundheitsministerium eines Tages klinische Studien. Die Beamten wollten Nachweise über die Wirkungen von Phytopharmaka sehen. Nun mussten wir an den Universitäten Untersuchungen vornehmen lassen. In Vorträgen versuchten wir klarzumachen, wie wichtig pflanzliche Heilmittel für das Land seien, um die Professoren auch über die Nebenwirkungen chemischer Mittel aufzuklären. Einige ließen sich überzeugen und unter-

Gebäudekomplex von ATOS

stützten uns in unserem Kampf um die Einführung pflanzlicher Arzneimittel. Doch das Ringen ging um jeden Einzelnen.

Der Chef der Registrierungsbehörde, Haider Ghalib, war Professor für Pharmakologie und gleichzeitig Kinderarzt. Er trat öffentlich gegen Phytotherapeutika auf, weil seiner Ansicht nach die Gefahr bestand, dass sich Pilze auf den Kräutern ansiedelten. Die Stoffwechselprodukte der Pilze, die Mykotoxine, seien lebertoxisch. Man sollte den Kindern daher ja nicht Anis oder Kümmel geben, um ihre Leber nicht zu schädigen. Lange bemühte ich mich, ihn nach SEKEM einzuladen, doch er weigerte sich strikt, zu kommen. Endlich verabredeten wir doch einen Termin. Als er uns besuchte, stand ihm die Ablehnung deutlich ins Gesicht geschrieben. Ich führte ihn zuerst ins Arzneimittellager und zeigte ihm ein Verfahren, das wir schon immer anwendeten, nämlich die alternierende Begasung der Kräuter in einer Kammer mit CO_2 und Sauerstoff. Ich erklärte ihm, dass

Teeabpackung in ATOS

alles Lebendige CO 2 nicht ertrage und somit die Mikroorganismen und Pilze sterben. In der darauffolgenden Behandlung mit Sauerstoff könnten die übriggebliebenen Keime wieder wachsen, um erneut unter CO 2 abgetötet zu werden. Durch dieses in Berlin entwickelte Verfahren werden die Heilkräuter vor der Verarbeitung frei von schädlichen Mikroorganismen gemacht. Dieser strenge Wissenschaftler sah sich das alles an und stand anschließend voller Begeisterung vor der Apparatur, umarmte mich und rief mehrmals aus: »Dass es so etwas Geniales gibt!« Dann führte ich ihn durch den Betrieb, zeigte ihm die hygienischen Maßnahmen und erläuterte auch, nach welchen ethischen Prinzipien wir arbeiten. Als er dann auch noch erfuhr, wie unsere Mitarbeiter geschult wurden, kannte seine Freude keine Grenzen. Arm in Arm ging ich schließlich mit ihm über die Farm, erzählte dabei von meiner Vision. Er ließ es sich auch nicht nehmen, in den Kompost zu greifen und daran zu riechen. Als Mediziner und Philosoph konnte er die Ganzheitlichkeit unserer Initiative sogleich verstehen und anerkennen. Er wurde einer unserer eifrigsten Verteidiger im Gesundheitsministerium und ist SEKEM bis heute aktiv und freundschaftlich verbunden.

Später bat ich Professor Haider Ghalib in der ethischen Medizinerkommission, der er angehörte, das in Europa so bewährte Krebsheilmittel aus der Mistel für eine Verwendung in Ägypten zu prüfen. Wir strebten eine Zusammenarbeit mit einer deutschen Firma an, die auf dem Gebiet der Mistelforschung und Herstellung von Heilmitteln aus der Mistel Hervorragendes leistete. Er beriet mit mir, welche bekannten Professoren mitarbeiten müssten, und wir traten auch an den mit mir befreundeten früheren Gesundheitsminister Dr. Mahmoud Mahfouz heran. Es galt, große Ressentiments bei Ärzten und Wissenschaftlern auszuräumen, die sich nicht vorstellen konnten, was eine Pflanze bei der Krebserkrankung bewirken sollte. Ich veranlasste, dass Professor Mahfouz und Professor Ghalib das Carl Gustav Carus-Institut und die auf die Mistelanwendung spezialisierte Klinik Öschelbronn in Deutschland besuchten. Dort kamen sie mit Dr. Armin Scheffler vom Carus-Institut und mit Dr. Hans Werner zu einem Austausch zusammen. Voller Begeisterung kamen sie zurück und waren bereit, sich für eine Anmeldung des Mistelmittels in Ägypten einzusetzen. Die Arbeit an einem Protokoll für eine vorbereitende klinische Studie dauerte sechs Monate. Schließlich kam es zu einer Vorstellung bei der Ethik-Kommission. Nun luden wir zwanzig Onkologen von allen Universitätskliniken in ganz Ägypten ein und veranstalteten ein Treffen in Kairo, an dem auch Armin Scheffler und Hans Werner teilnahmen. Wir konnten fast alle Ärzte überzeugen, an den Studien mitzuwirken, die bald darauf an den onkologischen Zentren in Alexandria, Tanta, Kairo und in Oberägypten begannen. Die Ergebnisse der Studien waren für viele so überraschend gut, dass »Viscum«, wie das Mittel hieß, durch die Behörde registriert wurde. Die Firma ATOS führt seit einigen Jahren ein Viscumpräparat in zwei Konzentrationsstufen, von denen eines für die Behandlung von Hepatitis C eingesetzt wird. Dadurch entbrannte ein neuer Kampf um die Preisregelung, die für alle Heilmittel immer noch in staatlichen Händen liegt. Weitere Studien folgten, die viel Mühe und Geld erforderten. SEKEM beschäftigt zur Zeit zehn Ärzte, die die Professoren in den onkologischen Zentren, die die Produkte anwenden, beraten.

Heute erfreuen sich die pflanzlichen Arzneimittel einer großen Nachfrage in Ägypten. Wir bemühen uns deshalb, erfahrene Manager für den weiteren Aufbau der ATOS AG zu gewinnen. Wenn der Markt unsere Produkte will, muss investiert werden. Dafür brauchen wir Kapital und fähige Menschen. In meiner Vision stand immer vor mir, dass wir mit der Herstellung von Nahrungsmitteln, Heilmitteln und Kleidung die Grundbedürfnisse des Menschen abdecken und mit diesen Produkten von Grund auf heilend wirken könnten.

Das Medizinische Zentrum

Einige Jahre nach der Schulgründung waren die Bemühungen im medizinischen Bereich von SEKEM soweit gereift, dass sie eine eigene Form erhalten sollten. Mit Hans Werner plante ich die Räumlichkeiten für eine ambulante medizinische Einrichtung. Der Bau sollte eine sich öffnende Gebärde mit einem künstlerisch gestalteten Innenraum erhalten, damit die Patienten, wenn sie eintraten, gleich Vertrauen fassten und sich von Schönheit umgeben fühlten. Kinder können auf einem Spielplatz im Garten des

Medical Centers ihre Wartezeit verkürzen. Mit dem medizinischen Zentrum hat SEKEM eincs der schönsten Gebäude erhalten. Der Innenhof ist mit duftenden Heilkräutern bepflanzt und dient den Patienten als Warteraum vor den Sprechstundenzimmern: innere Medizin und Kinderheilkunde, Gynäkologie, Augenheilkunde, Zahnmedizin, HNO, Labor, OP und Röntgen sowie eine Apotheke. Die einzelnen Behandlungsräume wurden mit medizinischen Geräten aus Deutschland ausgestattet. Die Erledigung der Formalitäten zur Einfuhr der Apparate gestaltete sich äußerst umständlich und führte zu einem Kampf mit dem ägyptischen Zoll. Die zum Teil schon älteren Modelle wurden nach ihrer Ankunft auf SEKEM sorgfältig überholt. So gelang es gerade noch rechtzeitig, Dr. Hans Werner zu seinem siebzigsten Geburtstag den Schlüssel für das Medical Center zu überreichen. Alle Mitarbeiter der Farm hatten sich dafür vor dem neuen Gebäude versammelt und gratulierten ihm. Die behandeln-

Medical Center

den Ärzte kamen aus Kairo und anderen größeren Städten des Landes und Hans Werner war für ihre weitere Ausbildung verantwortlich. Er lernte dazu in seinem fortgeschrittenen Alter noch Englisch und ist für die ägyptischen Ärzte Vorbild geworden. Gemeinsam bemühten wir uns um Kontakte zu den umliegenden Spitälern, wenn eine Weiterbehandlung oder Operationen notwendig waren. Weit über hundert Patienten nutzen täglich das medizinische Zentrum, das dringend auf eine Erweiterung wartet.

Die Erlaubnis für die Errichtung einer medizinischen Einrichtung in der Wüste zu erhalten hatte sich genauso schwierig gestaltet wie damals für den pharmazeutischen Betrieb oder die Schule. Wieder hatte eine Gruppe von Menschen tätig werden müssen, um die nötigen Verwaltungs- und Rechtsfragen im Vorfeld abzuklären, sich mit der Bürokratie zu verständigen und mit dem Gesundheitsministerium zu verhandeln. Die Einrichtung einer Apotheke wäre fast gescheitert, weil in den Augen der Bürokraten dazu eine Süßwasserleitung notwendig war. Wir hatten jedoch nur Brunnenwasser in der Wüste. Nun bekamen wir die Auflage, dieses Wasser jede Woche kontrollieren zu lassen, bis uns schließlich die Erlaubnis erteilt wurde.

Zur Eröffnung des medizinischen Zentrums erhielten wir ein großzügiges Geschenk eines Bürgers der Stadt Biberach an der Riss – einen Krankenwagen! Wir stellten drei Sozialarbeiter ein, die ein- bis zweimal in der Woche mit Ärzten in die Dörfer fuhren, um eine medizinische Bestandsaufnahme zu machen. Die Häuser wurden nummeriert, die Namen aufgeschrieben, das Alter, Einkommen und der Status der Bewohner verzeichnet; die Ärzte führten Untersuchungen durch – wir wollten die umliegende Bevölkerung und deren Gesundheitszustand erkunden. Dabei stellten wir fest, dass 86 Prozent der Menschen neben anderen, zum großen Teil chronischen Krankheiten an parasitären Erkrankungen litten. Nun war uns klar, dass über das medizinische Behandlungszentrum hinaus auch eine umfassende Aufklärungsarbeit für die Bevölkerung in Hygienefragen nötig war. Das Grundwissen für Gesundheitsfragen schien den Menschen völlig abhanden gekommen zu sein. Die Sozialarbeiter besuchten nun die Dorfältesten und kündigten über die Moscheen Vorträge an, bei denen es um Themen wie Hygiene bei der Essenszubereitung und Ungezieferbekämpfung ging. Wir hatten auch festgestellt, dass viele Häuser über keinerlei sanitäre Einrichtungen verfügten. Mit der »Aktion WC« halfen wir der Bevölkerung, Gruben auszuheben, Toiletten und Sanitäranlagen zu installieren. Jedes Jahr fanden Kontrolluntersuchungen auf Parasiten statt. Allmählich konnten wir eine Besserung verzeichnen.

Eine andere Aktion, die SEKEM betreute, betraf die Geburten in der Umgebung, die unter miserablen Bedingungen stattfanden. Viele Frauen starben nach der Geburt wegen der schlechten hygienischen Verhältnisse, die Säuglinge an Infektionen oder Diarrhöe. Ich bat Dr. Roland Frank aus Wien, einen Spezialisten für Geburtshilfe, nach SEKEM und lud alle Hebammen der Umgebung ein. Bei seinen Vorträgen setzte ich mich persönlich hinzu, da ich schon lange gemerkt hatte, dass sich die Menschen durch meine Anwesenheit motiviert fühlten. Mir war es nur recht, wenn sie sich dadurch besser für Neues öffneten. In der Einleitung zu solchen Vorträgen sprach ich zu ihnen von Allah, der die Welt mit ihren Reichen von Mineral, Pflanzen, Tieren und Menschen so geschaffen hat, dass diese Reiche miteinander korrespondieren und eine große Einheit bilden. Deshalb sind die pflanzlichen Mittel sicherlich heilsamer als die von Menschen erfundenen synthetischen Substanzen mit ihren Nebenwirkungen, da der Mensch nicht die Schöpferfähigkeit Allahs hat. Er kann sie nicht aus dem Gleichgewicht der gesamten Reiche der Natur heraus schaffen. Allah sagt: »Wir werden ihnen unsere Zeichen zeigen im Kosmos, in der Erde und in sich selber, anhand dessen werden sie erkennen, dass ER die Wahrheit ist.« Und weiter: »Die Heilung kommt von Allah und nicht vom Stoff. Der mich erschaffen hat, der leitet mich den geraden Weg, der mich ernährt und tränkt und wenn ich krank bin, heilt er mich.« Allah fordert uns auf, die Heilmittel in der Natur zu finden. Wir sollen seine Zeichen lesen und erkennen lernen.

Ich bin mir im Klaren darüber, dass diese Aufklärungsarbeit Jahrzehnte, wenn nicht noch länger dauern wird, weil die Menschen auch bei uns schon zu sehr gewohnt sind, jenseits von dem zu leben, was gesund ist. Sie haben wenig Ahnung von Hygiene, Essenszubereitung, Kindererziehung, Sinnespflege, Land und Gemüseanbau und einer Kleidung, die einem natürlichen Wärmebedürfnis entspricht. Zwar werden alle Mitarbeiter auf SEKEM auch in dieser Hinsicht geschult, aber oft sind die Gewohnheiten zu Hause so stark, dass eine Veränderung sehr schwierig ist. So sehen wir unsere Aufgabe darin, Aufklärung nach beiden Seiten zu leisten. Die damit betraute Sozialarbeitergruppe ist sehr motiviert. Um SEKEM herum leben rund 30.000 Menschen, davon einige Tausend Kinder, die natürlich auch andere Schulen besuchen. Wir haben es uns zur Aufgabe gemacht, diese Schulkinder regelmäßig zu untersuchen und zu behandeln. Ein Bus des Medizinischen Zentrums holt Tag für Tag eine externe Schulklasse ins Ambulatorium. So kommt es, dass es jeden Morgen bei uns von Kindern wimmelt, die in einem eingerichteten Areal spielen, bis sie untersucht werden.

Hans Werner hat im Medizinischen Zentrum eine großartige Unterstützung in Ingeborg Marienfeld gefunden, einer Krankenschwester, die vor 17 Jahren mit ihrem Mann Dieter Marienfeld aus Deutschland zu uns nach SEKEM zog. Jeder der mit großen oder kleineren Leiden kommt, wendet sich vertrauensvoll an sie. Sie half beim Aufbau des Mahad, leitete die Mädchen beim Nähen von Stofftieren und Puppen an und setzt sich heute für die Schulung der Mitarbeiter des Medizinischen Zentrums ein. Zu ihrem Mann kommen Menschen, die Nöte mit der elektrischen oder technischen Versorgung der Häuser und Gebäude haben. Dieter ist der technische Leiter aller Hausmeister auf SEKEM, der trotz aller Schwierigkeiten, denen er im Umgang mit einigen ägyptischen Mitarbeitern begegnet, nie den Mut verliert, immer wieder mit Charme auf die Menschen zuzugehen.

2. SEKEM
Bildung und Kultur
»SEKEM ist eine große Schule«

Während sich die wirtschaftlichen Aktivitäten entwickelten, musste immer wieder gebaut werden. Von Anfang an gab es auf SEKEM eine Bautruppe, die aus ungefähr 80 Menschen bestand. Immer interessierte ich mich für die besonderen Baumaterialien, die in Ägypten benutzt wurden, und besuchte einmal ein Werk, das gespanntes Metall herstellte. Zwei Ingenieure, Abdel Hedi und sein Kompagnon Sami, hatten eine Maschine entwickelt, die Blech zu einem Gitter ziehen konnte. Während mehrerer Besuche unterhielt ich mich lange mit diesen interessanten Menschen und lud sie auch nach SEKEM ein. Sie begannen sich für meine Vision zu begeistern, obwohl auch sie damals zunächst nur Wüste sahen. Die Frau von Abdel Hedi arbeitete in der Atomforschung. Sie und einige Freunde von ihnen baten mich daraufhin, ihnen mehr über die Hintergründe meiner Arbeit zu erzählen. So trafen wir uns bald wöchentlich in einem Saal in Kairo. Die Veranstaltungen begannen stets mit einem Vortrag von mir, gefolgt von Gesprächen mit Fragenbeantwortung. Vor meinen Vorträgen gab es Musik, was bis heute so üblich ist. Ich sprach über Pädagogik, Medizin, Landwirtschaft, aber auch über verschiedene geisteswissenschaftlich-spirituelle Themen. Diese Treffen sah ich als Vorbereitung für die Gründung eines Vereins, der Träger für den Aufbau aller im Rahmen von SEKEM geplanten kulturellen Einrichtungen sein sollte. Obwohl die Sprache arabisch war, nahmen Elfriede und Hans Werner häufig an den Versammlungen teil und brachten auch andere Freunde aus Deutschland mit, die uns mit ihren Beiträgen bereicherten. Diese Gruppe von Künstlern, Wissenschaftlern, Politikern und Pädagogen, die über Jahre zusammengewachsen war, gründete im Jahre 1984 den ägyptischen Förderverein, die Egyptian Society for Cultural Development, SCD.

Die Bäume auf unserem Gelände waren allmählich größer geworden, die ersten Gebäude der Heilmittelbetriebe entstanden, Menschen gingen auf SEKEM aus und ein, kulturelles und soziales Leben entstand. Einmal bekam Angela Besuch von ihrem Vater Georg Hofmann, der Lehrer an der Waldorfschule in Stuttgart war. Er nahm wahr, wie wir die Menschen in den Betrieben und in der Landwirtschaft individuell begleiteten, mit ihnen umgingen, sie schulten, und hörte sich unsere Pläne für die Zukunft an. Da brach es einmal, als er vor dem Rundhaus stand, begeistert und mit tiefer, voller Stimme aus ihm heraus: »SEKEM ist eine große Schule!« Wie hatte er das gemeint? Was hatte er konkret beobachtet?

Eines Tages war der bucklige Ali, der aus seinem Dorf vertrieben worden war, bei uns aufgetaucht. Ich gab ihm einfache handwerkliche Arbeiten im Garten zu tun. Mit seinem Kommen begann die Arbeit mit den Behinderten auf SEKEM. Später folgte der taubstumme Hassan; Zacharias ist geistig behindert; Fathy, der lange Ali und Scharafa waren schon über zwanzig Jahre alt, als sie zu uns kamen, teilweise verheiratet und mit Kindern. Immer nahm ich sie wie Freunde auf. Die Ingenieure, die die Arbeiten einteilten, weigerten sich anfangs, diese Behinderten einzusetzen. So übernahm ich ihre Einarbeitung selbst und übte mit ihnen über längere Zeit die Tätigkeiten, für die sie verantwortlich sein sollten: Dem einen zeigte ich die Bewässerung immer ein und desselben Gebietes, der andere half den Stall auszumisten, der Blinde sollte die Wege ebnen und mit Sand und Kies befestigen und glatt harken. Hassan konnte bei den Lehmbauten helfen. So bekam jeder seine Aufgabe, und weil diese Menschen dabei von uns ganz selbstverständlich behandelt wurden, gewöhnten sich auch die ägyptischen Mitarbeiter mit der Zeit daran. Manchmal wurden wir die »Farm der Behinderten« genannt, was ich gar nicht schlecht fand, denn es strahlte etwas von unserem besonderen Umgang

Ibrahim Abouleish beim Kurs mit Mitarbeitern aus der Landwirtschaft

Sekem ist eine große Schule

in die Umgebung aus. Später wurde eine eigene heilpädagogische Schule für behinderte Kinder bei uns eingerichtet.

Da die Landwirtschaft sehr arbeitsintensiv ist, konnten wir stets viele Menschen einsetzen. Dies gab uns immer auch die Gelegenheit, sie zu schulen und zu bilden. Ohne diese Unterstützung wären diese Menschen arbeitslos geblieben und, wie es leider oft geschieht, aus der Empfindung der Sinnlosigkeit ihres Lebens heraus leicht irgendwelchen fanatischen Gruppierungen verfallen. Zum Pflücken der Baumwolle oder der Blüten holten wir Straßenkinder auf die Farm, die zum Teil noch nie zur Schule gegangen waren oder die Schule wieder verlassen mussten, weil ihre Eltern sie zum Helfen und Geldverdienen brauchten. Wenn solche ungebildeten jungen Menschen ohne Begleitung heranwachsen, werden sie ignorant und roh. Wir gaben ihnen etwas Sinnvolles zu tun und ermöglichten ihnen außerdem, auch die Schule zu besuchen. Dort konnten sie nicht nur

Gudrun Abouleish mit ihren Schülerinnen beim Handarbeitskurs

Lesen und Schreiben lernen, sondern auch Singen, Eurythmie und Malen. Außerdem erfuhren sie noch viel lebenspraktisches Wissen über Hygiene und gesunde Ernährung. Für ihre Arbeit erhielten sie den vollen Lohn.

Aus der sozialen Notsituation der Kinderarbeit in Ägypten heraus, die einen hohen Prozentsatz an Kindern betrifft, wurde in SEKEM das Projekt der »Kamillenkinder« gegründet. Diese Kinder im Alter zwischen zehn und vierzehn Jahren haben eigene Lehrer, von denen sie den ganzen Tag über betreut werden. Sie helfen vor allem beim Pflücken der Kräuter, erhalten eine warme Mahlzeit am Tag und medizinische Versorgung, die insbesondere für den oft mangelhaften Zustand ihrer Zähne und ihrer Augen wichtig ist. Genau wie die anderen Kinder bekommen sie aufgrund ihrer Teilnahme an der Schule in einem Zeugnis bestätigt, dass sie keine Analphabeten mehr sind. Sie können dann an der Berufsschule ei-

Puppenwerkstatt

nen Beruf erlernen, um später bessere Chancen zu haben und sich für die Gesellschaft einsetzen zu können. Das grundsätzliche Ablehnen der Produkte, die aus Kinderarbeit stammen, ist keine Lösung für dieses Problem.

Um unseren Vorhaben im Bereich der Volkspädagogik einen institutionellen Rahmen geben zu können, begannen wir 1986 mit der baulichen Konzeption und Ausführung des Mahad, unseres Zentrums für Erwachsenenbildung. Der von Winfried Reindl gestaltete weiße Rundbau, geborgen unter hohen, dunklen Casuarinen, mit einem Versammlungsraum und zwei Schulungsräumen konnte im Mai 1987 feierlich eingeweiht werden. Im Mahad wurden auch die behinderten Kinder unterrichtet. Die Mädchen, die in den Betrieben arbeiteten, erfuhren in Kursen, wie sie sich richtig ernähren und sich zweckmäßig und sauber kleiden können. Beim Stricken und Sticken wurde der Schönheitssinn der Fella-

Kamillenkinder beim Schreibenlernen

chenmädchen gefördert. Diese Maßnahmen wurden in der ganzen Umgebung bekannt. Zu den Folgen gehörte es, dass diese im Mahad ausgebildeten Mädchen als Ehefrauen sehr begehrt wurden.

Neben dem Mahad entstand ein in gleicher Art gebauter Kindergarten für zwei Gruppen, mit dem 1988 die eigentliche pädagogische Arbeit auf SEKEM begann. Die ersten ägyptischen Kindergärtnerinnen wurden von Konstanze begleitet. – Seit 1985 hatte ich mit Elfriede Werner jedes Jahr einige Reisen in die Städte Europas unternommen, um von SEKEM zu berichten. Eines Tages sprach ich in München vor vielen Menschen und nach Beendigung meines Vortrags kamen einige Zuhörer mit Fragen zu mir. Darunter war auch Regina Hanel, die anfragte, ob sie nach SEKEM kommen dürfte. Sie begann bei uns als Kindergärtnerin, bis sich nach einem Jahr herausstellte, dass sie auch Fähigkeiten im Maschineschreiben, Ordnen und Verwalten hatte. So bat ich sie, an drei Ta-

Kamillenkinder bei sozialen Übungen

Sekem ist eine große Schule

Erstes Kindergartengebäude, 1988

Kindergartenkinder beim Spielen

gen in der Woche in Kairo und in der Verwaltung Sekretariatsaufgaben für mich zu übernehmen. Dies tut sie seither mit einer bewunderungswürdigen Zuverlässigkeit. Indem sie einen geschützten Raum und Ordnung um mich schafft, ist sie mir eine enorme Hilfe. An drei weiteren Tagen begleitet sie weiterhin die ägyptischen Kindergärtnerinnen.

1989 eröffneten wir mit einer ersten und einer siebten Klasse unsere Schule. Mit einer Grund- und mit einer Mittelstufe sollte die Schule gleichzeitig aufgebaut werden. In einer Kette zogen 27 Erstklässler mit bunten Kränzen geschmückt Hand in Hand, geführt von ihren Lehrern, in das Mahad ein. Ihnen folgten die Siebtklässler. Dort hatten sich schon die Eltern versammelt, Fellachen und Beduinen, die nach der musikalischen Einstimmung erfuhren, was ihre Kinder nun alles erwartete. Uns war es sehr wichtig, dass sie gemeinsam mit uns die Kinder begleiteten. In regelmäßigen Elternabenden erfahren

Kindergartenreigen mit Regina Hanel auf der Schulbühne

Sekem ist eine große Schule

sie seitdem beispielsweise, wie wichtig Rhythmus für die Kinder ist und wie unnötig das – auch in Ägypten verbreitete – viele unkontrollierte Fernsehen, auch, wie sie auf gute Ernährung und Kleidung achten können, und vieles mehr.

Während dieser Zeit war ich stets abwechselnd einen Tag in der Verwaltung in Kairo, einen anderen auf der Farm mit tausenderlei Fragestellungen der Schulgründung beschäftigt. Alles, was nur an zusätzlicher Zeit zu erübrigen war, floss in den Aufbau der Schule, auch in finanziellen Fragen. Ich richtete die Finanzierung so ein, dass die Schule von den Betrieben gesponsert wurde, also zu den Festeinlagen der Betriebe gehörte, die sie an den ägyptischen Förderverein, die SCD, vermieteten. Ich lieh von Banken Geld, um die Schulgebäude fertig bauen zu können. Finanzielle Unterstützung bekamen wir von unserem deutschen Förderverein, dem Verein zur Förderung kultureller Entwicklung in Ägypten. Elfriede Werner war

Schule, Berufsschule und Moschee

Mahadgebäude

Erster Schultag, 1988

Sekem ist eine große Schule 167

unermüdlich tätig, Dozenten zu finden, die uns mit Kursen unterstützten. Sie sammelte Geld für alle nötigen Einrichtungsgegenstände der Schule oder für Unterrichtsmaterialien. Professor Dr. Klaus Fintelmann, den Pionier auf dem Gebiet der Lehrlingsausbildung, habe ich bereits erwähnt. Die Hibernia-Schule in Wanne-Eickel, die er mitbegründete, ist eine Gesamtschule, bei der die Lehrlingsausbildung der verschiedensten handwerklichen und sozialpädagogischen Berufe mit in die Konzeption der Oberstufe integriert wurde. Über ihre Vorzüge habe ich mich auch mit eigenen Augen informieren können. In den folgenden Jahren stieg ich nun gemeinsam mit Klaus Fintelmann tief in Fragen der Pädagogik ein und wir erarbeiteten Umsetzungsmöglichkeiten für die ägyptischen Verhältnisse. Wir zogen auch Winfried Reindl zu Rat und erstellten eifrig Modelle für einen Schulbau, plastizierten ihn auf einem Modellgelände und warfen tags das, was wir nachts geplant hatten, wieder um, weil andere

Klaus Fintelmann und Ibrahim Abouleish

Gesichtspunkte vorrangig geworden waren. Es war eine sehr lebendige Arbeit! Ich erinnere mich, wie wir das Konzept entwickelten, nach dem der Kindergarten und die ersten drei Klassen zusammen in einem Gebäudekomplex untergebracht werden sollten, weil dadurch die Kinder altersgemäß einheitlicher zusammengefasst werden können. Wir planten die Formen der einzelnen Klassen und Fachräume und deren Farbgestaltung, Lehrerzimmer, Elternsprechzimmer und Arztzimmer, sowie eine Kapelle für die koptischen Kinder und eine Moschee.

Aber erst 1990 konnten wir uns für ein konkretes Entwicklungsprojekt zehn Tage Zeit nehmen. Während unserer sehr lebhaften Diskussionen über die menschenkundlichen Grundlagen und ihre Umsetzung in konkrete Raumgestaltung stand uns eine junge Architektin, Gerdi Bentele, zur Seite, die geschwind das, was wir erörterten, in Skizzen festhielt. Wir unterbrachen dann unsere Gespräche, besahen ihre Zeichnungen und machten Scherze über unsere Ideen. Ich erinnere mich, wie wir bei der Planung des Bereiches der ersten drei Klassen Spielmöglichkeiten erwogen, Sandkästen und Wasserspiele, alles Dinge, die für Ägypten ganz unüblich sind. Gerdi zeichnete nun auch schnell zwei Bäume mit aufs Papier und wir vier fingen herzlich an zu lachen, weil wir im Geist die Kinder in den Bäumen herumturnen sahen. Als alles gezeichnet war, brachte Gerdi Ton und wir machten uns daran, die gezeichneten Formen in räumliche Gebilde umzusetzen, wobei wir auch die etwas hügelige Landschaft an der geplanten Stelle berücksichtigten. Und als gegen Ende ein anschauliches, plastisches Modell aus Ton dastand, wurde ich so sehr von meinem Tatendrang ergriffen, dass ich am nächsten Morgen in aller Frühe an der geplanten Stelle mit Riesenbulldozern mit den Erdarbeiten beginnen ließ – wobei ich nachträglich einsehe, dass für den Architekten in dieser Phase natürlich die eigentliche Arbeit erst beginnt, während es für mich der Planung genug war. Als Gerdi, Winfried und Klaus aufstanden, waren sie sehr erstaunt, als sie die Traktoren bereits Sand und Erde bewegen und die Fundamente für die Schule ausheben sahen!

In drei Bauabschnitten wurden die Schulgebäude errichtet, die neben den Klassenräumen für zwölf Klassen einen Mal und Musikraum, mehrere Werkräume und Eurythmiesäle haben. Die Schule verfügt auch über eine Aula, in der die Wochenabschlussfeiern der Schüler mit Aufführungen aus dem Unterricht, die Feste und die Fragestunden der Mitarbeiter stattfinden. Draußen auf dem Gelände um die Schulgebäude wurde ein riesiger Spielplatz geebnet und ein Turnplatz errichtet.

Im Zuge des Genehmigungsverfahrens hatten wir für einen Tag schließlich die Beamten des Schulministeriums nach SEKEM eingeladen. Es war im Vorfeld nicht einfach gewesen, sie von der Gründung einer Privatschule in der Wüste zu überzeugen. Bis dahin gab es in Ägypten nur wenige private Einrichtungen.

Unser Treffen begann mit einer Koranrezitation. Die anschließend von unseren Musikern dargebrachte klassische Musik ließen die Besucher über sich ergehen. Danach erklärte ich ihnen die einzelnen Musikinstrumente und führte die Notwendigkeit eines guten Musikunterrichtes für die Bildung der Kinder aus. Ich sprach auch über die Wichtigkeit von Bewegungselementen im Unterricht und die Bedeutung anderer künstlerischer Betätigungen: »Die Kinder brauchen, wenn auf ihre wirklichen Bildungsbedürfnisse eingegangen werden soll, eine Balance zwischen theoretischen Lerninhalten und künstlerischem und praktischem Tun. Es kommt nicht so sehr nur auf die Schulung des Denkens und Auswendiglernens an als vielmehr darauf, durch viele Bildungselemente Erlebnisse zu vermitteln«, sagte ich. Das sahen die Beamten ein, denn ich erinnerte sie daran, dass ihre eigene Schulbildung früher sehr viel reicher gewesen war: »Ja, so war es einmal in Ägypten!«, bestätigten sie. »Leider ist es nicht mehr so! Wenn diese neue Schule wirklich nach diesen Prinzipien realisiert wird, dann wird es eine Musterschule für unser Land!«

Da stand einer auf und sagte: »Und was für eine Rolle spielt der Koran bei der Erziehung?« – Das Auswendiglernen des Korans spielt in den ägyptischen Schulen eine große Rolle. »Wir möchten den Kindern bei allen Unterrichtsinhalten Ehrfurcht vor der Schöpfung vermitteln«, antwortete ich. »Es kommt uns hier mehr auf die Gefühle an, die bei allem Lernen mit erweckt werden.« – Damit war er nicht zufrieden: »Ja, aber der Koran?« Und seine Stimme überschlug sich: »Was ist mit dem Koran?« – »Wir werden den Kindern auch den Koran nahe bringen, aber nicht im Übermaß. Sie sollen mehr die Gebete und Bilder kennen lernen. Das Auswendiglernen wendet sich in einseitiger Weise nur an die intellektuellen Fähigkeiten des Menschen. Wir wollen aber durch das Vermitteln einer ehrfurchtsvollen Haltung gegenüber aller Schöpfung nicht so sehr die Religion lehren, sondern vor allem die Religiosität der uns anvertrauten Kinder entwickeln. Das ist mehr!«

In solchen Verhandlungen ging ich nie provokativ vor und widersprach den Menschen nie, denn im Grunde genommen war ihr Denken und Verhalten aus ihrer Erziehung heraus und aus dem, was in diesem Lande lebte, nur konsequent. Ich zeigte ihnen mein Verständnis und holte sie stets dort ab, wo sie standen. Meine Aufgabe sah ich darin, ihre Ansichten zu erweitern und deutlich zu machen, dass es noch mehr gab, als sie bisher zu denken gewohnt waren. Dieses respektvolle Vorgehen schuf Vertrauen und aus diesem Vertrauen heraus wurde schließlich die Genehmigung erteilt. Die Frage nach einem mit den nötigen Qualifikationen versehenen Schuldirektor lösten wir so, dass meine Frau Gudrun, weil sie die Lehrerbildungsanstalt in Graz besucht hatte, von der Regierung akzeptiert wurde. Inspektionen der Schule gab es in der Folge immer wieder und sie bemühte sich stets, bei Problemen zu schlichten und eine gute Lösung für alle Seiten zu finden. Die Kritik der Beamten brachte uns ja auch weiter, wenn sie zum Beispiel sorgfältige Unterrichtsaufzeichnungen forderten, für die dann die Lehrer sorgen mussten.

Woher aber sollten wir die vielen nötigen Lehrer für die neue Schule nehmen? Hier mussten wir manchmal auch zu unkonventionellen Lösungen greifen. Mohammed beispielsweise hatte über viele Jahre ein Lager verantwortungsvoll verwaltet. Ich schätzte ihn als offenen, höflichen, geduldigen Mann. Bevor er zu uns kam, hatte er eine Lehrerausbildung absolviert, aber nie vor einer Klasse gestanden. Eines Tages ließ ich ihn zu mir kommen und offenbarte ihm: »Mohammed, du wirst Lehrer an der neuen SEKEM-Schule!« – Er schlug nicht, wie man meinen könnte, die Hände über dem Kopf zusammen, denn er hätte mit Recht einwenden können, dass er keine Ahnung von Pädagogik und noch nie vor einer Klasse gestanden hatte, obwohl er studiert hatte. Er fühlte sich aber im Gegenteil durch meine Aufforderung geehrt und anerkannt und ließ sich auf alle Schulungsanforderungen interessiert und freudig ein. Die Ausbildung unserer Lehrer war sehr zeitintensiv.

Dreimal pro Woche arbeitete ich mehrere Stunden mit den künftigen Lehrern. Menschenkundliche Fragen und Korankunde waren meine Fächer. Immer kam es mir weniger auf die intellektuelle Begabung der neuen Lehrer an als auf ihre charakterlichen Eigenschaften, die auf die Kinder menschenbildend wirken. Gastdozenten aus Deutschland ergänzten unsere eigenen Kräfte. Ihnen allen bin ich dankbar, dass sie uns beim Aufbau der Schule halfen. Immer noch gehört die Tätigkeit als Dozent der Lehrerbildung zu meinen Aufgaben.

Grundsteinlegungen, Richtfeste und Einweihungsfeiern in fröhlicher Runde mit Kindern, Eltern und Freunden bildeten herrliche und bedeutsame Meilensteine auf dem Weg zur Verwirklichung der Vision SEKEM. Das größte Glück für mich ist dabei zu sehen, dass unsere Bemühungen sich als gut für die Kinder erweisen, dass alles nicht nur eine schöne Idee ist, sondern konkrete Entwicklungsförderung

Schüler und Lehrer der Sekem-Schule

bedeutet. Wöchentliche Höhepunkte in dieser Hinsicht sind für mich die Wochenabschlussfeiern am Donnerstagmittag. Auch die Gestaltung dieser Feiern ist das Ergebnis intensiver Entwicklungsarbeit und die konzentrierte, gemeinsame Atmosphäre so vieler hundert Menschen in Ägypten kommt fast einem Wunder gleich. Aber in vielen Schulungstreffen mit den Lehrern hatte ich immer wieder darauf hingewiesen, wie wichtig eine gewisse äußere Ruhe der Kinder im Unterricht und bei den Zusammenkünften ist, in die hinein dann die Inhalte und Stimmungen gebetet werden können. Wir übten dies mit den Lehrern und sie gaben es so weiter, dass heute, wenn ich vorne von der Bühne meinen Gruß »Salem aleikum« an die Kinder richte, mir jedes Mal aus erfüllter Stille ihre Antwort entgegen kommt.

In diese Ruhe lässt dann der Koransänger mit schöner Stimme seinen Gesang einströmen, eine Form, die die Religiosität der Kinder entwickelt und die sie in ihrem Volkstum anspricht. Die anschließende

Wochenabschlussfeier auf der Schulbühne

Sekem ist eine große Schule

musikalische Darbietung schult die Kinder Woche für Woche im Hören. Bei den Aufführungen aus dem Unterricht achten wir sehr auf die Qualität der Darbietungen. Früher habe ich mir sogar alles zuvor bei der Generalprobe angeschaut, persönlich beurteilt und korrigiert. Und wenn ich heute während der Aufführungen erlebe, wie selbstbewusst, freudig und frei die Kinder auf der Bühne stehen und sich darin üben, sich deutlich zu artikulieren und sich überhaupt nicht mehr verstecken, sind dies bewegende Momente für uns. Am Ende der Wochenabschlussfeier ziehen alle Kinder an mir vorbei und geben mir die Hand. Ich verabschiede sie und suche den Kontakt mit ihnen, fühle ihre Hände und sehe ihren Blick. Wenn mir etwas auffällt, kann ich gleich den betreffenden Lehrer ansprechen.

Manchmal nutze ich die Gelegenheit dieser Treffen auch, um eine kleine Ansprache über Themen zu halten, die mehr die ganze Gemeinschaft betreffen. Hier ein Beispiel: Für die koptischen Kinder

Schüler bei der Berufsausbildung

war in der Schule eine kleine Kapelle eingerichtet worden, in der ein Priester jeden Sonntag den Gottesdienst für sie zelebrierte. Bei einer Wochenabschlussfeier erzählte ich einmal, dass die koptischen Kinder für ihre Kapelle ein Kreuz benötigten, und versuchte den muslimischen Kindern diese für sie fremde, aber schöne Form nahe zu bringen, indem ich ihnen zeigte, dass jeder Mensch in sich die Kreuzesform trage, Tag und Nacht, und wie der ganzen Erde ebenso ein Kreuz in Form der Gebirgsketten aufgeprägt sei. Danach meldeten sich einige muslimische Kinder und fragten voll Eifer, ob sie ein Kreuz für die Kapelle schnitzen dürften. – Auf einer anderen Feier sprach ich über die Moschee auf unserem Gelände und erzählte von ihrer Schönheit, die Sauberkeit verlange. Da wollten nun die koptischen Kinder für den Freitag die Moschee putzen, während die muslimischen Kinder bis heute für jeden Sonntag den Kapellenraum mit Blumen schmücken.

Die Berufsschule

Der Mangel an ausgebildeten Fachkräften ist eines der Haupthindernisse für die Entwicklung Ägyptens. Das in Europa so verwurzelte Handwerk mit seinem sprichwörtlichen »goldenen Boden« wird hier viel weniger systematisch gepflegt. Ich wusste auch, wie wichtig es ist, dass die jungen Menschen in den Dörfern Arbeit bekommen und etwas lernen. Im Jahre 1997 gelang es uns, eine Berufsschule einzurichten. Nach Beendigung der obligatorischen Schulzeit sollten junge Menschen bei uns die Möglichkeit zu einer dreijährigen Fachschulausbildung erhalten: Schlosser, Schreiner, Mechaniker, Elektriker, Schneider, Landwirt und Kaufmann bildeten die Berufsbilder. Ein neuer Weg begann! Nach erstem Umsehen taten sich ganz unerwartet Möglichkeiten zur Verwirklichung auf. Ein Projekt, das zwischen dem ägyptischen Staatspräsidenten Mubarak und dem deutschen Bundeskanzler Kohl ausgehandelt worden war und nach den beiden Regierungschefs kurz »MUKO« genannt wurde, kam uns bei der Gründung zu Hilfe. Die nötigen Curricula für die Berufsausbildung erhielten wir mit Hilfe der deutschen Gesellschaft für technische Zusammenarbeit (GTZ). Da die dazu benötigten Maschinen aus Deutschland bezogen wurden, bekamen wir Unterstützung bei allen Formalitäten mit den Behörden und dem Zoll. Auch der Staat erhielt öffentliche Gelder dafür, dass er die Schule inspizierte und zertifizierte.

So konnte in relativ kurzer Zeit das Vocational Training Center (VTC), die Berufsschule von SEKEM, eröffnet werden. Mittlerweile ist daraus eine Schule mit 150 Schülern geworden. Jeder Jahrgang hat zwölf Auszubildende, die sich auf verschiedene Berufssparten verteilen. Wegen der anfangs geringen Schülerzahl erwies sich diese Gründung als eine der teuersten Investitionen, die unser Trägerverein (SCD) je zu leisten hatte. Zwar übernahmen die Betriebe das Lehrgeld, doch das Geld für Kleidung, Verpflegung und ein Taschengeld während der Ausbildung musste die SCD zuschießen. Es ist ein Wunder, dass der Geldkreislauf immer wieder funktioniert! Dabei ist Hilfe für Menschen das bestangelegte Geld.

Schülerinnen bei der Berufsausbildung im Bereich Textil

Die Schule wurde nach dem so genannten »Dualen System« aufgebaut, wobei die Schüler theoretischen Unterricht erhalten und an Modellgeräten lernen, danach aber auch in die Betriebe gehen, wo sie die nötige Praxisausbildung bekommen. In diesem Zusammenhang möchte ich Klaus Charisius, Wilfried Ulrich und Eberhard Kläger erwähnen und ihnen für ihren unermüdlichen Einsatz danken. Sie besuchen uns immer wieder und stehen uns mit ihrer langjährigen Erfahrung bei. Durch die soziale Einbindung werden die Schüler allmählich erwachsen. Wenn sie die Ausbildung nach drei Jahren beenden, wissen sie zumeist schon genau, wohin sie gehen. Viele Jugendliche werden, sofern sie nicht den Wehrdienst absolvieren müssen, in den Betrieben von SEKEM angestellt, bei Conytex, in unserer Schreinerei oder als Mechaniker. Andere kommen nach ihrem Wehrdienst zurück oder machen sich selbstständig. Unsere Absolventen sind geschätzte Arbeitskräfte und ihren weiteren Weg zu verfolgen ist eine Freude.

Die Universität

Noch am Tag nach der Eröffnung der Berufsschule begann ich mich mit der Gründung einer Akademie, wie ich sie damals noch nannte, zu beschäftigen. 1997 sah ich allerdings noch nicht die Möglichkeit zu einer neuen Gründung, weil sich noch zu viel anderes in der Aufbauphase befand und meine Unterstützung verlangte. Auch musste die Idee einer Akademie erst eine Zeit lang innerlich bewegt werden. Die Zeit war noch nicht reif und ich wollte nichts übereilen – aber trotzdem schon handeln. So begann ich erst einmal mit einem Raumplan, denn jede Idee braucht einen institutionellen Rahmen, um sich verwirklichen zu können. Der erste Bau für die geplante Akademie wurde schließlich 1999 in Heliopolis eingeweiht. Der erste Bauabschnitt ist im Gesamtrahmen der geplanten SEKEM-Universität als Bibliotheksgebäude vorgesehen. Hier gibt es bisher außer einem Saal, in dem die Mitarbeiterversammlungen der Verwaltung stattfinden, Räume für den Beginn einzelner Fakultäten, in denen heute bereits angewandte Forschung betrieben wird. Forschung hat es auf SEKEM immer gegeben. Sie hat sich nur immer weiter konkretisiert und in speziellen Organen ausgestaltet. So gibt es seit 1999 im Rahmen der SEKEM-Akademie den Bereich für angewandte landwirtschaftliche, pharmazeutische und medizinische Forschung. Hier finden Studien und Veranstaltungen auf den Gebieten der Wirtschaft und des Rechts statt. Ich weiß, dass die Planungsphase für die Sekem-Universität die langwierigste und anstrengendste werden wird, aber ich fühle, dass ich dafür auch noch Zeit habe.

Warum eine solche Universität in Ägypten? Ägypten gehört mit 70 Millionen Einwohnern zu den größten der 22 arabischen Staaten. Es hat durch seine geografische Lage und seine einzigartige geschichtliche Vergangenheit eine Position, die besondere Verbindungen und Beziehungen ermöglicht, die dem Land selber aber zumeist gar nicht bewusst sind. Ägypten liegt am Mittelmeer, wodurch es ein Mitglied der Mittelmeerstaaten und damit offen für Europa ist. Es ist

Eingang zur Sekem-Akademie

ein Teil Afrikas und durch den Sinai mit Asien verbunden. Schon rein geografisch betrachtet kommt Ägypten deshalb eine Brückenfunktion zu.

Im religiösen Leben gab es von Beginn an Beziehungen zum Christentum. In Ägypten entstanden die ersten christlichen Klöster, die zum Teil heute noch bestehen. Der Evangelist Lukas war ein ägyptischer Arzt. Als sich im 7. Jahrhundert der Islam verbreitete, wurden 90 Prozent der Bevölkerung Moslems. Die ägyptische Zivilisation beeinflusst heute den mittleren Osten durch zahlreiche Medien, insbesondere durch Filmproduktionen und Literatur. In allen arabischen Ländern sind Lehrer aus Ägypten in den Bildungseinrichtungen tätig. Ägypten übt eine gewisse Vorbildfunktion für den mittleren Osten aus, die auf den verschiedensten Ebenen ihre Wirkung hat.

Im Hinblick auf die neuere Geschichte des Landes gab es im 19. Jahrhundert eine Renaissance, die Ägypten in eine engere Bindung zu Europa brachte. Europäische Forscher wie Champollion entdeckten das alte Ägypten und erstmals erwachten die Ägypter auch selbst für die Schätze ihrer eigenen früheren Hochkultur. Durch die Eroberungszüge Napoleons gelangten ägyptische Kunstwerke in die europäischen Museen und die Europäer merkten, dass die tiefsten Wurzeln ihrer Kultur auf den ägyptischen Einflüssen von Kunst und Wissenschaft fußten, die in das europäische Geistesgut eingeflossen waren. Ein Bewusstwerden dieser Verbindung ist eine dankbare Erinnerung an den Ursprung des europäischen Geisteslebens. Umgekehrt suchten Staatsmänner wie Mohammed Ali die Verbindung zu Europa, um Ägypten vom europäischen Geistesleben und den daraus entstandenen wirtschaftlichen und rechtlichen Fähigkeiten befruchten zu lassen. Ägypten war durch diese multikulturelle Zusammenarbeit ein reiches Land geworden, wie ich es in meiner Kindheit noch erlebt hatte.

Geschichtlich kann aufgezeigt werden, wie durch die Begegnung zwischen europäischem und arabischem Geistesleben immer wieder Fruchtbares für beide Kulturen entstand. Ich denke etwa an den Stauferkaiser Friedrich II., der in seiner Kindheit in Sizilien von Moslems erzogen wurde und das christlich-europäische Geistesleben revolutionär beeinflusste. Friedrich II. sprach fließend arabisch und war mit dem Koran vertraut. Tragischerweise erwartete der damalige Papst Innozenz von ihm, dass er die Kreuzzüge gegen die Moslems im Heiligen Land fortsetzte. Friedrich jedoch handelte mit dem damals in Ägypten residierenden Sultan Al Malek einen Friedensvertrag aus. Die Erinnerung daran, dass dieser Europäer nicht mit dem Schwert, sondern mit ausgestreckter Hand in den Orient kam, wirkt bis heute konstruktiv nach. Solche Bereicherungen durch Begegnung und Offenheit füreinander sind der Grund dafür, dass ich eine ägyptische Universität nicht ohne Europäer gründen möchte.

Heute sind die Beziehungen zwischen Europa und Ägypten fast ausschließlich wirtschaftlicher Art. Eine stabile politische Situation bildet die wesentliche Vorraussetzung für Kooperation. Ebenso notwendig ist aber das Zusammenwirken auf kulturellem Gebiet. Die kulturelle Entwicklung in Ägypten zeigt hier ein großes Defizit. Wirtschaftlicher Fortschritt und kulturelle Fortentwicklung fallen auseinander, und dadurch entsteht der Boden für Konflikte: Religiosität schlägt in Fanatismus um, der Fremdes ablehnt, weil Menschen durch eine verschulte Ausbildung nicht lernen, Eigenverantwortung zu übernehmen.

Auf die besondere geografische Lage Ägyptens als Brückenland zwischen Europa, Afrika und der Arabischen Welt wies ich bereits hin. Aber auch in kultureller Hinsicht kommt Ägypten eine solche Brückenfunktion zu. Hierin sehe ich für die SEKEM-Universität eine wesentliche Aufgabe. Durch Kooperationen mit europäischen Institutionen und Universitäten sollen die Absolventen zu praxisorientierten, innovativen Entwicklungen in Ägypten befähigt werden. SEKEM als Entwicklungsinitiative in Ägypten hat stets diese Ziele verfolgt und ist mit Erfolg auf wirtschaftlichem und kulturellen Gebiet bereits in enge Kooperation mit Europa getreten. Der Synergismus dieser Konstellation lässt auch auf eine erfolgreiche Zukunft einer SEKEM-Universität hoffen.

Die SEKEM-Universität will die Studenten in vielfältigen Kompetenzen ausbilden, und dies in wissenschaftlicher Freiheit, da in einer Universität nicht einfach nur schulmäßig weiter gelernt werden darf. Durch die Teilnahme an der bereits existierenden, angewandten Forschung von Anfang an werden die Studenten zu eigenständigen Forschungsansätzen und individuellen Lösungen ermutigt werden. Dadurch können sie sich zu in sich gefestigten Persönlichkeiten entwickeln, die in der Lage sind, Verantwortung zu übernehmen. Durch das begleitende Studium von philosophischen und künstlerischen Fächern sollen Werte und Ideale ausgebildet werden, die Grundlage für die Entwicklung sozialen Handelns werden können. Schließlich sehe ich die Notwendigkeit, Handlungskompetenz zu erwerben, um Ideen auch praktisch umsetzen zu können. Wenn diese Ziele erreicht werden, kann die SEKEM-Universität mit ihrem neuen Konzept aufgrund der besonderen Position Ägyptens in alle arabischen Länder ausstrahlen.

Der Kunstimpuls

Von Beginn an war die künstlerische Gestaltung für SEKEM von entscheidender Bedeutung. Hier sollten Schönheit und Anmut nicht erst als Zugabe zu wirtschaftlichen Aktivitäten entstehen, sondern von Anfang an dabei sein und das Ganze prägen. In diesem Zusammenhang beeindruckte mich eine in Europa überlieferte historische Begebenheit tief. Sie berichtet davon, wie Kaiser Karl IV. in der Nähe von Prag die Burg Karlstein errichtete: nicht zur Verteidigung, nicht zu wirtschaftlichen Zwecken, sondern zur Förderung der Kunst, der Religion und der Wissenschaften.

Mit besonderer Umsicht muss derjenige zu Werke gehen, der Kultur in die Wüste tragen will. In die Wüste kann viel hineingebracht werden, aber nur mit einem Feingefühl, das mit ihrem sensiblen Wesen in ein Gespräch zu kommen vermag. Fast mit Zärtlichkeit sollte man sich ihr nähern, da sie ein eigenes, sehr empfindliches biologisches Gleichgewicht hat. Die Bewässerungsversuche der neueren Zeit in der ägyptischen Wüste kann ich nur als brutale Vergewaltigungen ansehen, die das Wüstenwesen rasch wieder abstößt, wenn sie nicht mit äußerster Konsequenz und Bewusstheit weiterverfolgt werden. Die Wüste wird von vielen Menschen als totes, ödes Land erlebt, weil in ihr die Gegensätze des mineralischen und des lichtwärmehaften Elementes hart aufeinanderprallen, ohne die vermittelnde Geste des Wässrigen und Luftigen. Ich ging genau genommen aber nicht mitten in die Wüste, ich schuf keine reine Oase, sondern pflanzte meinen Impuls in ein Grenzgebiet zwischen fruchtbarem Land und toter Wüste. Tiere und Pflanzen bereicherten das neue Land. Mit ihrer Hilfe schuf ich erst die Lebensgrundlage für die Entwicklung der Menschen.

Der Lehrer und Schriftsteller Michael Bauer schuf das Märchen von der Königstocher Sinhold, das mich bei diesem Prozess oft begleitete. Sie schlief in einem Schloss seit vielen Jahren. Ihr Land wurde währenddessen von einem Zauberer in eine öde, steinige Wüstenei verwandelt. Ein Königssohn hört von ihr und macht sich auf, sie zu erlösen, aber es besteht der Rätselspruch, dass sie kein Mensch allein befreien könne, dass es mehr als einer aber auch nicht sein dürfe. An der Grenze des Reiches lebte nun eine alte Frau mit Tieren und Pflanzen, die aber kurz vor der Ankunft des Königssohns starb, sodass er sie nach der Lösung des Rätsels nicht mehr fragen konnte. Da er die Tiere und Pflanzen unbetreut antrifft, beschließt er sie auf seine Reise mitzunehmen. Und er erfährt durch sie die entscheidende Hilfe zur Erlösung der Königstocher.

Aber erst die Kraft der Kunst ist es, die Hoffnung und Mut vermittelt und durch Schönheit menschenbildend wirkt. Die Kunst lebt aus einer starken Mitte, sie braucht einen bewusst ergriffenen Zwischenraum, sie ist selber ein Grenzgebiet. Kunst bedeutet auch Sinnesschulung, durch die sich Menschen bilden und ihre Sinne offener machen.

»Die kleinste Kraft in mir ist weiter als der weiteste Himmel!« – Was gestaltete sich aus dieser künstlerischen Kraft in SEKEM? – Für was wurde alles Platz geschaffen?

Früher gab es hier eine riesige Fläche Sand und Steine, die es ästhetisch und schön zu gestalten galt. Von Anfang an waren beim Anlegen des Geländes, wie später auch bei anderen Gestaltungen, immer zwei Aspekte wichtig: einmal die praktischen Gesichtspunkte der Nützlichkeit, zum anderen aber gleichwertig die Aspekte des Künstlerisch-Schönen. – Felder mit Getreide und Heilpflanzen und Obsthaine wechseln ab mit Rondellen und Alleen, die mit Zierbäumen bepflanzt sind: Oleander und Bougainvillia-Alleen, große Büsche und Bäume in herrlichen Blütenfarben und immer wieder die Palmen mit ihrer wunderschönen Geste der sich zum Himmel öffnenden Wedel. Die Wege um die Felder herum wurden rechtwinklig angelegt, um die Wohnhäuser und die sozial-kulturellen Einrichtungen hingegen folgen sie lebendigeren Impulsen.

Dem Konzipieren des Geländes und der Gebäude liegt ein musikalisches Empfinden zugrunde: Alles muss zusammenklingen. Mich begeisterte während meines Aufenthaltes in Österreich die klassische Musik. Ich sehnte mich während des Aufbaus in der Wüste ständig nach ihr, um sie durchklingen zu lassen. Ich schilderte schon, wie ich Künstler, besonders Musiker nach SEKEM bat und Osama Fathy den ersten Flügel ins Rundhaus brachte. Immer wieder bat ich anwesende Musiker wie den aus Kapstadt stammenden Abel Weinfass, der sich vor Jahren entschlossen hatte, zu uns zu ziehen, vor meinen vielen Vorträgen zu spielen. Mein Gedanke war, die Menschen ins Hören und in ein anderes Atmen zu

Amphitheater, Hator-Gebäude im Hintergrund

bringen, damit sie sich für die Worte mit ihrem mehr intellektuellen Inhalt leichter öffnen könnten und die Botschaft den ganzen Menschen erreicht. Heute haben wir auf SEKEM einen eigenen Chor und ein Orchester. Immer wieder finden Konzerte und größere musikalische Darbietungen bei den SEKEM-Festen statt. In den letzten Jahren beschäftigten sich Chor und Orchester auch mit der arabischen Musik und wir lernen, zu hören, was darin liegt und was sie zum Ausdruck bringen kann.

Wichtig ist auch die Pflege der Sprache. Durch die Koranrezitationen lebt dieses Element ohnehin in den arabischen Ländern und genießt hohe Anerkennung. Die hocharabische Sprache des Koran und des Hadith hebt den arabischen Menschen immer wieder aus seinem Dialekt heraus und verbindet die verschiedenen Völker. Ein- bis zweimal im Jahr besucht uns Dorothee Walter, eine Sprachgestalterin aus Deutschland, und schult die Lehrer in Ar-

Jahresfest im großen Theater

tikulation und Stimmführung. Obwohl sie selbst zunächst kein Wort arabisch konnte, brachte sie ihnen bei, die Konsonanten und Vokale ausdrucksvoller zu gestalten und flüssiger im Atem und Rhythmus zu sprechen. Anhand von Gedichten betrieb sie Sprachforschung und entwickelte ein Übungshandbuch für die Gestaltung der arabischen Sprache, das heute Grundlage für einige ägyptische Sprachgestalter ist. Zu größeren Festen studiert unsere Schauspielgruppe, die sich aus begabten, spielfreudigen Mitarbeitern aus den Betrieben zusammensetzt und von dem Schauspieler Yasser Badawy geleitet wird, abendfüllende Stücke ein, die mit Begeisterung aufgenommen werden. Es sind bewegende Augenblicke, wenn 2000 Menschen auf den Rängen des Amphitheaters unter den leicht auf und abwogenden Planen des Zeltdaches sitzen und in aller Lebhaftigkeit mit den Darbietungen auf dem Bühnenrund mitgehen.

Die Bewegungskunst der Eurythmie hat für mich in Hinblick auf Ägypten einen besonderen Stellenwert. Wenn ich die ägyptischen Mitarbeiter an die Eurythmie heranführen will, brauche ich ihnen nur altägyptische Bilder und Reliefs zu zeigen. Vor diesem Hintergrund kann ich ihnen erklären, dass diese Kunst in ihren Bewegungen ursprünglich aus Ägypten stammt und in Europa wieder aufgegriffen und für unsere Zeit verwandelt wurde. Dabei entdeckte man, dass sich beim Zuhören von Musik und Sprache der Kehlkopf innerlich mitbewegt und dass diese Bewegungen auf den ganzen Körper übertragen werden können. Der Mensch verwendet dabei ein uraltes und ursprünglichstes Instrument – seinen Körper –, der Ausdruck wird für alles, was er hört. Die Bewegungen sind also nicht willkürlich, sondern bemessen, sichtbar gemachter Laut, sichtbar gemachter Ton. Unser Eurythmieensemble, bestehend aus Christoph Graf, Leonard Orta und Martina Dinkel, stellt seit Jahren die Eurythmie in alle Bereiche von SEKEM hinein, angefangen vom Kindergarten über die pädagogische und therapeutische Anwendung bis hin zu Übungen am Arbeitsplatz. Immer wieder erarbeiten sie eigene künstlerische Programme, die dann öffentlich vorgeführt werden. Bei der Eurythmie für Mitarbeiter verdanken wir Annemarie Ehrlich aus Holland mit der von ihr entwickelten Betriebseurythmie wertvolle Impulse.

Die Farbgestaltung hat Yvonne aufgegriffen und zieht seither Menschen aus aller Welt an, die zu Malkursen mit den Mitarbeitern der Betriebe oder in der Schule nach SEKEM kommen. Ich möchte hier namentlich Gerlinde Wendland aus Deutschland, Suzanne Baumgartner aus der Schweiz und Anneli Franken aus Südafrika nennen, die uns immer wieder auch mit Ausstellungen in der Schule oder in der Akademie unterstützen.

Im Gebäude der Berufsschule ist mittlerweile eine eigene Kunstschule eingerichtet worden, in der Kurse in allen genannten künstlerischen Bereichen stattfinden. Auch der grafischen Gestaltung unserer Verpackungen und Broschüren liegt ein künstlerischer Impuls zugrunde. Weil es sich hier um Dinge handelt, die nach außen gehen und in der Welt zeigen, wer wir sind, ist die Kunst hier besonders wichtig. In Ägypten ist es nicht möglich, alles gegen Nachahmung zu schützen, und manchmal freut es mich auch zu

Mitarbeiter zeigen ihre Arbeiten aus den Fortbildungskursen, 1987

sehen, wie etwas Schönes von SEKEM nachgemacht wird. Unser Design wird oft kopiert und die Käufer verwechseln dadurch natürlich manchmal die Produkte, weil sie einander zu ähnlich sind. Doch das muss dann für uns ein Ansporn sein, etwas noch Schöneres zu gestalten.

Ich sehe SEKEM wie ein schönes Gemälde und die Farm wie den passenden Rahmen dafür. Dieses Gemälde wird belebt durch die verschiedenen Farbnuancen, die unsere Sekem-Mitarbeiter einbringen. Zahlreiche Besucher bedanken sich nachträglich für die Hoffnung, die sie während ihres Besuches geschöpft haben, sie bedanken sich, dass es SEKEM gibt. Sie erzählen es weiter und so strahlt SEKEM aus. Durch unser künstlerisches Tätigsein entsteht ein schöner Garten.

Feste feiern

Im Islam gibt es fünf religiöse Hauptfeste im Jahr und fünf Gebetszeiten am Tag. Die Zeiten der Feste sind beweglich, denn sie richten sich nach dem Mondenmonat, der sich jedes Jahr um elf Tage verschiebt und 33 Jahre benötigt, um wieder in der gleichen Konstellation zu erscheinen. Das heißt, dass die Feste durch das ganze Jahr wandern. Die Gebetszeiten richten sich nach dem Sonnenlauf. Fünfmal am Tag beten wir Moslems nach der Sonnenzeit. So erleben wir im Islam einen ständigen Zusammenklang von Sonnen- und Mondenrhythmen.

Weil mir schien, dass in der Bevölkerung das Bewusstsein für die geistigen Hintergründe der Feste verloren gegangen ist, begann ich sie näher zu erforschen.

Der Monat Ramadan ist im Islam der Fastenmonat. Einen Monat lang sollen die Gläubigen von Sonnenaufgang bis Sonnenuntergang keine Speisen und Getränke zu sich nehmen. Der Fastenmonat Ramadan ist heute zu einer Festeszeit geworden, in der mehr gegessen wird als in anderen Monaten. Gegen Ende, am 27. Ramadan wird die »Heilige Nacht« gefeiert. In ihr wird der ersten Koraninspiration des Propheten Mohammed – Gebet und Friede sei über ihm – gedacht, der als Vierzigjähriger zurückgezogen in einer Höhle meditierte, als ihm der erste Vers der ersten Sure des Koran offenbart wurde: »Lies die Namen, die dein Herr erschuf« (heute in den üblichen Koranübersetzungen Sure 96). Die Weisheit des Koran spricht aus den Worten des Propheten. So kann dieses Fest auch als Fest der Weisheit beschrieben werden. Für die Feste haben wir in SEKEM nach neuen Gestaltungsmöglichkeiten gesucht. Gemeinsam dichteten und komponierten wir Lieder, die den geistigen Gehalt des Festes zum Ausdruck bringen. Zum Fest werden diese Lieder in Schule und Betrieben gesungen. Koranrezitation und Musik, vertiefende Worte zum religiösen Hintergrund und eine Schüleraufführung vervollständigen das Fest und geben ihm seinen tieferen kulturellen Wert zurück. Das Lied für die »Heilige Nacht« heißt »Die Nacht des Ereignisses«.

Auch der Fastenmonat selbst wird mit einem Lied begleitet, welches zur Ermutigung und Erkraftung des Fastens aufruft.

Ein weiteres islamisches Fest ist die Himmelfahrt des Propheten. Der Prophet ritt in der Nacht auf seinem Schimmel »Boraq« von Mekka nach Jerusalem. Vom Felsenstein stieg er auf zu den sieben Himmelstoren. Auf seinem Weg begegnete er allen Propheten. Im höchsten Himmel erblickte er am Ende des Weges einen von Licht überstrahlten Sykomorenbaum. Aus diesem Erlebnis überbringt der Prophet die fünf Gebete als Geschenk des Himmels für die Menschen. Ich meditierte lange darüber, was uns dieses Ereignis sagen soll, und entdeckte, dass ein Zusammenhang der Gebetszeiten mit den Wachstumsprozessen der Pflanzen besteht (siehe auch das Kapitel »Die Anbeter der Sonne«). Der Prophet nahm in dem von Licht überstrahlten Baum die Lebensrhythmen der Pflanzen wahr. Der Moslem schließt sich beim Gebet an diese lebendigen Wachstumsprozesse an. Das Lied zur Himmelfahrt des Propheten Mohammed – Gebet und Friede sei über ihm – hat eine andächtige Stimmung voll Lob und Dank und heißt: »Gelobt sei Allah.«

Der islamische Gebetsritus vollzieht sich in einer Folge von bestimmten Stellungen und Bewegungen, in denen sich der Mensch in einen fortwährenden Kreislauf stellt zwischen Himmel und Erde. Zur Eröffnung des Gebetes werden die Hände in einem leicht nach oben geöffneten Winkel hinter die Ohren gehalten – eine lauschende, sich nach oben öffnende Gebärde. Der Mensch erhebt sich zum Göttlichen, indem er in dieser Stellung ausspricht »Allahuakbar« (Allah ist der Größte). Dann legt er seine Hände auf die Region des Sonnengeflechts, wobei die rechte Hand überkreuzend die linke greift. Diese Stellung kommt einer starken Konzentration und Haltekraft gleich, die auf eine sehr sensible Stelle im Körper weist. Das Sonnengeflecht, auch unsere »innere Sonne« genannt, bildet die Körpermitte. Von hier strahlt es nach zwei Richtungen aus: in die Brust und Hauptesregion, in welcher die Lichtkräfte beheimatet sind und das Bewusstsein angesiedelt ist, und in den Stoffwechsel-Gliedmaßenpol, in dem die warmen, chaotischen Naturkräfte wirksam sind. Der Mensch befindet sich in Harmonie, wenn diese beiden polaren Richtungen ihre Verbindung im Sonnengeflecht finden. In dieser Stellung wird im Gebetsverlauf der Koran rezitiert. Danach berühren die Hände die Knie, ein Gelenk, das eine Verbindungsfunktion symbolisiert. Danach begibt sich der betende Mensch wieder in die Horizontale, um sich dann ganz auf die Erde herunterzubeugen und mit Stirne, Händen und Knien die Erde zu berühren. Bei diesem Vorgang senkt sich der Lichtpol in den unteren Wärmebereich herein, um sich mit den von der Erde entgegenkommenden Kräften zu verbinden. Das Herunterbeugen zur Erde ist wie ein liebevolles In-die-Erde-Hineinsinken.

Diese beschriebene »Raqaa« (Gebetsabfolge) wird je nach Gebetszeit zwei- bis viermal wiederholt. Das Gebet schließt ab mit dem Glaubensbekenntnis und dem Friedensgruß an die Engel zur rechten und zur linken Seite.

Alle Moslems der Welt bilden beim Gebet, indem sie nach Mekka gewendet sind, Kreise über die ganze Welt.

Nach dem Fest der Himmelfahrt vollzog sich die Wendung der Gebetsrichtung von Jeruslem nach Mekka, zur Kaaba, dem Meteoreisenstein, der 2600 Jahre vor der Zeitenwende von Abraham und Ismael aufgerichtet wurde. Das Eisen ist Symbol der Willenskraft, und so ist diesem Fest ein Willenscharakter eigen, was auch in unserem Lied zum Ausdruck kommt: »Unser Wille ist stark wie Eisen...«

Das größte Fest ist das Opferfest. Es ist ein Fest, das uns an das Opfer erinnert, das Abraham seinem höchsten Herrn brachte. Sein Sohn Ismael soll geopfert werden. Da kommt der Teufel zu Abraham und sagt: »Woher weißt du, dass es eine Eingebung Allahs ist? Es könnte doch auch nur ein Traum sein.« Zweifel zieht in Abrahams

Feste feiern

Herz. Aber er ergreift sogleich sieben Steine von der Erde und wirft sie auf den Teufel. Der Teufel kommt auch zu Abrahams Frau Hagar und zu Ismael und der Zweifel zieht auch in deren Seelen ein. Aber immer wieder ist die Reaktion die gleiche: Widerstand gegen die Versuchung. Die Menschen, die der rechten Leitung Allahs folgen, wissen sich zu schützen. Die Geste des Gewahrwerdens des Versuchers gibt es in der christlichen Welt als Motiv des Kampfes Michaels mit dem Drachen. So feiern wir zum Opferfest diese in der Terminologie des Abendlandes michaelisch wirkende Tat. Jeder, dem es möglich ist, die Pilgerfahrt zu machen, steht in Mekka an jener Stelle, wo das beschriebene Ereignis vor mehr als 4000 Jahren geschah, nimmt Steine in die Hand und bewirft damit den Teufel. Das Lied vom Opferfest handelt von dem uneingeschränkten Vertrauen Abrahams in Allah: »Zu Dir strebe ich hin...«

Mit der Begründung der islamischen Gemeinschaft (Umma) beginnt die islamische Zeitrechnung. Die Gemeinschaft soll sich im Namen Allahs vereinen. Am 16. Juli 622 floh der Prophet von Mekka nach Medina (Hidschra) und bildete dort eine Gemeinschaft, die im Namen Allahs lernt, arbeitet und sozialen Umgang pflegt. Es ist das islamische Neujahrsfest. Ein altes, traditionelles Lied, das alle Moslems jeden Alters kennen, zeugt von diesem Ereignis: »Talaa al bedru...«

Zwei weitere Feste werden auf SEKEM gefeiert: eines im Herbst, das andere im Frühjahr. Das Frühjahrsfest findet am Tag meines Geburtstags statt, aber nicht, um meine Person zu feiern, sondern stellvertretend dafür, dass jeder Mensch einen Gedenktag hat, an dem seine Individualität ins irdische Dasein eingetreten ist. Das Frühjahrsfest ist somit ein Fest der Individualität. Alle Kinder und Mitarbeiter der Betriebe und der Verwaltung versammeln sich im großen Amphitheater bei Musik, Eurythmie oder einem Theaterspiel und vielen Ansprachen und Darbietungen der Mitarbeiter. Das Thema dabei ist, sich selbst im Licht einer Gemeinschaft zu sehen. Es sind Übungen für den Menschen, sich selbst ernst zu nehmen, sich als selbstständiges Glied der Gemeinschaft zu fühlen und sein Eigenwesen innerhalb des Kreises zu stärken. In einer kulturellen Umgebung, in der die Gruppenhaftigkeit noch eine starke Rolle spielt, ist das ein wichtiger Aufwachprozess.

Beim Herbstfest, an dem die Gründung von SEKEM gefeiert wird, stellen sich die Firmen und die Schulgemeinschaft als Gesamtheit vor: Alle Mitarbeiter treten auf die Bühne; dann trägt einer vielleicht ein selbstgeschriebenes Gedicht vor, in dem er erzählt, was innerhalb der Landwirtschaft auf SEKEM geleistet wurde. Das haben alle Mitarbeiter gemeinsam geschafft, weil sie zusammengearbeitet haben, es ist nicht das Ergebnis eines Einzelnen. Und doch ist der Einzelne wichtig. Deshalb werden an diesem Festtag auch besondere Leistungen gewürdigt oder Jubiläen gefeiert. Mitarbeiter erhalten nach sieben Jahren Mitarbeit bei uns die goldene Ehrennadel von SEKEM.

Es ist jedes Mal ein erhebendes Erlebnis für mich und die zahlreichen Gäste, wenn die nun bald zweitausend Menschen im Theater versammelt sitzen.

Islamforschung

Mit dem Priester Michael Heidenreich von der »Christengemeinschaft« verbindet mich eine tiefe Freundschaft. Auf gemeinsamen Reisen durch Südwest- und Südafrika lernten wir uns näher kennen. Sein Interesse gab mir Gelegenheit, ihm von den Grundlagen des Islam zu erzählen. Immer wieder bewegten wir in Gesprächen christliche und islamische Themen. Gemeinsam planten wir eine Seminarwoche zum Thema »Christentum und Islam« in Deutschland. Auf diesem Seminar lernte ich dann auch den Theologen Wilhelm Maas kennen, der sich intensiv in Fragen des Islam eingearbeitet hatte. Wilhelm Maas zog für ein Jahr nach SEKEM und wir arbeiteten eine Zeit lang eng zusammen. Seither wirke ich regelmäßig an Seminaren in Europa mit, die einem vertiefenden und erweiternden Verständnis des Islam dienen.

Zur Vorbereitung auf diese Aufgabe hatte ich meine Mitarbeiterinnen Martina Dinkel und Regina Hanel gebeten, mir bei einer deutschen Übersetzung und Auslegung des Koran behilflich zu sein. Regelmäßig trafen wir uns über zehn Jahre hinweg und begannen gemeinsam den Koran zu erforschen. Parallel dazu studierte ich viele andere Koranübersetzungen. Für unsere Interpretation beschäftigte ich mich auch intensiv mit spirituellen Aspekten und wir bemühten uns, den Koran in seiner Einzigartigkeit zu erfassen. Insgesamt sehe ich meinen Beitrag in einer Reihe anderer Bemühungen im islamischen Kulturkreis, die mir heute den Eindruck vermitteln, dass der Islam vor einer grundlegenden Reform steht. Die islamische Welt und damit auch Ägypten vermisst eigentlich etwas Vergleichbares, was einst Martin Luther für den christlichen Kulturkreis geleistet hat. Das ganze Schicksal der gegenwärtigen Welt scheint mir auf diese Aufgabe hinzudeuten. Für weite Teile der Welt bedeutet es ein Rätsel, was dieser Islam eigentlich will und was er bedeutet. Dieser ganze Hintergrund soll durch unsere Arbeit deutlicher werden.

3. SEKEM
Soziale Prozesse
Neue Formen der Zusammenarbeit

Der Rechtsbereich durchzieht alle Wirtschaftsbetriebe und kulturellen Einrichtungen auf Sekem, denn die einzelnen Bereiche sind nicht abgeschlossen, sondern treten in einem lebendigen Organismus in ständige Wechselwirkung miteinander. Die kulturellen Einrichtungen könnten nicht ohne wirtschaftliche Aspekte, und die Wirtschaftsbetriebe nicht ohne Bildungsfragen existieren. Alle drei Bereiche weben ineinander, obwohl sie jeweils eigenständig sind.

Für viele Zusammenkünfte auf SEKEM vom täglichen Arbeitsbeginn bis zum gemeinsamen Wochenabschluss ist die Kreisform charakteristisch. Am Morgen stehen die Mitarbeiter jedes Betriebes

Großer Mitarbeiter-Kreis

Neue Formen der Zusammenarbeit

zum gemeinsamen Beginn beisammen. Jeder teilt den anderen stichwortartig mit, was er im Verlauf des anstehenden Tages tun wird. Am Ende der Woche versammeln sich alle Betriebe und die pädagogischen Einrichtungen. Der Kreis vermittelt das Bild der Gleichberechtigung im sozialen Miteinander. In einem Kreis zu stehen oder zu sitzen weist auf die Gleichheit aller Anwesenden hin, eine Gleichheit, die sich aus der Würde aller menschlichen Wesen ergibt. Der Einzelne erlebt sich als Teil einer Gemeinschaft Gleicher und sieht sich aufgerufen, bei seinen Handlungen den anderen neben sich zum Wohle des Ganzen mit ins Bewusstsein zu nehmen. Dabei geht er Verpflichtungen gegenüber seinen Mitmenschen ein. Gleichzeitig hat jeder Einzelne als Gleicher aber auch sich selbst gegenüber den anderen zu vertreten, das heißt, er hat das Recht, von seinen Mitmenschen in ihr Bewusstsein aufgenommen zu werden. Die daraus entstehenden Handlungsvereinbarungen können wiederum nur in Gleichheit, also in gemeinsamer Absprache eingeführt oder verändert werden.

Ich lernte ganz allmählich, dass viele Menschen, mit denen ich umging, die Zeit anders erlebten. Aus einer solchen Bewusstseinshaltung heraus kann man aber nicht planen, keine Ziele setzen, nicht analysieren, nicht korrigieren und nicht reflektieren. Die mir entgegenkommende Herzlichkeit aber machte die Verwirklichung aller neuen Ideen leichter.

Zur Organisation der sozialen Prozesse gründeten wir vor einigen Jahren eine Kooperative für Mitarbeiter, die Cooperative of SEKEM Employees (CSE). Sie ist ein eigenständiges Rechtsorgan, das alle Wirtschaftsbetriebe und kulturellen Einrichtungen durchzieht. Die Einrichtung der CSE bedeutete eine große Neuerung. Die Menschen um mich herum hatten sich daran gewöhnt, dass ich alle sozialen Fragen und Streitigkeiten selbst als Autorität regelte und ordnete. Mit der Zeit wurden diese Aufgaben von anderen übernommen. Sie sahen und ergriffen die Chancen, die die neu eingerichteten Rechtsformen ihnen boten, und wuchsen in ein selbstbewusstes Handeln hinein. Heute haben wir auf SEKEM qualifizierte Sozialpädagogen, Psychologen und Juristen, die ihre Hauptaufgabe darin finden, soziale Formen zu schaffen und zu pflegen. Um welche Formen handelt es sich dabei nun konkret?

War ich zu Anfang froh, wenn sich ein Mensch zu mir in die Wüste »verirrte« und bereit war, ein paar Tage oder Wochen bei mir zu bleiben, so stehen heute Hunderte am Tor, die in SEKEM Arbeit suchen. Die erste Abteilung der CSE kümmert sich daher heute um die Einstellung neuer Mitarbeiter. Haben die Menschen ihre Zusage, so werden ihre Rechte und Pflichten mit ihnen besprochen und es wird ein Vertrag abgeschlossen, der auch die verschiedenen Aspekte der Sozialversicherung berücksichtigt.

Damit sind aber die Aufgaben dieser Sozialarbeiter noch nicht erschöpft. Sie erfassen weitere Daten der Mitarbeiter, ihren Familien-, Gesundheits- und Bildungsstand, ihre Bedürfnisse und Nöte. Aus dieser Grundlage formt sich ihnen ein Gesamtbild aller Mitarbeiter auf SEKEM. Aus dem Blick auf den Bildungsstand einiger Mitarbeiter regen sie dann beispielsweise Weiterbildungen an, zum Beispiel Englischunterricht für Menschen, die für ihre Korrespondenz eine Fremdsprache brauchen. Wenn es viele Neueinstellungen gab, sorgen sie dafür, dass diese neuen Mitarbeiter über die Grundlagen von SEKEM informiert werden. Um den Nöten und Bedürfnissen des Einzelnen gerecht zu werden, wurde außerdem ein Sozialfond eingerichtet, in den alle Mitarbeiter monatlich einen Betrag einzahlen und aus dem dann jeder bei einer Heirat, einer Geburt oder einem Todesfall eine zusätzliche finanzielle Unterstützung erwarten kann.

Auf SEKEM gibt es Dinge, die grundsätzlich (aus Sicherheitsgründen) verboten sind wie insbesondere das Rauchen. Rauchen ist darüber hinaus auch schädlich für die Gesundheit. Hier haben wir gute Erfahrungen mit gesundheitlichen Aufklärungsveranstaltungen gemacht, die im Rahmen der wöchentlichen Mitarbeiterstunden stattfinden können. Mediziner, Psychologen und Suchtberater arbeiten auf diesem Feld zusammen.

Die beschriebene Abteilung der CSE kümmert sich auch um die Arbeitsbedingungen der Angestellten auf SEKEM. Sie gehen durch die Betriebe und sprechen mit den Mitarbeitern und achten darauf, wo durch die besonderen Bedingungen des Arbeitsplatzes möglicherweise ein Mangel auftritt oder die Gesundheit gefährdet wird, beispielsweise durch das Einatmen von Staub. Dann regen sie Änderungen an und es entstehen zum Beispiel neue Filteranlagen. Aus dieser Gruppe kam vor einiger Zeit auch der Vorschlag, Kühltrinkwasserbehälter für die Mitarbeiter aufzustellen.

Eine weitere Aufgabe der Arbeiterkooperative ist die Verbesserung der Lebensbedingungen der Arbeiter. Hier fehlte es am Nötigsten: Sie sorgte dafür, dass im Umfeld von SEKEM Straßen asphaltiert wurden, dass Telefone montiert und ein Postamt gebaut wurde. Ein enormes Problem stellten die hygienischen und sanitären Bedingungen der Arbeiter und ihrer Familien dar. Aufgrund mangelhafter Infrastruktur nahmen die Menschen um SEKEM herum verunreinigtes Trinkwasser zu sich. Mit Unterstützung der Europäischen Union konnte dann eine große Wasseraufbereitungsanlage gebaut und Wasser in alle Hütten geleitet werden. Auch einfache Toiletten entstanden im Rahmen dieser Initiative. So entstand allmählich ein eigenes Dorf SEKEM mit einem Dorfrat und einer Polizeistation.

Hatte die erste Rechtsabteilung der CSE die Aufgabe, den Einzelnen zu begleiten und zu betreuen, kümmert sich ein zweiter Bereich um Fragen des sozialen Miteinanders und tritt bei Streitigkeiten als Schlichter auf den Plan. Wir regeln es auf SEKEM so, dass bei Schwierigkeiten eines Betriebes oder einer kulturellen Einrichtung ein unabhängiger Mitarbeiter eines anderen Betriebes sich die Probleme anhört, diese hinterfragt und spiegelt. Die Erfahrung zeigt, dass sich allein durch dieses Vorgehen bereits viele Probleme lösen lassen.

Auf der Ebene der Betriebsmanager ist dieses einfache Coaching-Verfahren jedoch nicht möglich, weil die Probleme oft weitreichender sind. Treten auf dieser Ebene Konflikte auf, so kommt ein speziell geschulter Mitarbeiter der CSE ins Spiel, der mit den Managern spricht.

Seit einigen Jahren haben wir auf SEKEM ein Verfahren eingeführt, das »Key Performance Indicator« (KPI) genannt wird. Es handelt sich um eine innerbetriebliche Leistungseinschätzung der Angestellten, ein Evaluierungsverfahren, bei dem jeder Mitarbeiter nach objektiven Maßstäben beurteilt wird: Dabei vereinbart ein von allen als integer angesehener Sozialpädagoge mit jedem einzelnen Mitarbeiter ein Ziel, mit dem dieser sich selbst identifizieren kann und aus dem sich seine Pflichten ergeben. Nun wird monatlich gemeinsam angeschaut, ob das gesteckte Ziel erreicht wurde, beziehungsweise, warum dies bei eventuellen Mängeln nicht gelungen ist, ob der Mitarbeiter für den Arbeitsplatz überhaupt geeignet ist oder ob gewechselt werden sollte. Mit diesen Gesprächen verbunden sind verschiedenste Schulungsprogramme. So werden die Menschen angespornt, ihre Aufgaben immer bewusster zu greifen. Bei den Besprechungen über die Leistungseinschätzung des KPI wird den Mitarbeitern immer wieder der Koranspruch nahe gebracht, in dem Allah sagt: »Arbeitet, denn Allah, der Prophet und die Gläubigen sehen Euer Tun!« Dies bedeutet einen ständigen Ansporn für die Menschen, sich weiter zu entwickeln.

Im Rahmen der CSE wird auch Forschung betrieben. Diesem Forscherkreis gehören Professoren der unterschiedlichsten Fachgebiete und Politiker an. Auch Mahmoud Sherif, der Leiter der SEKEM-Akademie, nimmt daran teil. Diese Forschergruppe beschäftigt sich mit grundsätzlichen Rechtsfragen und erarbeitet in vielen Besprechungen neue Formen des sozialen Miteinanders.

Das SEKEM-Gewebe

Seitdem ich die ersten Mitarbeiter, ägyptische wie europäische, gefunden hatte, war ich mit der Frage umgegangen, wie diese wachsende Gemeinschaft lebendig gehalten werden und wie sie sich dynamisch entwickeln könnte. Ein schöner Ausspruch von Goethe deckt sich mit meinem eigenen höchsten Wunsch in Bezug auf das soziale Miteinander. Goethe sagt: »...und keine Zeit und keine Macht zerstückelt geprägte Form, die lebend sich entwickelt.« Dies trifft genau das Ideal einer Menschengemeinschaft, die durch ihre ständige Entwicklungsbereitschaft eben jene geistige Lebendigkeit aufbringt, die durch keine Macht der Welt zerstört werden kann.

Ich gestehe, dass mich von der Gründung SEKEMS bis heute die Frage beschäftigt, unter welchen Bedingungen sich diese geprägt-lebendige und lebendig-geprägte Form ergibt und wie sie dynamisch bleiben kann.

Zu einer lebendigen Form bedarf es der Hilfe der geistigen Welt und diese erschließt sich Menschen, die sich für ihre Inspirationen durch eigene geistig-gedankliche Arbeit ansprechbar machen. Deshalb gibt es unter den Mitarbeitern, seit SEKEM existiert, eine kontinuierliche geistige Arbeit. Diese ständige geistige Bemühung strahlt in all unsere Tätigkeitsbereiche aus und bildet einen tragfähigen Grund für das, was SEKEM werden möchte.

Die geprägt-lebendige und lebendig-geprägte Form einer Menschengemeinschaft konkretisierte sich in mir zu einer Art »Lebensgewebe«. In den ersten Jahren lebte dies nur in mir. Im Laufe der Zeit wurden aber die Kreuzungspunkte dieses Gewebes zu den Aufgaben und Tätigkeitsgebieten vieler Menschen, die alle ihren Beitrag zum Gelingen des gesamten Unternehmens leisteten und leisten, in dem Bewusstsein, ein Glied des Ganzen zu sein.

Vom ersten Tag an war es mir wichtig, überall an den Verknüpfungspunkten dieses Netzes Menschen einzusetzen. Auch wenn sie ihre Aufgabe noch nicht beherrschten, war durch ihre Tätigkeit doch ein Platz geschaffen, und ich war sicher, dass sie in diese geschaffenen Räume durch ständiges Üben hineinwachsen könnten oder dass irgendwann ein Mensch käme, der mit seinen Fähigkeiten diese Stelle optimal besetzen würde. Das Schaffen solcher Institutionen ist eine wichtige Realität. Wenn sie vorhanden sind, können sich die Einrichtungen leichter weiterentwickeln.

Dieses Lebens-Menschengewebe ist aus einem Menschen entstanden, mit dem alles begann. Dann differenzierte es sich, indem die Aufgaben auf viele übertragen wurden. Und es wird weiter wachsen. Im Laufe der Zeit ist das Gewebe SEKEM reicher und das Geflecht der Fäden feiner geworden, weil sie inzwischen von immer mehr Menschen gebildet werden.

Die Holding

Um die mittlerweile entstandene SEKEM-Firmengruppe noch effizienter zu gestalten und die Synergien der Kooperation zwischen den einzelnen Firmen zu nutzen, entschlossen wir uns 2001, eine Holding zu gründen. Diese Holding sollte das gesamte Firmenkapital verwalten, aber auch viele andere Entwicklungsaufgaben wahrnehmen. Wir nennen unsere Holding intern

»das Entwicklungszentrum«. Ständiges Verbessern und Entwickeln sind die Hauptmerkmale überlebensfähiger Unternehmen, und jeder weiß, wie schwer das ist. Deshalb haben wir eine Abteilung, die sich nur die Aufgabe gesetzt hat, den einzelnen Firmen bei diesem Entwicklungsprozess behilflich zu sein. In der Wirtschaftsfachsprache spricht man hier von »Business development«. Aber auch die ständige Betreuung unserer Mitarbeiter durch Schulungen und Trainingsprogramme wird in unserem Entwicklungszentrum wahrgenommen. Der Fachbegriff hierfür lautet »Human resource development« (Personalentwicklung).

Da wir es uns zum Ziel gesetzt haben, in allen Arbeitsbereichen und auch allen Geschäftsfeldern, auf denen wir aktiv sind, immer den höchstmöglichen Qualitätsansprüchen gerecht zu werden, ist das Entwicklungszentrum auch für das »Total Quality Management« in allen Firmen verantwortlich. Alle unsere Produkte und Dienstleistungen unterliegen strengen, international anerkannten Qualitätsrichtlinien wie beispielsweise den Demeter-Richtlinien, der Bio Swiss (ökologische Anbaurichtlinien), dem National organic programm der USA, verschiedenen EU Richtlinien, ISO 9001 (Qualitätsmanagement-System), ISO 1400 (Umweltmanagement-System), den HACCP (Hazardous critical control points, System für Nahrungsmittelsicherheit), der GMP (Good manufacturing praxis, System für Pharma Unternehmen), Euro GAP (good agriculture Praxis, Landwirtschaftliches Dokumentationssystem) oder faire trade (Inspektion und Zertifizierungssystem für fairen Handel). All diese Standards werden von der Holding initiiert, eingeführt und permanent überwacht.

Wir sind überzeugt, dass sich nur durch intensive Vernetzung auf lokaler und regionaler, nationaler und internationaler Ebene eine Initiative wie SEKEM langfristig halten kann. Die verschiedenen Qualitätsrichtlinien sind wichtige Instrumente dabei.

Das Entwicklungszentrum ist auch für unsere Öffentlichkeitsarbeit und die Kommunikation mit unseren Partnern, Kunden, Regierungsstellen und sonstigen Kontakten zuständig und koordiniert alle unsere Aktivitäten in diesem Bereich. Die moderne Informationstechnologie ist dabei ein wichtiges Werkzeug, um sowohl interne als auch externe Kommunikationsprozesse effizienter und schneller zu gestalten. Daher sind wir immer auf der Suche nach der bestmöglichen Technologie, die unseren Bedürfnissen angemessen ist.

Wir wollen lernend arbeiten und arbeitend lernen. Mit den oben erwähnten Aktivitäten bemühen wir uns, eine arbeitende und lernende, also eine lebendige Organisation zu sein und zu bleiben – das ist ein nie endender Prozess!

Als ich Sekem gründete, hatte ich als einzelner Unternehmer angefangen. In der Welt der Wirtschaft ist es üblich, das, was ein Unternehmer aufbaut, als seinen Privatbesitz anzusehen. Seinen Besitz kann er auch vererben. Diese Sichtweise erscheint mir nicht mehr ausreichend und nicht passend für SEKEM. Meiner Überzeugung nach kann man zwar ein Haus, das man gebaut hat, verkaufen oder seinen Nachkommen vererben, nicht aber ein Unternehmen mit vielen hundert Mitarbeitern. Seit langem gingen meine Überlegungen deshalb dahin, andere Formen bis in rechtliche Strukturen hinein zu finden, um diese Fragen zu lösen. Langfristig sehen wir heute als Ziel vor uns, unser Kapital zu neutralisieren. Das bedeutet, das Eigentum der Initiative soll kein Privateigentum mehr sein, sondern in den Dienst der SEKEM-Ziele gestellt werden. Zu diesem Zweck wird eine Stiftung gegründet, der wir unsere gesamten Produktionsmittel übertragen.

Das Leitbild von SEKEM

Jedes Jahr findet im Rahmen einer mehrtägigen Besinnung auf die Ziele von SEKEM ein Seminar statt, das in der Formulierung eines Leitbildes gipfelte. Es entstanden einige Grundsätze, die für uns nach wie vor wichtig sind und die wir regelmäßig gemeinsam aktualisieren:

»Wir wollen soziale Formen miteinander leben, durch die die Menschen ihre Würde gespiegelt sehen und in ihrer Entwicklung ständig nach einem höheren Ideal streben. Der Entwicklungsimpuls für den Menschen, die Gesellschaft und die Erde ist dabei unser Hauptziel. SEKEM will, inspiriert von höheren Idealen, zur umfassenden Entwicklung von Mensch, Gesellschaft und Erde beitragen. Das Zusammenwirken von wirtschaft-

lichen, sozialen und kulturellen Aktivitäten wird durch Wissenschaft, Kunst und Religion befruchtet.

In den Wirtschaftsunternehmen hat sich SEKEM Ziele gesetzt:
- *Gesundung der Erde durch die Anwendung der biologisch-dynamischen Wirtschaftsweise.*
- *Entwicklung und Herstellung von Heilmitteln und aller Arten von Produkten und Dienstleistungen, die den wirklichen Bedürfnissen der Verbraucher entsprechen und höchsten Qualitätsansprüchen genügen.*
- *Vermarktung in assoziativer Zusammenarbeit zwischen Bauern, Produzenten, Händlern und Verbrauchern.*

Im Kulturellen soll die individuelle Entwicklung des Menschen gefördert werden. Erziehung zur Freiheit ist das Ziel der SEKEM-Ausbildungsbetriebe für Kinder, Jugendliche und Erwachsene. Gesundheitsvorsorge und Therapie mit natürlichen Heilmitteln. In der SEKEM-Akademie für angewandte Kunst und Wissenschaft wird an Lösungen für wesentliche Fragen aus allen Lebensbereichen geforscht und gelehrt.

Im Sozialen gestaltet SEKEM mit Menschen aus aller Welt eine Gemeinschaft, die die individuelle Menschenwürde anerkennt, die lernendes Arbeiten und arbeitendes Lernen ermöglicht und Gleichheit im Rechtsleben realisiert.«

Dieses Leitbild liegt zwar gedruckt vor, aber ich glaube nicht, dass auch nur das Geringste davon verwirklicht werden könnte ohne eine tägliche, konkrete Verbindung mit der geistigen Welt. Die wirkliche Pflege des geistigen »Wesens SEKEM« ist es, die die Wachheit für menschliche Begegnungen hervorruft. Jeder, der zu uns kommt und lernen will, wird von uns angenommen, und wir versuchen, seine Fähigkeiten und Begabungen einzugliedern. Er sollte dasjenige, was hier gewachsen ist, anerkennen und bereit sein, sich an dem gemeinsamen Entwicklungsprozess zu beteiligen. Und weil ich weiß, dass dieses Werk nicht mein Werk allein ist, bin ich voller Dankbarkeit allen gegenüber, die mit mir dieses »SEKEM-Wesen« weiter pflegen.

Ausblick: Der Hügel

Auf der Farm wollte ich einen Hügel, der nie bebaut werden sollte, freihalten. Ich nannte ihn den Ruhehügel. Er blieb über viele Jahre wie ein Denkmal für die Wüstenlandschaft erhalten, wie ich sie hier anfangs vorgefunden hatte. An diesem Hügel sollte ursprünglich auch mein Grab errichtet werden. Aber als ich einmal allein dort stand, dachte ich: »So eine besondere Stelle ist viel zu schön für ein Grab; hier sollten sich eigentlich viele Menschen erfreuen!« Einen solchen Platz, wo sich alle Mitarbeiter SEKEMS versammeln und wahrnehmen könnten, fehlte uns noch. Und so ließ ich an diesem Hügel durch große Bagger das Amphitheater entstehen, in dem heute die vielen SEKEM-Feste für die Mitarbeiter, Theater und Eurythmieaufführungen und musikalische Veranstaltungen stattfinden und das mehr als 1500 Plätze hat.

»Und wo soll nun dein Grab sein?«, hatte mich damals Elfriede Werner gefragt, als sie die Erdarbeiten für das Theater beginnen sah. Gemeinsam waren wir dann über die Farm gegangen und hatten einen neuen Platz gesucht, aber keinen gefunden. Bei den einfacheren Menschen in Ägypten ist eine Grabstelle auf einem Friedhof nicht üblich, und deshalb wollte ich auch hier ein Beispiel für einen würdigen Erdenabschied geben. Eines Tages, als ich nach den Bienen schaute, fiel mir auf, an welch schönem, ruhigen Ort sie doch standen. Ich dachte mir, dass die Bienen sicher auch woanders untergebracht werden könnten, und begann, an dieser Stelle ein Grab in altägyptischen Formen bauen zu lassen: mit einem Aufweg nach Westen, aus goldgelben Quadern gemauert. Im Norden schloss sich eine Kapelle mit gewölbtem Dach an, in die das von Allah Anvertraute hineingetragen werden kann. Auf die gelben Steinwände wurden Sprüche aus dem Koran aufgetragen, die die Reinkarnation des Menschen zum Inhalt haben. Diese Sprüche lauten: »Wie könnt ihr Allah verleugnen, wo ihr tot wart und Er euch lebendig gemacht hat? Dann lässt Er euch sterben und macht euch wieder lebendig, und dann werdet ihr zu ihm zurückgebracht« (Sure 2 »Die Kuh«, Vers 28). »Haben sie denn nicht gesehen, wie Allah die Schöpfung am Anfang hervorbrachte und sie dann wiederholt? Dies ist für Allah ein leichtes« (Sure 29 »Die Spinne«, Vers 19). »Wir, ja Wir ma-

chen die Toten wieder lebendig. Und Wir schreiben auf, was sie vorausgeschickt haben und auch ihre Spuren. Alle Dinge haben Wir in einer deutlichen Anzeigeschrift erfasst« (Sure 36 »Jasin«, Vers 12).
»O du Seele, die du Ruhe gefunden hast, kehre zu deinem Herrn zufrieden und von seinem Wohlgefallen begleitet zurück. Tritt in die Reihen meiner Diener ein, und tritt ein in mein Paradies« (Sure 89 »Die Morgenröte«, Vers 27).

An der östlichen Mauer findet sich ein Spruch von mir.
Er lautet:

»Wenn ich sterbe, oh Herr,
werde ich zu Dir zurückkehren.
Ich säte die Samen in Deinem Namen,
und von Dir kommt die Ernte.
Ich entzündete diese Kerze,
oh Herr, bewahre ihr Licht vor den Finsternissen der Welt.«

Mein Vater hatte stets an der Entwicklung von SEKEM Anteil genommen, uns öfter besucht und sich damit abgefunden, dass sein Sohn seine eigenen Wege ging. Die großen Ideen, die ich mit dem Aufbau verband, konnte ich nicht mit ihm teilen, aber von meinem Optimismus und manch fröhlichen Ereignissen berichtete ich ihm gern. Er hat es übrigens nie ganz aufgegeben, mich in liebevoll väterlicher Sorge doch noch davon überzeugen zu wollen, dass etwas anderes für mich besser wäre, und schlug mir immer wieder Alternativen zu meiner Tätigkeit auf SEKEM vor. Zuletzt sagte er überall viel Gutes über SEKEM und schätzte mich sehr. Unsere Beziehung war von hohem gegenseitigem Respekt geprägt. Ich sprach ihn mit Sie an und küsste ihm die Hand. Er starb Ende des Jahres 1982.

Auch meine Mutter hat die Entwicklung SEKEMS mit ganzem Herzen begleitet. Ich besuchte sie häufig, ebenso wie sie uns. Nach dem Fest zur Einweihung unserer Schule war sie auf mich zugekommen mit den Worten: »Ich bete viel für dich, mein Sohn. Ich bete stets: Mögen alle deine Wünsche in Erfüllung gehen. Hier in SEKEM scheint es so zu sein wie beim Propheten Abraham in der

Wüste, der so viele Menschen um sich scharte und Segen verbreitete.« Zuletzt wurden die Fahrten nach SEKEM für sie sehr beschwerlich. Dabei hatten sich allmählich die Zufahrtswege im buchstäblichen Sinne geebnet, so wie sie immer für mich gebetet hatte: »Mögen alle deine Wege sich ebnen.« Bei einem weiteren, allzu überschwänglichen Gebet, das sie gern mir gegenüber aussprach, hielt ich ihr im Spaß den Mund zu. Dann lachte sie und wir verstanden uns. – Als meine Mutter an Krebs erkrankte, gab ich sie in die Hände der besten Ärzte und wir pflegten sie auf der Farm. Zuletzt lag sie in einem Spital, in dem ich sie täglich besuchte. Ich hielt sie oft in meinem Arm und zitierte ihr Sprüche aus dem Koran. Ihr Leben lang war sie eine sehr fromme Frau gewesen. Als ich eines Tages in ihr Zimmer trat, spürte ich eine Veränderung. Da nahm ich sie in meinen Arm, schmiegte ihr Gesicht an meines und flüsterte ihr liebevolle Worte zu. Ich dankte ihr für ihre Liebe, die mich immer begleitet hatte, und für ihre guten Taten in der Welt. Sie starb in meinen Armen, ganz leise ging sie in Frieden. Lange verweilte ich bei ihr und fühlte dabei eine warme innere Freude: Sie war erlöst und ich durfte sie bei ihrer Geburt in der geistigen Welt begleiten, so wie sie mich einst physisch geboren hatte. Nach SEKEM zurückgekehrt, hielt die Gemeinschaft für sie eine Totenfeier, auf der ich aus ihrem Leben erzählte. Erstaunlicherweise spürte ich nach ihrem Tod keine Leere, sondern Stärke und Kraft von der anderen Seite des Lebens.

Zwischen Elfriede, Hans und mir hatte seit unserer Begegnung ein herrliches Freundschaftsgefühl gelebt. Wir waren ein wunderbares Trio. Jährlich mindestens einmal weilten sie für längere Zeit auf SEKEM, wir planten neue Unternehmungen und arbeiteten geistig miteinander. Elfriede gründete unseren deutschen Verein, den »Verein zur Förderung kultureller Entwicklung in Ägypten e.V.«, und führte ihn mit viel Initiativkraft. Sie organisierte unsere gemeinsamen Reisen durch Europa, auf denen ich von SEKEM berichten konnte. Dadurch bildete sich ein ausgedehnter SEKEM-Freundeskreis, der uns mit guten Gedanken bis heute begleitet. Elfriede gab sich große Mühe, Menschen zu begeistern, nach SEKEM zu kommen, und regte dazu an, Spenden zu geben. Unser Trio unternahm Reisen in den Jemen, in das Sinaigebirge und in die Oasen Ägyptens. Wir waren eigentlich ständig in Kontakt. Nie werde ich vergessen, wie die beiden Freunde mich in meiner Krankheitszeit betreuten und pflegten. Schließlich zogen sie in ein eigenes Wohnhaus auf SEKEM. – Im Sommer 1999 weilten Hans und Elfriede wieder einmal in SEKEM. Als die Zeit für die Rückreise kam, hatten wir uns voneinander verabschiedet und sie reisten ab. Aber nach einigen Stunden waren sie plötzlich wieder da: Irgendetwas hatte mit ihrem Flug nicht geklappt. So umarmten wir uns wieder, sprachen noch einmal miteinander, bis sie sich dann endgültig auf den Weg machten. Es sollte Elfriedes letzter Besuch auf SEKEM sein. Kurz danach erkrankte sie an Krebs. Im August 1999 besuchte ich sie in Deutschland und wir blickten gemeinsam auf die vergangenen 18 Jahre zurück. Danach begleitete sie Hans in liebevoller Weise auf ihrem schweren Weg. Ich war jeden Monat einmal bei ihr. Sie starb im Januar 2000. Nach der Rückkehr von der Trauerfeier erwartete ich eine furchtbare Leere in SEKEM, aber wieder war dem nicht so. Wieder erlebte ich Kraft für weitere Aufgaben und eine wachsende Selbstständigkeit.

»Man ist nicht tüchtig, allein!«

Oft werde ich nach den spirituellen Hintergründen von SEKEM gefragt. SEKEM entstand aus meiner Vision. Meine eigenen geistigen Quellen liegen in den unterschiedlichsten Kulturräumen: in der islamischen Welt und im europäischen Geistesgut. Ich bewegte mich in diesen Bereichen wie in einem großen Garten und pflückte die Früchte von den verschiedensten Bäumen. Mich auf eine Geistesart festlegen zu wollen, hieße mich einzuengen. Aber ich fühle mich weit und groß, alles hat in mir Platz. In den Schilderungen aus meiner Grazer Studentenzeit erwähnte ich das Erlebnis einer Synthese von Orient und Okzident, der Fähigkeit, sich innerlich über gegensätzliche Geistesrichtungen erheben zu können und buchstäblich ein Dritter zu werden, der in allem zugleich leben kann. Doch bin ich mir meiner Endlichkeit bewusst. Nach meinem Tod sollen sich die Formen, die auf SEKEM geprägt wurden, lebendig weiterentwickeln können. Dazu braucht es Menschen, die SEKEM im Sinne der ursprünglichen Vision weiterführen wollen und die sich vollkommen im Klaren darüber sind, warum SEKEM entstanden ist. Mit den eigentlichen Leitungsaufgaben ist heute ein Kreis von Menschen betraut, die den innersten Kern von SEKEM bilden. Wir nennen diese Gruppe den »Zukunftsrat«. Zu den Bedingungen dieses Rates gehört es, eine lebendige Verbindung zu den geistigen Inspirationsquellen zu pflegen. Eine weitere Bedingung sehe ich darin, dass die Führungsmitglieder die Verbindung mit den anderen als Bereicherung und Ergänzung erleben können. Sozialfähigkeit bedeutet auch, dass jeder Einzelne ein Bewusstsein von allen anderen hat, dass er weiß, wo sie stehen und welche Aufgaben sie bearbeiten. Eine weitere Bedingung besteht in der Bereitschaft, ständig weiter zu lernen. Und noch etwas anderes ist für das Funktionieren einer gemeinsamen Leitung entscheidend: Die Menschen des Zukunftsrates erfahren mehr als die anderen Mitarbeiter, sie kennen die Hintergründe, aus denen Entscheidungen getroffen werden, sie wissen um Risiken und manchmal auch von Anfeindungen, denen begegnet werden muss. Aus dem vertrauensvollen Rückhalt der Gruppe können sie mit Mut an solche Aufgaben herantreten. Auf dem langen Weg der Entwicklung von SEKEM gab es immer wieder heikle Gratwanderungen und große Risiken, die ich aus dem Vertrauen auf die Führung Allahs eingegangen bin. Wir können den Problemen objektiver begegnen, wenn wir sie von den verschiedensten Standpunkten aus betrachten. So wachsen die Menschen aneinander und in der Auseinandersetzung mit der Welt in die Haltung hinein, dass es nichts gibt, was nicht lösbar wäre. Sie werden fähig, sich bewusst für die Entwicklung der Menschen und für die Erde einzusetzen. Sie handeln aus demselben Vertrauen, das mich anfangs allein trug.

Die SEKEM-Initiative in Ägypten darf sich heute von den guten Gedanken vieler Freunde umhüllt fühlen, die genauso real und kraftvoll wirken wie die irdischen Faktoren. Dafür sind wir sehr dankbar. Als ich in jungen Jahren in Graz studierte, fühlte ich stets, wie meine Mutter an mich dachte, und dass ihre Liebe bis zu mir reichte. Liebe verleiht Vertrauen in sich selbst und in die eigenen Fähigkeiten. Unsere vielen Wirtschaftspartner in aller Welt bilden einen weiteren Kreis von Menschen, die unsere Arbeit in Ägypten begleiten, die mit unseren Produkten handeln und den Vertrieb fördern. Ebenso sind hier die vielen Menschen zu nennen, die uns bei der künstlerisch-kulturellen oder forscherischen Arbeit unterstützen. Ich betrachte es als einen biografischen Höhepunkt, dass ich diese verschiedenen Menschenkreise, die SEKEM Kraft geben, erkennen, achten, spüren und mich um ihre Pflege bemühen kann. Die Welt ist reich und groß und meine Seele weit. Meine Hinwendung möge weitergehen zu Allah und seinen Engeln, ohne die nichts Irdisch-Lebendiges entstehen kann. Im Koran heißt es, dass Allah die Menschen zusammenführt, dass wir allein es nicht könnten. In meiner Arbeit möchte ich IHN in die Mitte des Bewusstseins stellen, wissend, dass alles, was wir tun und erleben, nicht nur irdisch zusammengefügt ist, sondern aus geistigen Welten heraus unterstützt wird. Allah sagt im Koran: »Ihr, die ihr mit den Herzen versteht, erkennt den Gottesplan. Wenn ihr ihn erkennt und ausführt, unterstützt ihr Allah. Wer ihn unterstützt, dem wird ER beistehen und seine Schritte festigen.« Ist es nicht überwältigend, dass der Mensch Allah beistehen kann? Immer trete ich deshalb mit dem Appell auf, sich zusammenzufinden und echte Gemeinschaften zu bilden. Man ist nicht tüchtig allein! Das wäre eine Illusion. SEKEM ist aus Begegnungen, aus irdischen und aus geistigen, als etwas Neues entstanden. So glaube ich heute sagen zu können: Ohne SEKEM würde der Welt etwas fehlen.

Epilog

Während ich diese Geschichte meiner Vision abschließe, treten Ereignisse ein, die für SEKEM noch einmal ein ganz neues Kapitel zu öffnen scheinen.

Bei einem Symposion des renommierten Council on Forein Affairs in den USA wurde SEKEM eingeladen, über die Aktivitäten der Civil Society in einem islamischen Land zu berichten. Vor wichtigen Entscheidungsträgern aus Politik und Öffentlichkeit erzählten wir also über die Geschichte und den Erfolg von SEKEM. Im Sommer 2003 wählte uns dann die Schweizer Schwab Foundation für eine hohe Ehrung aus. Unser Unternehmen galt dieser angesehenen Schweizer Stiftung als Modell einer nachhaltigen sozialen Entwicklung und so luden sie uns zu dem berühmten Weltwirtschaftsforum nach Davos ein. Dort saß nun SEKEM an einem Tisch mit den einflussreichsten Unternehmern der Welt, die sich von unseren Aktivitäten berichten ließen. Sie wollten wissen, warum bei uns Dinge funktionieren, die sonst als schönes, aber nicht umsetzbares Ideal gelten. Und wir erklärten, dass bei uns das Element des Sozialen, Bildung und Kultur nicht erst als »Zuckerguss« zum Wirtschaftsleben hinzukommen, sondern dass bei uns alle drei Bereiche: Wirtschaft, Kultur und Soziales, von Anfang an eine strukturierte und durch Institutionen begründete Einheit bilden.

Aus dieser Begegnung entstanden weitere auf dem internationalen Parkett: von der Weltbank wurde SEKEM gebeten, auf einer Tagung junge Wirtschaftsunternehmen in Schwellenländern zu beraten, wie sie ihre Geschäftsideen nachhaltig umsetzen können. Im September 2003 erreichte mich schließlich völlig unerwartet ein Anruf aus Stockholm: »Wir gratulieren – Sie sind zum Träger des Alternativen Nobelpreises ernannt worden.« So steht SEKEM nun in einer Reihe mit vielen anderen ehrwürdigen Pionieren einer sozialen und humanen Entwicklungsarbeit, die seit 1980 von dieser Stiftung, gegründet von Jakob von Uexküll, ausgezeichnet wurden. Im Dezember 2003 wurden wir feierlich im Schwedischen Parlament für die Verdienste um ein besseres Leben geehrt.

In diesen Phänomenen spricht sich aus, dass SEKEM immer mehr nicht nur von den unmittelbar beteiligten Menschen, von den

Kindern und Mitarbeitern auf der Farm, und nicht allein von den Menschen in Ägypten und unseren wirtschaftlichen und wissenschaftlichen Partnern wahrgenommen wird. Sekem beginnt, sich weltweit in ein Konzert von Menschen und Initiativen einzureihen, denen es um eine gesundere, menschenwürdigere Zukunft auf der Erde geht. Das »Netz des Lebens«, das SEKEM mit seinen Initiativen bildet, verbindet sich mit einem noch größeren, weltweiten Netz, das sich mit dem unseren zu verknüpfen beginnt. In dieser neuen Phase unserer Wirksamkeit wird das, was wir zu geben haben, durch internationale Foren in der Welt vervielfältigt und global wahrnehmbar. Meine Vision zeigt damit eine neue, weitere Schicht: Gemeinsam mit anderen Institutionen der Entwicklung einer besseren Zukunft einen »Weltzukunftsrat« zu gründen. Dieser »Rat« wäre keine abstrakte Instanz, sondern könnte die konkrete Botschaft in die Welt tragen, dass es nichts stärkeres gibt als jenes für äußere Augen unsichtbare Netz des Lebens, in dem die Menschen von Herz zu Herz immer schon verbunden sind. Sein Geflecht ist tiefer als der Verstand gewoben, und längst vor dem ersten Händedruck sind wir schon entlang seiner Fäden gewandelt. Dieses Lebens-Netz ist wirklicher als die gefährlichste Waffe und unerreichbar jeder äußeren Gewalt. Nur von ihm kann wirklicher Frieden ausgehen. Wer mit seiner Wirksamkeit rechnet, der übt die effektivste Form sozialer Gestaltung aus, weil er ohne Einsatz von Macht und Vorteilsdenken darauf vertrauen kann, von seiner Kraft und von seiner Reichweite getragen zu werden. Seine Fäden sehen zu lernen, um formend in sie hineinzugreifen, macht die Kunst des Sozialen aus.

Anhang

Lebensdaten

23.03.1937	Geburt von Ibrahim Abouleish in Mashtul
1956	Ausreise zum Studium nach Graz in Österreich
1960	Hochzeit mit Gudrun Erdinger
1961	Geburt von Sohn Helmy
1963	Geburt von Tochter Mona
1972	Vortrag in St. Johann und Bekanntschaft mit Martha Werth
1975	Reise nach Ägypten mit Martha Werth
1977	Gründung von SEKEM auf einem Gelände von 70 ha Wüste nordöstlich von Kairo. Beginn mit der biologisch-dynamischen Landwirtschaft
1980	Projekt der Extraktion des Amoidin aus der Pflanze Ammi majus für die amerikanische Firma Elder in Ohio
1981	Begegnung mit Elfriede und Hans Werner aus Öschelbronn, in deren Folge es zur Gründung des »Vereins zur kulturellen Entwicklung in Ägypten e.V.« kam
1983	Beginn mit Kräuterteemischungen der Firma SEKEM AG Gründung der Society of Cultural Development in Egypt SCD
1984	Gründung der Firma ISIS mit Einzelteesorten Export von SEKEM-Kräutern aufgrund der Assoziation mit der deutschen Firma »Lebensbaum«
1986	Gründung der pharmazeutischen Firma ATOS als eines Joint Venture zwischen der Deutschen Entwicklungs-Gesellschaft, DEG, der Schaette AG und der SEKEM AG
1987	SCD beginnt die Erwachsenenbildung im Mahad
1988	Gründung der Firma LIBRA Der SEKEM-Kindergarten beginnt
1989	Gründung der SEKEM-Schule

1990	Erste Vesuche des Anbaus biologischer Baumwolle
	Gründung der COAE für Zertifizierung
1994	Gründung der Firma Conytex
	Gründung der EBDA, des Vereins zur Schulung der Bauern
1995	Beginn klinischer Studien zwischen ATOS AG und einzelnen Universitäten
1996	Gründung der Firma HATOR
	Beginn des Medizinischen Zentrums
	Gründung der IAP, der Internationalen Assoziation der Zusammenarbeit zwischen SEKEM und den europäischen Partnern
1997	Gründung des VTC, der Berufsschule
	Gründung der Kunstschule
	ISIS beginnt mit dem Verkauf in Nature's Best Shops in Maadi, Heliopolis und Zamalek
	SEKEM, ATOS, Conytex und HATOR erhalten das ISO 9001 Zertifikat
1998	Beginn mit dem Verkauf des Viscum-Präparates durch ATOS
2000	Gründung der SEKEM-Akademie
	SEKEM beteiligt sich an der EXPO 2000 in Hannover, Deutschland
2003	Ibrahim Abouleish wird Preisträger der Schweizer Schwab Foundation
	Verleihung des Alternativen Nobelpreises an Ibrahim Abouleish und die SEKEM-Gemeinschaft

Namens-, Sach- und Ortsregister

Abouleish, Gudrun 43, 67, 113, 116, 136, 171
Abouleish, Helmy, Sohn von Gudrun und Ibrahim Abouleish 40, 43f., 55, 67, 83, 89, 94ff., 100, 112f., 116, 121f., 126ff., 134
Abouleish, Hoda 12
Abouleish, Ibrahim Ahmed, vollständiger Name von Ibrahim Abouleish 21
Abouleish, Ibrahims Großmutter 12
Abouleish, Ibrahims Großvater 11f., 124
Abouleish, Ibrahims Mutter 11, 14, 16, 18, 21, 28, 203
Abouleish, Ibrahims Vater 14, 18, 28ff., 203
Abouleish, Kausar, Ibrahims Schwester 16, 18
Abouleish, Konstanze, Frau von Helmy 8, 98, 112f., 114, 134, 137
Abouleish, Mohammed, Ibrahims Bruder 12, 18
Abouleish, Mona, Ibrahims Schwester 12
Abouleish, Mona, Tochter von Gudrun und Ibrahim Abouleish 41, 44, 55, 67, 94, 99, 116
Abouleish, Naded 12
Abouleish, Sarah, Tochter von Helmy und Konstanze 114
Abraham 189f., 203
Abuchatwa, Chaled, ägyptischer Großgrundbesitzer und Ingenieur 123
Adria 43

Affifi, Abdu, Arabischlehrer 20
Afifi, Ustaz, Lehrer 31
Afifi, Youssef, Insektenkundler 132
Afrika 180
ägyptische Büffel 105
ägyptisch-sowjetischer Freundschaftsvertrag 50
Akademie 177f.
»Aktion WC« 156
Al Azhar-Universität 61
»Al Doktor«, Produktname 19
Al Malek, Sultan 180
Albrecht, Martin, Landwirt aus Pforzheim 112f.
Alexandria 24, 30, 31, 33, 41, 48, 69, 153
Algerien 50
Allah 35f., 47,61f., 70f., 78, 93, 108f., 139f., 188ff., 202, 206f.
»Allahuakbar«, Allah ist der Größte 188
Allergien 137
Allgäuer Kühe 113
Alternativer Nobelpreis 208
Altes Testament 55
Amenophet III. 25
Amerika 52
Ammi majus, ägyptische Wildpflanze, die sowohl in der Wüste als auch im Delta vorkommt 92, 95ff., 119
Amoidin, Inhaltsstoff der Pflanze Ammi majus 93, 96, 99
Amphitheater 190, 202

Amun, ägyptischer Gott 58
Analphabetentum 60, 161
»Anbeter der Sonne« 138 ff.
Anthroposophie 53, 63, 108
Apotheke 154
Arteriosklerose 52
»Assoziation« 65, 118f., 127
Assoziationsgemeinschaft IAP 120
Assoziationskette 119
Assuan 56
Assuan-Staudamm 45, 60
Athen 41
ATOS, Heilmittelfirma 148
Augenheilkunde 154
Awatef, Tochter einer Nachbarin 27 ff.
Aziza, Ibrahims Tante 13

Badawy, Yasser 185
Bad Waldsee 65, 149
Bairam, großes Fest am Ende des Ramadan 16
Baldrian 65
Bauer, Michael, Lehrer und Schriftsteller 182
Baumgartner, Suzanne, Malerin 186
Baumwolle 131ff.
Bayreuther Festspiele 69
Beduinen, Wandervolk 87f.
Behinderte 143, 159
Bentele, Gerti, Architektin 169
Berlin 152
Berufsschule 175, 177, 186
Betriebsmanager 196

Biberach an der Riss 155
Bibliotheksgebäude 177
Bio Swiss, ökologische Anbaurichtlinien 199
biologisch-dynamisch bewirtschaftete Baumwollfelder 133
biologisch-dynamische Landwirtschaft 63ff., 74, 104, 106, 111, 122
biologisch-dynamische Wirtschaftsweise 121, 126ff., 131f., 141, 201
biologisch-dynamischer Heilkräuteranbau 130
biologische Tierarzneimittel 65
biologisches Tierfutter 65
Blattraupen Spodoptera, Pflanzenschädlinge 132
Bodensee 99
Boecker, Christina, Betreuerin des europäischen Exports 149
Bonn 66
Brunnen in der Wüste 80ff., 105
Bürenpass 67
»Business development« 199

Carl Gustav Carus-Institut 152
Carneol 57
Casuarinen, Bäume 86, 162
Chaled, Großgrundbesitzer 130
Champollion, Jean François, französischer Ägyptologe 179
Charisius, Klaus, Waldorflehrer 177
Chinar 49
Chor 184

Christentum 55, 179
»*Christentum und Islam*« 191
Christliche Religion 36
chronische Krankheiten 155
Civil Society 208
COAE, »Centre of Organic Agriculture in Egypt« 129
Conytex, Firma für biologische Baumwolle 135 ff., 177
Costantini, Margret, Kindergärtnerin 115
Council on Foreign Affairs 208
CSE, Cooperative of SEKEM Employees 194

Dampfgenerator 97
Dampfmaschine 97f.
DEG, Deutsche Entwicklungsgesellschaft 149
Demeter-Bund 129
Demeter-Richtlinien 136, 199
»*Die Leiden des jungen Werthers*« 27
»*Die Philosophie der Freiheit*« 54ff.
Dinkel, Martina, Eurythmistin 185, 191
Dorfrat 196
Druckerei 137
»*duales System*« 177

EBDA, »Egyptian BioDynamic Assoziation« 129
Ehrlich, Annemarie, Eurythmistin 185
El Araby, Wissenschaftler 131
El Barkauwi, Aesbet 31
El Beltagy, Mitarbeiter des staatlichen Landwirtschaftsforschungsinstitutes 135
El Faiyum 24

El Gamasy, Chairy, Professor für Landwirtschaft 105
El Gohari, Ustaz, Scheich 31
El Kamah, Minia 31
Elder, Firma aus Ohio 93
Elternabende 165
Engelsmann, Volkert, holländischer Geschäftspartner, Gründer der Firma EOSTA 119f., 122
Entomologen, Insektenforscher 131
Entwicklungszentrum 199
Erdinger, Frau Kajetans 37ff.
Erdinger, Erika
Erdinger, Gretel 38
Erdinger, Gudrun, spätere Ehefrau Abouleishs 38ff.
Erdinger, Kajetan, Professor für Horn an der Musikhochschule in Graz 37ff.
Erster internationaler organischer Baumwollkongress 133
Erziehung zur Freiheit 201
Ethik-Kommission 153
Eukalypten 86
Euphrat 87
EU-Richtlinien 199
Euro GAP, Good agriculture praxis, landw. Dokumentationssystem 199
»*Euro herb*«, SEKEM-Firma 120
Europäische Union 196
Eurythmie 75, 161, 185, 190, 202
Eurythmieausbildung in Hamburg 99
Eurythmieensemble 185
Eurythmiesäle 169

Fachschulausbildung 175
faire trade, Inspektion und Zertifizierungssystem für fairen Handel 199

Fakultäten 177
Fanouz, kleine Laternen 15
»Farm der Behinderten« 159
»Farm in der Wüste« 68
»Farmer ohne Grenzen« 130
Faruk, König von Ägypten 24
Fathy, Hassan, erster Träger des
　Alternativen Nobelpreises 93
Fathy, Osama, Musiker 103, 183
»Faust«-Aufführungen 69
Fayum 130
Feste 184ff.
Fez, auch »Tarbusch« genannt 26
Fintelmann, Klaus, Professor, Pädagoge
　116, 148, 168
Florenz 32
Floride, Christophe 148
Floride, Yvonne 148, 186
Forschung 177f.
Frank, Roland, Gynäkologe 156
Franken, Anneli, Malerin 186
Frankfurt 115
Friedrich II., Stauferkaiser 179
Frühjahrsfest 190
Fundamentalisten 139

Gaballah, Mohammed, Landwirt 130
Galabeyas, weite wollende Gewänder 118
Galiläa 12
Gebetszeiten 187ff.
Geisteswissenschaft 68, 70, 110
Genua 33
Ghalib, Haider, Kinderarzt und
　Pharmakologe 151f.
Gizeh 56
GMP, Good manufactoring praxis, System
　für Pharmaunternehmen 199

Goethe, Johann Wolfgang v. 28, 46, 47,
　197
Goethes »Faust« 46
Gögler, Frieda 111
Gomaa, Beduinen-»Chef« 84
Graf, Christoph, Eurythmist 185
Graz 30, 31ff., 45ff., 103, 116, 171,
　206
GTZ, deutsche »Gesellschaft für tech-
　nische Zusammenarbeit« 175
Gynäkologie 154

»Haarhaus«, Wohnstatt der Beduinen
　88
HACCP, Hazardous critical control
　points, Nahrungsmittelsicherheit
　199
Hadith, Überlieferung der Aussprüche
　Mohammeds 144, 184
Hagar, Abrahams Frau 190
»halel«, erlaubtes Essen 125
Halwa, Süßigkeit aus Honig und
　Mandeln 18
Hammad, Mitarbeiter 82
Händel, Georg Friedrich 47
Hanel, Regina, Kindergärtnerin und
　Sekretärin 163, 165, 191
Hartung, Thomas, Dänemark, Gründer
　der Firma Aarstiderne 120
Hashim, Yusri, Inspektor 129
HATOR, Firma mit Frischgemüse-
　handel 122 f.
Hatschepsut, ägyptische Königin
　57f.
Hedi, Abdel, Ingenieur 158
Heidenreich, Michael, Pfarrer 191
Heileurythmie 115

Register 217

Heiliges Land 180
Heilkräuter 119, 124, 147
Heilmittel 145, 201
Heilmittelbetrieb in der Wüste 145
heilpädagogische Schule 160
Heilpflanzen 182
Heisterkamp, Jens 8
Heliopolis 177
Hepatitis C 153
Herbizide 125
Herbstfest 191
Herder, Joh. Gottfried 46
Hess, Heinz, Baumwollkleidung 120
Hesse, Hermann 69
Hess-Natur, Textilfirma 136
Hibernia-Schule in Wanne-Eickel 116, 168
Hidschra, »Loslösung«, Übersiedlung Mohammeds von Mekka nach Medina 190
Himmelfahrt des Propheten 188
HNO 154
Hofmann, Angela 112f.
Hofmann, Georg 159
Holding 198f.
»Human resource development«, Personalentwicklung 199
Hybridsamen 121
Hygiene 156

Imam, Vorbeter in der Moschee 139
IMO, »Institut für Marktökologie« 129
Innere Medizin 154
Innozenz, Papst 180
Irak 50
Iran 129
Isa, Mitarbeiter 106

ISIS, Teeprodukte 123, 130, 148
Islam 35
Islamforschung 191f.
islamische Feste 187 ff.
islamische Jugendkonferenz 48ff.
Ismael 189f.
Ismalia-Kanal 73f.
ISO 1400, Umweltmanagement-System 199
ISO 9001, Qualitätsmanagement-System 199
Israel 49f., 53

Japan 52
Jemen 45, 204
Jerusalem 50, 189
Juristen 192
Jussufkanal 24

Kaaba, Meteoreisenstein 189
Kairo 14, 17, 57, 59, 103, 153
Kalium 125
Kamel, Onkel, Bruder von Ibrahims Mutter 25
Kamille 99
»Kamillenkinder« 161ff.
Kapelle 169, 175
Kapselbohrer Pectinophora, Pflanzenschädlinge 132
Karl IV., Kaiser 181
Karlsruhe 113
Karlstein, Burg Kaiser Karls IV. bei Prag 181
Karnak 56, 111
Karunsee 24
Käserei 137
Kassel 148

Katholiken 39
katholische Messe 48
Kinderarbeit 161f.
Kindergarten 163, 169, 185
Kinderheilkunde 154
Kläger, Eberhard, Waldorflehrer 177
Klinik Öschelbronn 115, 116, 152
Kohl, Helmut, ehem. Bundeskanzler 175
Kompost 106, 141, 152
Kompostbehandlung 125
Kompostbereitung 106, 128
Kompostpräparate 106
Kompostwirtschaft 104ff., 113
Königskerze 99
Konzerte 184
Koolhoven, Bart, Mitbegründer der Firma Euroherb 120
Kooperation 180
koptische Kinder 169, 174f.
Koran 34, 55, 70, 109, 117, 124, 140f., 180, 184, 189, 191, 207
Koraninterpretation 55
Koranrezitation 188
Koransänger 173
*KPI, »*Key Performance Indicator« 196
Krankenwagen 155
Krems 39
Kultur 208
*Kuns*t 182, 186
Kunstdünger 62, 124f., 141
Kunstschule 186
Kuschfeld, Monika, Lehrerin 110

»Land ohne Grenzen« 130
Landwirtschaft 191
landwirtschaftliche Forschung 178

Lannach / Österreich 51
Lapislazuli 57
Laue, Elke von, Heileurythmistin 115
»Lebensbaum«, Betrieb von Ulrich Walter 119
Lefef, Abdullah, Verwalter der Baumwolllager von Ibrahims Großvater 124
Lehrerbildung 172
Lehrlingsausbildung 168
LIBRA, Firma 121, 124, 126ff., 130f.
Libyen 50
Lukas der Evangelist 179
Luther, Martin 192
Luxor 56, 110

Maas, Wilhelm 191
Mahad, Rundhaus für die Erwachsenenbildung 85, 126, 140, 157, 162f.
Mahfouz, Mahmoud, ehem. Gesundheitsminister 152
Mal- und Musikraum 169
Malkurse 186
Marienfeld, Dieter, technischer Leiter 157
Marienfeld, Ingeborg, Krankenschwester 157
Mashtul, Ibrahims Geburtsort 13, 31, 22, 120
Materialismus 125
Medical Center 154
Medina 190
Medizin 158
medizinische Forschung 178
Medizinisches Zentrum 153
Mehrwertkette 118

Register 219

Mekka 188ff.
Menja, Stadt Echnatons 12
Merckens, Georg, Berater der biologisch-dynamisch wirtschaftenden Höfe in Österreich 63f., 106, 118, 122, 124, 126, 131, 149
Merckens, Johanna 129, 137
Merckens, Klaus, Executive Director 129
»Messias« von Händel 47
Mexiko 124
Michaels Kampf mit dem Drachen 190
Mistel 152
Mistelforschung 152
Mohammed Ali, Staatsmann, ägyptischer Reformer 66, 179
Mohammed, Beduine, der »Wächter« 78, 84
Mohammed, der Prophet 16, 88, 140ff., 187ff.
Mohammed, Onkel, Bruder von Ibrahims Vater 25 f.
Mohammed, Onkel, Hochschulprofessor 27
Moharram, März in islamischer Zeitrechnung 13
Mondstellung 142
Moschee 139, 169, 175
Moslem 48, 55
Mozart, Wolfgang Amadeus 47
Mozartserenade 140, 142
Mubarak, Mohammed Hosni, ägyptischer General und Politiker 50, 108, 175
Mühle 130
München 49, 163
Musik 185
Musikunterricht 137

Napoleon 179
Nasser, Abdel, ägyptischer Offizier und Politiker 24, 45, 48f., 52f., 59, 145
National organic program der USA 199
Neapel 31
Neues Testament 55
Nil 24, 44, 87
Nildelta 22
»Norak«, Dreschflegel 22
Nordafrika 45

Oasen 67
Okzident 205
Ölpresse 130
Operationssaal 154
Opferfest 189
Orabi, Ustaz, Anwalt 31
Orchester 184
Orient 47, 205
Orta, Leonard, Eurythmist 185
Öschelbronn 115f.
Osteoporose 52
österreichische Staatsbürgerschaft 43

Pädagogik 143, 158
Palästina 50
parasitäre Erkrankungen 155
Parasiten 156
persischer Flieder 86
Pestizide 60, 62, 121, 124, 131f., 134
Pestizidspritzungen 134f.
Pfefferminze 99
Pflanzenschutzprodukte 65
Pforzheim 112, 115
Pharaonen 58, 62
pharmazeutische Forschung 178

Pheromonen, Duftlockstoffe 132
Phosphor 125
PH-Wert 125
Phytopharmaka 150
Phytotherapeutika 151
Plato 47
Polizeistation 196
Port Said 24
Praktikanten 148
Privateigentum 200
Privatschule in der Wüste 170
Produktionsmittel 200
Psychologen 192
Pyramiden 56

Qualitätskontrollen 136
Qualitätsrichtlinien 199

Rabada, Instrument mit zwei Saiten 16
Rachel, Nachbarin 15
Raileanu, Maria, Mitarbeiterin in der Qualitätskontrolle 137
Ramadan, der Fastenmonat 15f., 187
»Raquaa«, Gebetsabfolge 189
Rashad, Ahmed, Enkel von Abdullah Lefef 124,126, 128
Rehn, Götz, Begründer der Alnatura-Handelskette für biologische Lebensmittel 120, 137
Reindl, Winfried, Architekt und Designer 113, 120, 150, 162, 168150
Reinkarnation 202
»Requiem« von Mozart 47
Rom 31f.
Rundhaus 90, 11, 117

Sabbat 15
Sabet, Berta 15
Sabet, deutsche Juden 14
Sadat, Mohammed Anwar el, ägyptischer Politiker und Staatsmann 48ff., 52, 197
Saher, Abdel, Wissenschaftler 131
Salzburger Festspiele 69
Sami, Ingenieur 158
Saudi-Arabien 95
SCD, Egyptian »Society for Cultural Development« 158
Schädlingsbefall 125
Schaette, Roland, Hersteller von biologischen Tierarzneimitteln 65, 113, 149
Scharia, das religiös begründete islamische Recht 61
Schauspielgruppe 185
Scheffler, Armin 152f.
Scheffler, Barbara 8
Scheich 140
Schiller, Friedrich 28, 46
Schreinerei 177
Schule 163, 166, 168, 171, 172
Schulungsprogramme 197
Schuman, Arzt 31
Schwab Foundation 208
Schwarzwald 116
Schwedisches Parlament 208
Schwellenländer 208
Seelenwanderung nach dem Tod 58
Segger, Peter, England, Firma »organic farm foods« 120
SEKEM-Akademie 118
»SEKEM-Inside«, Mitteilungsblatt 149
SEKEM-Mutterfarm 126

Seminar für Waldorfpädagogik Witten/Annen 98
Shaaban, Aiman, Betriebswirt 147
Shabaan, Minister, Bürochef von Mubarak 107f.
Shauky, Ahmed, Steuerberater 92
Sherif, Mahmoud, Leiter der SEKEM-Akademie 197
Siku, Ali, General 108
Sinai 25, 50, 67, 179, 204
Sinnespflege 156
Sinnesschulung 182
Sizilien 179
»Stimmingtee« 147
Sokrates 47
Sonnenkollektoren 89
Sonnenstellung 142
Sozialarbeiter 195
soziale Prozesse 193, 208
Sozialfond 195
Sozialpädagogen 192
Sozialversicherung 195
Spencer, Afifi, Insektenforscher 132
Spielberger, Hans, Unternehmer, Müller 130
Spitz, Professor in der medizinischen Fakultät 46
Sprache 185
Sprachforschung 185
Sprachpflege 184
St. Johann 51
Staatssicherheitspolizei 139
Staatsunternehmen 145
Steiner, Rudolf 53ff., 65
Stephaniensaal in Graz 34

Sternenkonstellationen 141
Stickstoff 125
Stockholm 208
Straßenkinder 160
Stuttgart 112, 116
Suchtberater 195
Sudan 129
Suezkanal 24
Sykomorenbaum 142
Syrien 50

»tajeb«, köstliche Speisen 125
Takis, Mister, Zypriot 120ff.
Tal der Könige 56ff., 110
Tanta 153
Taubenhäuser 106
Teemischungen 147
Theater 202
Theaterspiel 190
Thomas von Aquin 47
Thutmosis I., ägyptischer König 58
»Tomex«, Knoblauchpräparat, erstes Arzneimittel der Firma ATOS 149
»Total Quality Management« 199
Trinität 36
Trinitätsprinzip 36
Tut anch Amun, ägyptischer König 57

UdSSR 50
Uexküll, Jakob von 208
Ulm 65
Ulrich, Wilfried, Waldorflehrer 177
Umara, Ustaz, Ingenieur 31
Umma, islamische Gemeinschaft 190
Universität 177f., 180
Universitätsrat 145

Venedig 67
Verein zur Förderung kultureller Entwicklung in Ägypten 166, 204
Vereinigung afrikanischer Landwirte 131
»*Viscum*«, Mistelpräparat der Firma ATOS 153
Vitamine 125
Vorbeter 139
VTC, »Vocational Training Center« 176

Wachau in Niederösterreich 40
»*Wald in der Wüste*« 84
Waldorfschule Stuttgart 159
Walter, Dorothee, Sprachgestalterin 184
Walter, Ulrich, Betrieb mit ökologischen Produkten 119f.
Wasseraufbereitungsanlage 196
Weinfass, Abel, Musiker 183
Weltbank 208
Weltwirtschaftsforum in Davos 208
Weltzukunftsrat 209
Wendland, Gerlinde, Malerin 186

Werkräume 169
Werner, Elfriede 111f., 115f., 148, 158, 163, 166, 202, 204f.
Werner, Hans 8, 111, 115ff., 152f., 154ff., 157f., 204f.
Werth, Martha, Anthroposophin 53ff., 62, 68
Wien 50, 68, 116, 156
Windkraft 89
Windräder 89
Wirtschaft 208
Witten-Annen 98
Wochenabschluss 193
Wochenabschlussfeier 170, 173ff,
Würde 200
Zahnmedizin 154
Zahran, Kamel, Ingenieur 72ff.
»*Zakat*«, Almosengeben 23
Zentrum für Erwachsenenbildung 162
Zivildienstleistende 148
Zukunftsrat 206
Zwieauer, Johannes, Wiener Freund 68

Register 223